跨文化交际理论与英语教学模式研究

路 梅 官 昀 著

KUAWENHUA JIAOJI LILUN YU YINGYU JIAOXUE MOSHI YANJIU

天津出版传媒集团

天津科学技术出版社

图书在版编目（CIP）数据

跨文化交际理论与英语教学模式研究 / 路梅, 宫昀
著. -- 天津：天津科学技术出版社, 2023.5
ISBN 978-7-5742-1158-2

Ⅰ.①跨… Ⅱ.①路… ②宫… Ⅲ.①英语 - 教学模
式 - 教学研究 - 高等学校 Ⅳ.①H319.3

中国国家版本馆CIP数据核字(2023)第085229号

跨文化交际理论与英语教学模式研究
KUAWENHUA JIAOJI LILUN YU YINGYU JIAOXUE MOSHI YANJIU

责任编辑：刘　鸫
责任印制：兰　毅

出　　版：天津出版传媒集团
　　　　　天津科学技术出版社
地　　址：天津市西康路35号
邮　　编：300051
电　　话：（022）23332377
网　　址：www.tjkjcbs.com.cn
发　　行：新华书店经销
印　　刷：石家庄汇展印刷有限公司

开本 710×1000　1/16　印张 16.25　字数 210 000
2023年5月第1版第1次印刷
定价：98.00元

前　言

　　随着交通工具的进步与通信手段的发展，不同国家、不同种族、不同民族的人能够频繁地接触和交往，全球化已成为世界发展的必然趋势，任何国家都不可能孤立、封闭地发展，跨文化交际与文化交流成为时代的一个突出特征。由于不同国家、地域有着不同的历史背景、文化内涵、思维方式、价值取向、行为规范、社会习俗等，因而在言语行为、行为举止、交际习惯、生活习俗等方面都有很大差异，给跨文化交际造成了一定的障碍，这时跨文化交际的研究与学习就显得尤为重要。跨文化交际学也成为基于社会学、文化学、语用学等相关学科的新兴学科。

　　跨文化交际的内容决定着交际是否成功。跨文化交际的时代特征同样适合于中国国情，但是受机构主义的影响，英语教学中只注重语言知识的教授而忽视了文化教学，所以加强英语教学中的文化教学已经成为迫切需要解决的问题。为了追求外语教育教学自身的价值取向，探索、研究自身客观发展的规律，实现外语教育教学理论与实践的本土化、自主化和外语学科知识认知化内涵式的发展，我国外语教育教学很有必要探讨、构建自身理论与实践的框架体系。外语教育理论与实践框架或体系是指阐述外语教育内在的各个因素和描述各因素之间有机的联系，并给外语教育理论与实践提供一个有效指导和实施的结构框架。一种有效的外语教育教学理论与实践的框架模式，既能为外语教师提供研究外语教育的理论依据，又能为他们提供理论指导、教学实践模式和策略方法。

基于此，本书就跨文化交际理论与英语教学模式研究展开全面论述。从跨文化交际的基础理论知识入手，对跨文化交际能力培养、跨文化交际大学英语教学概论及跨文化交际大学英语教学模式创新，跨文化交际英语信息化教学模式、跨文化交际英语自主学习教学模式、跨文化交际英语慕课教学模式等方面展开详细的叙述。其在编写上突出以下特点：第一，内容丰富、详尽，时代性强；第二，理论与实践结合紧密，结构严谨，条理清晰，重点突出，具有较强的科学性、系统性和指导性；第三，结构编排新颖，表现形式多样，便于读者理解掌握。其是一本为从事跨文化交际背景英语教学的工作者量身定做的参考用书。

笔者在本书的撰写过程中，参阅、借鉴和引用了国内外许多同行的观点和成果。各位同人的研究奠定了本书的学术基础，对跨文化交际理论与英语教学模式研究的展开提供了理论基础，在此一并感谢。另外，受水平和时间所限，书中存在不足之处，敬请读者批评指正。

目　录

第一章　跨文化交际概述 / 1

第一节　跨文化交际中的言语交际 / 1

第二节　跨文化交际中的非语言交际 / 9

第三节　中西环境对交际的影响 / 27

第二章　跨文化交际能力培养 / 33

第一节　跨文化交际能力框架 / 33

第二节　跨文化交际能力培养模式构建 / 41

第三节　"渗透式"跨文化交际能力培养模式应用 / 55

第三章　跨文化交际大学英语教学概论 / 67

第一节　跨文化交际大学英语教学的理论基础 / 67

第二节　跨文化交际大学英语教学的构成因素 / 81

第三节　跨文化交际大学英语教学开展的原则 / 91

第四章　大学英语教学模式创新 / 103

第一节　大学英语教学模式的概述 / 103

第二节 大学英语教学模式的改革 / 110

第三节 大学英语教学模式之课程建设 / 114

第四节 大学英语教学模式的创新 / 128

第五章 英语信息化教学模式 / 134

第一节 信息化教学模式概述 / 134

第二节 信息化教学存在的问题及原因 / 140

第三节 信息化教学优化对策 / 149

第六章 英语 MOOC 教学模式 / 162

第一节 MOOC 教学模式概述 / 162

第二节 MOOC 资源与英语课程教学的"整合" / 177

第三节 基于 MOOC 资源的英语课程教学实践 / 183

第七章 英语对分课堂教学模式 / 204

第一节 对分课堂教学模式的认识 / 204

第二节 英语教学运用对分课堂的优势 / 214

第三节 英语对分课堂操作实践 / 221

第八章 英语任务型教学模式 / 230

第一节 任务型教学理论概述 / 230

第二节 任务型教学模式与评析 / 238

第三节 任务型教学模式的实施 / 243

参考文献 / 252

第一章　跨文化交际概述

第一节　跨文化交际中的言语交际

一、词汇与跨文化交际

通常来说，人们将反映与记录某一特定现象或对象所采用的语言符号称为词汇，它是人们认知世界、表达思维的重要载体。由于各民族之间在价值观念、宗教、地理等方面存在较大差异，因此在对世界的认知与思维方式上也会有所不同，而这就促使同一事物或相似事物在不同文化中的含义截然不同。由此可见，不同的词汇系统是不可能完全对应的，同一事物在不同文化中会通过不同的词汇进行表达，同一词汇在不同文化中所反映的事物也是截然不同的。故此，跨文化交际实践与研究的重点是词汇及其语义，对不同文化背景下的词汇及其语义的差异进行理解，有助于人们更好地开展跨文化交流活动。

词汇反映文化的方式多种多样。例如，"红""龙"二词，它们本身具有多个义项，而其中一个义项是与民族文化息息相关的。再如，汉语中的"空城计""长城"二词，它们本身就指代着该民族所特有的事件、事物。前者通过词汇不同层次的语义显示其与文化之间的关系，而后者

1

与文化的关系通过词汇本身便可直接显示出来。

（一）与文化直接相关的词汇

基本词汇与一般词汇属于词汇的两大类型。基本词汇是词汇中最主要的部分，而一般词汇是语言中基本词汇以外的词汇。通常来说，基本词汇在人们日常生活中使用频率较高，如"人""水""木"等；一般词汇则是随着社会发展与时代变迁而产生的，本质上是一种时代的产物，具有较强的灵活性。在一般词汇中，有的与文化直接相关，尤其是熟语、方言词以及古语词。具体来说，熟语作为一种特殊的词汇，是一种定型化的固定短语。它是民族文化长期积累的成果，反映着该民族的心理文化、精神文化或物质文化等方面。每个民族都有着丰富的熟语，而成语作为熟语的一种重要形式，是人们广泛应用的一种固定语。方言词特指长期生活在某一地域的人们的习惯用语，是地域文化的重要载体，如上海话的"侬"、四川话的"瓜"等。古语词主要反映的是该民族某一历史时期或精神层面特有的现象或事物，如汉语中的"生肖""阴阳""鼎"等。

人们长期以来习惯运用的、简洁精辟的固定短句或词组叫作成语。成语通常出自文人作品、历史事件、寓言故事、神话传说，或者摘录自古代文人作品中的民间口头熟语或名句，是我国优秀传统文化瑰宝之一，具有丰富的文化内涵以及独特的语言魅力。

（二）词汇的语义

"语义"反映的是人们对客观世界的认识，是语言形式及语言形式表现出来的意义。通常来说，语义的表达与文化有着密切联系，而且语义是跨文化交际中的重要因素。

1.指示意义与隐含意义

在日常交往中，词语本身所指称的意义是明确的，称为指示意义；

有的意义却是暗含在词语背后的，称为隐含意义。一个词除了具有指示意义，还可能具有隐含意义。指示意义也称为字面意义、概念意义或明指意义，隐含意义也称为联想意义、引申意义或暗指意义，它是在特定的社会和语境中产生并表现出来的意义。例如，"海"的指示意义是"大洋靠近陆地的部分"，隐含意义是"连成一片的很多同类事物"。熟语常常通过指示意义来体现民族文化，基本词汇和大部分一般词汇则有所不同，它们常常通过隐含意义来表现文化特质。例如，"海"字的隐含意义还可以是"从外国来的"，因此汉语中用"海归"一词指代"在海外留学或工作后归国的人员"。四川话的"海椒"一词指代来自外国的辣椒。

由于客观世界的相似性和民族文化的特异性，不同民族之间指示意义相同的词语可能隐含意义不同。例如，"胖"这个词在汉语和德语中的指示意义都是"脂肪多"，但在汉语中还有传统和现代两种隐含意义，前者含有富足的意义，后者含有形象差、不注重体型的意义，而现代的"胖"的意义与德语中"胖"的意义相同。因此，词语的隐含意义与文化密切相关，对一个词的理解不仅要明白其指示意义，还要掌握其隐含意义，并在交际中准确地理解和使用。此外，人们要特别注意由于文化不同而形成的词汇意义的差异，特别是隐含意义的异同，以保证双方准确理解及顺畅交流。比如，告诉一个中国人他很胖，这个中国人可以理解为自己生活状态不错，也可以理解为形象差；而说一个德国人胖，则会让听者以为自己的形象差、不健康，会让听者不舒服，引起负面情绪，影响双方的交流。

2. 跨文化交际中的语义差异

语义的差异，特别是隐含意义的差异，对跨文化交际有至关重要的影响。两种语言的指示意义和隐含意义的异同有四种情况。

（1）指示意义相同，隐含意义不同或截然相反的词汇。在不同文化中，同一事物可引起完全不同的联想，在词汇意义上的表现是词语指示意义相同，隐含意义不同，即词汇具有不同的文化内涵或文化意义。比如"乌鸦"一词，在不同的民族语言中具有不同的隐含意义。在中国中乌鸦代表着不吉利，如"乌鸦嘴"指的是说不吉利的话，然而在很多国家及其语言中，乌鸦代表着吉利，受到人们的喜爱和尊敬。在日本，乌鸦是至高无上的神鸟，也被看作孝心的代表；在缅甸，很多商店的店名是"金乌鸦"。再如，"绿色"在英语和汉语中的含义差异较大，英语中的 green 有丰富的含义，可以指未成熟的、无经验的、易受愚弄的，也可以指面色苍白、有病容，还可以指人精力充沛，更可以代指嫉妒、眼红，如 green-eyed；而汉语的"绿色"主要是一种颜色，"眼睛都绿了"则是"饥饿""贪婪"的意思。

隐含意义有差异的词汇在跨文化交际中比较常见，人们在面对不同的文化时要注意各民族对世界的不同认识，并注意其体现在语言符号上的差异。

（2）指示意义相同，隐含意义部分相同的词汇。在两种不同的文化中，有的词在某些方面会引起不同民族的共同联想，而在其他方面却会引起不同的联想，这些词指示意义相同，隐含意义部分相同，其中相同的方面反映了不同民族的物质世界或精神世界中的相同点，不同的方面体现了各民族文化间的差异，即不同民族的文化存在着共性，也存在着个性的差异。例如，"玫瑰"在中国文化和西方文化中都象征着美丽和爱情，除了这一共同的含义，英语中 under the rose 的意思却是"私下""暗中"。

（3）指示意义相同，在一种语言中有丰富的隐含意义，在另一种语言中没有隐含意义的词汇。由于受民族文化的影响，一个普通的词在一种语言中有丰富的联想意义，在另一种语言中就可能仅仅是一个语言符号。比如，龟这种动物在不同民族语言中有不同的象征意义，在汉语中具有长寿、吉祥、显贵、神力等多种象征意义，是四灵之一，人们在家中养龟以图吉利，也有龟鹤延年的说法，龟在汉语中还含有贬义，用来指被妻子背叛的男人。在英语中，乌龟并没有特别的联想意义。

再如，蓝色在汉语中没有特别含义，在英语中则含义丰富，可以指心情忧伤、沮丧，如 blue Monday；可以指下流的，如 blue talk；还可指社会地位高、出身名门，如 blue blood。另外，还有很多由 blue 组成的固定用语，如 blue stocking 指女学者和女才子，blue moon 指很长的时间，blue in the face with cold 指冻得发紫，out of blue 意思是意想不到，one in a blue 意为千载难逢，drink till all blue 意思是一醉方休，True blue will never stain 意思是真金不怕火炼。

（4）文化中的词汇缺项。各个民族文化中都有自己特有的词汇，它们只存在于这种文化中，而不出现在另一种文化中，这就是不同文化中的词汇缺项。词汇缺项反映了各个民族独特的物质世界和精神世界，如儒家"五常"之一的"义"，反映的是中国古代一种含义极广的道德范畴，意思是公正合宜的道理或正义。从表面上看，似乎与英语中的 justice 对应，但实际上，"义"反映的是一种人身依附关系，平行于儒家哲学中的"忠"和"孝"，"忠"代表国家中管理者与被管理者之间的道德原则，"孝"代表家庭中前辈和后辈的依附关系，"义"用来指代除这两种关系以外的兄弟姐妹，社会中不那么容易区分上下级关系的个体之间的道德原则。这种"义"与西方强调个人主义的哲学思想截然不同，难以找到对应的词项。汉语中有很多带有"义"的词语，如不仁不义、见利忘义、假仁假义、背信弃义、成仁取义、大仁大义、慷慨就义、不义之财、春秋无义战、大义凛然等，中国人也喜欢用"义"字作为人名，这反映了中国人的哲学观和道德观。

然而，客观世界的相似性与人类思维的相似性决定不同文化背景的人对世界的认识也是相似的，因此不同民族的词汇意义会相同。有的是完全相同，即两种语言中的词汇不仅指示意义相同，隐含意义也相同，如"驴"这个词在汉语和英语中的指示意义相同，隐含意义也相同，都带有"蠢""倔"的含义。还有的是指示意义不同、隐含意义相同，如汉语"小菜一碟"和英语 a piece of cake 意思相同，都指的是没有难度的事。

二、语法与跨文化交际

语法是组织成句的规则，每种语言都有自己的语法系统。每个社会都会使用某种特定的语言，并遵循这种语言的语法规则。语法规则的差异体现了深层文化的差异。

世界语言数千种，根据不同的标准可以分成不同的类型。根据语言起源发展和谱系分类法，可以分为汉藏语系、印欧语系、阿尔泰语系、闪－含语系、乌拉尔语系等十多种；根据构词方式进行分类，可以分为孤立语、黏着语、屈折语和多式综合语四种类型。不同民族的语言在语法上的差异体现了各民族文化起源及随之定型的思维方式的差异及认知方式的差异。

（一）跨文化交际中语法类型的差异

汉语在谱系上属于汉藏语系，在构词方式上属于孤立语，语素绝大部分是单音节的，句子中的词缺少严格意义的形态变化。比如，在"你读完这本书了吗"这个句子中，"你""读""完""这""本""书""了""吗"每个词都是由单音节语素构成的，在句子中没有任何形态变化，名词"书"没有阴性、阳性的变化，动词"读"没有时态的变化，代词"你"没有格的变化。同时，在这个句子中，补语"完"、时态助词"了"、语气助词"吗"则表达着丰富的语法意义，因此大多数学者认为虚词和语序是汉语的主要语法手段。由于缺少形态变化，汉语与印欧语言相比，在句法上具有两个特征：词组构造与句子构造一致；词类和句子成分不对应。

西方语言属于印欧语系，在构词方式上属于屈折语，有多种表示各种语法意义的词缀，动词、名词、形容词等常可以加词缀，使词形发生变化，表示特定的语法意义。比如，英语中有表示名词单复数的 -s，表示动词时态的 -s、-ing 和语态的 -ed 等，这些形态不仅是构词的形式，还是使句子成立的语法手段，因此印欧语系形态变化丰富，词类功能比较单纯。比如，在"I have told him."这句话中，I 是主语，形态上是代词的主格形式，told 是谓语，是动词的过去分词形式，him 是宾语，是代词的宾格形式，整个句子的句法成分和词类是对应的。

因此，学者多认为汉语与印欧语系各语言的差异是形合和意合的对立，汉语重意义、重内容、轻形式，印欧语重形式、轻内容。印欧语以英语为例，英语高度形式化、逻辑化，句子成分必须完备，各种组成部分很少省略，主语更不能省略。汉语则不注重形式，句法结构不必完备，动词的作用没有英语那么突出，重意合，轻分析，在表示动作和事物关系上几乎全依赖意合。比如，"这本书不想看了，太难了"在英语和汉语中所采用的语法手段完全不同，在英语中需要说成"I don't want reading this book.It is too hard."，这个句子主谓宾句子成分完备，各个词的词形变化与它的句法成分一致；而在汉语中，第一个小句主语和谓语的语义关系没有表示被动的形式标志，第二个句子则没有主语。因此，汉语是"人治"的语言，是主观的，印欧语系是"法治"的语言，是客观的。

（二）跨文化交际中的认知与语序差异

不同语言的思维方式差异体现在认知方式上。由于语言具有线性特征，人们说话时只能按照时间的先后依次说出一个一个的音节，因此语言具有时间相似性，语言成分的次序与物理世界的次序或人们对事物的认识次序相互平行，表现为时间顺序原则、时间范围原则和时空范围原则。

在没有时间词或时间状语的并列复合句中，时间顺序原则起作用，"两个句法单位的相对次序决定于它们所表示的概念领域里的状态的时间顺序"，如"我回家拿钥匙"，事件的顺序和语言成分的次序是一致的，先回家再拿钥匙。这条原则在许多语言里是通用的，如英语中这句话可以翻译为 I will go back to get keys，语序与汉语一致。

在有时间词或时间状语的句子中，不同语言的语序是不一致的。在汉语中起作用的是时间范围原则，即"如果句法单位 X 表示的概念状态在句法单位 Y 所表示的概念状态的时间范围之中，那么语序是 YX"。这条原则要求时距小的成分排在时距大的成分之后，如"昨天他去北京了"，"他去北京了"这一状态在"昨天"的范围之内，因此主要动词"去"放在时间词之后。英语则不遵循这条原则，时间词放在主要动词的前后都可以，"He went to Beijing yesterday."和"Yesterday he went to Beijing."都对。

在汉语中时间范围原则还可以更普遍地体现在空间上。无论是时间还是空间，大范围成分总是先于小范围成分，如汉语地址的写法是从大到小，"中国四川省成都市一环路南一段 24 号"，英文则刚好相反，小范围成分应该在大范围成分前，应该写成"No.24 South Section 1, Yihuan Road，Chengdu，China"。从时空范围原则来看，汉语由大到小的语序反映了使用这一语言的民族的认知策略，汉语母语者习惯从整体到局部，采用"移动自我"的策略，移动自己而逐渐接近客体，在经历小的局部之前先经历整体；英语从小到大的语序反映了该民族的认知策略，英语母语者习惯从局部到整体，采用"移动客体"的策略，目标客体从包容它的大客体中向认识主体走来，在经历大的整体之前先经历局部。如果与更深层的文化相关联，可以说汉英认知策略的差异体现了汉民族整体性思维方式和群体性取向，及西方民族分析性思维方式和个人主义取向。

第二节　跨文化交际中的非语言交际

一、非语言交际概述

（一）非语言交际的定义

关于非语言交际，从认识到它在交际中的重要作用开始，近半个多世纪以来，学者有自己不同的理解。美国的莱杰·布罗斯纳安（Raj Brosnaan）把人类交际分为口语、书面语和非语言行为三个部分。因为文化教育的偏见，绝大多数受过教育的人往往认为书面语最重要，口语次之，非语言行为位列最后。口语和书面语都属于语言范畴，人们常常将非语言行为排除在语言范畴以外，在莱杰·布罗斯纳安的观点中，非语言交际的重要性、出现率、所提供的信息量都远远高于语言交际。萨默瓦尔（Somerwal）反复强调非语言交际要在一定的语境中进行，除了语言以外，非语言行为可以由人发出并生成，或者是由外部环境自然形成的。而且，非语言交际所获取的信息是对交际双方（输出者和接受者）都具有潜在价值的信息。从广义上讲，非语言交际是排除了语言行为以外的交际方式。狭义的非语言交际，是指在一定的语境下，受到多种因素影响，人类有意或者无意地发出的以及借助环境形成的交际方式，对语言交际起着辅助作用。

（二）非语言交际的特点

霍尔（Hall）在他的著作中提到非语言交际是"无声的语言"。非语言行为有先天形成的，也有后天习得的；可以是有意识而为之，也可以是无意识而形成；既可表达个人情感，也可传达具体信息；既有世界通用的，也有因文化习得不同而有差异的。

1. 隐蔽性

如前所述，由于教育的影响，在交际时，人们更重视的是口头表达和书面表达，有时会忽略非语言的交际行为。从习得顺序来讲，人我们出生到牙牙学语，非语言行为的习得是早于语言表达的。非语言行为实质上是一种潜意识行为，如尴尬时会脸红；生气时会咬牙切齿；紧张时会口吃等。这些行为很难人为加以控制，是自发的、潜在的。非语言动作常伴随着语言发出，而且这些动作往往非常细微，让人难以察觉。大多数从事国际汉语教育的教师都有这样一种感受，不论学生还是教师都很重视书面语和口语的表达，很少注意到非语言交际在教学过程中的重要作用。例如，汉语声调是外国学生学习汉语的一大难点，在教学过程中，教师在纠音的同时配合一些手势、身势语，学生发音的正确性会有所提高。

2. 真实性

语言有口语和书面语之分。语言表达时，用辞藻加以修饰和美化，可能很难准确判断字面意义背后的深层含义。中国有句俗话叫"百闻不如一见"，语言描述得再多、再仔细，也不如亲眼一见。这说明非语言交际才能体现出事物的原貌和真实性。语言是经过人的思维加工后生成的，在交际时，输出者留给接收者巨大的想象空间。只有面对面地交流，仔细观察说话者的非语言行为，才能掌握确实的信息。测谎仪器通过测试人类的心跳、呼吸速度、体温、瞳孔大小等微表情以及行为动作便可较准确地判断出被测试者是否说谎。

3. 多维性

非语言交际不是孤立存在的，它必须依托于语境。在一定语境中，非语言行为的表意是明确的。但是一旦离开语境，它的表意就会比较笼统，让人无法准确推测出其中原委，从而无法体现交际价值。人们除了运用言语手段在交际中传递所要表达的信息，还会调动表情、手势、身势、服饰、时间、场景、语速、语调、颜色、气味等多种手段来进行辅助沟通。人们有意或者无意地做出一些非语言行为，在不同的环境中可以得到不同的信息反馈。例如，与人会面时着正装，表情严肃，就可以判断这是一场商务谈判；休假时，多数人喜欢穿着宽大的 T 恤衫、舒适的运动鞋，神情轻松。非语言交际必须存在于一定的语境之中，如此才会对语言交际起到辅助作用。非语言行为是不同文化习得的产物，是人类文明发展形成礼俗规范的结果。非语言交际是多学科研究的对象，与语言学、心理学、人类学等都有密切联系。

（三）非语言交际的作用

人们一方面要看到，在交际中，脱离非语言行为的孤立的语言行为往往难以达到有效的交际目的；另一方面也要认识到，非语言行为只有在一定的语境中才能表达明确的含义，而且非语言行为只有与语言行为或其他非语言行为配合，才能提供明确的信息。因此，脱离语言行为或其他的非语言行为，孤立地理解或研究某一非语言行为的含义常常是难以奏效的。非语言交际不可能是孤立存在的，必须伴随着言语信息、语境以及信息接收者所关注的方面而存在。例如，中医诊断疾病的方法是"望、闻、问、切"，其中的"望"是非语言行为动作，对病人的神、色、形、态进行有目的的观察，以测知内脏病变，配合语言交际来完成诊疗的过程。非语言交际对语言交际起到了辅助作用，这种辅助作用主要体现在以下六个方面。

1. 重复

如果言语信息不能完全表达说话者想要表达的意思，可以通过非语言行为的重复来进一步解释说明。例如，在表示同意时，一边用语言给予肯定，一边点头，伴随的是赞同的表情。点头起到的是重复指示作用。在指示方向时，人们会一边用语言描述，一边用手指向那个方向。

2. 否定

言语信息所传达的意思，不一定是真实或者准确的。非语言行为所传达的信息可能与语言行为所传达的信息完全相反，起到否定的作用。例如，甲笑着对乙说"我要告诉你一个非常不好的消息"，这个时候乙可以推测出甲是在开玩笑，甲的表情反映出实际情况与语言描述相反。

3. 代替

不愿或不便用语言来描述或者表达的，可以通过行为动作来传达，达到"心照不宣"的目的。例如，感动时，一个拥抱足以代表千言万语；交通警察在指挥交通时，可以用手势代替语言来传达指示和指令；潜水时，人们在水底是无法进行言语交谈的，因此会用一些特定的手势来沟通。

4. 补充

非语言行为可以对语言表达起到修饰和补充的作用。如在拒绝别人的时候，除了语言上的拒绝以外，人们会在胸前做双手交叉的动作，或者摇头和摆手。说抱歉时，脸带歉意会更加恳切。

5. 强调

非语言行为还可以强化语言表达时的态度。例如，在为别人加油的时候，人们会握紧拳头，振臂高声呼喊；也可以用手掌轻拍对方的肩膀，给予鼓励。生气时，人们可以配合语言，流露出激动的表情，提高音量，甚至可能会拍桌子。

6. 调控

非语言行为可以调控交流状况。交谈时，人们用手势、眼神、停顿等暗示自己要讲话，或已经讲完，或不让人打断；用点头表示同意对方讲话并让其继续讲下去；用沉默表示给别人讲话的机会；将食指放在嘴边意思是"请安静"。

二、非语言交际的分类

非语言交际的范围比较广，且部分非语言交际行为是无意识地发出的，所以人们无法详细地统计和归类出所有的非语言行为动作。因划分的角度不同，产生了很多的分类方法。鲁希（Ruesch）和基斯（Keith）最早将非语言交际进行分类，分为手势语、动作语、客体语三大类。纳普（Knapp）的分类更加细化，共分为七大类：身势动作和体语行为、身体特征、体触行为、副语言、近体距离、化妆用品、环境因素。根据人类的感官来分类，可以划分成可听动作和可见动作。根据非语言交际的基本方式，人们把非语言交际分成两大类。一类是由身体而发出的信息，包括外貌、动作、面部表情、眼神传达、体触和副语言。另一类是与环境相结合而发出的信息，包括空间、时间和沉默等。结合跨文化交际的特点，根据交际中信息传递的主体和呈现的客体两方面，我们将非语言交际划分为体态语、副语言、客体语、环境语。

（一）体态语

体态语指的是使用身体动作来进行非言语交际。据不完全统计，人类可以做出的姿势多达 27 万种，比能发出的声音还要多。其包括身势、眼部动作、面部动作、头部动作、手部动作、体触等方面。

1. 身势

身势是人类最基本的生理属性，是身体所呈现出的状态和样子，包括坐姿、站姿、跪姿、蹲姿、卧姿、走、跑等。中国的谚语"坐有坐相，站有站相"就强调了身势的重要性，身势可以反映出一个人的精神状态、社会地位、个人修养、性格特点以及职业情况。步履轻盈，表明这个人心情愉悦，身体健康；步履蹒跚，多半是年长者的步伐或者身体抱恙者；脚步沉重预示着这个人有心事，或者遭遇不幸；人们在严肃拘谨时会正襟危坐；人们在自由闲暇时会闲散而坐。身势还能反映出文化的深层结构。比如，在日本，鞠躬是人们互相问候的方式，表现了对别人的尊重，也是一种地位的象征。地位低的人先向地位高的人鞠躬，角度通常要比后者低。一些韩国男性习惯双腿交叉席地而坐，而土耳其却认为这个动作令人厌恶。美国人崇尚自由，在交谈时，人们喜欢比较舒适的站姿，甚至在课堂上，也有老师双脚离地坐在讲台上与学生交流。中国传统礼仪认为"站如松、坐如钟"，与人交谈时，无精打采、东倒西歪地站着或坐着是不礼貌的行为。调查发现，部分亚洲国家认为站立时双手交叉、抱臂站立是不礼貌的行为，而欧美国家却不这么认为。姿势具有一定的可控性，可以通过语言的提醒或命令加以改变，可以有自己习惯的先天姿势，也可以是后天学习形成的。

2. 眼部动作

人与人之间的信息传递与交流方式多种多样，有时通过眼睛也能实现信息交流，具体来说，人与人之间通过目光接触、眼神转换、眼部动作，便可实现信息传递与交换。不同交际对象有着不同的眼神交流，不同的眼神会使人产生不同的情感体验。通过眼神也能将人的精神状态反映出来，如当父母向孩子传递爱意时，会产生一种温情的眼神；当恋人之间传递爱意时，会产生一种含情脉脉的眼神；柔和的眼神，令人感到亲切与温暖；犀利的眼神，让人感到害怕与敬畏；目光灵活，表明人的精力充沛、充满活力与激情；目光呆滞，表明人的智力不足或精神状态不佳。此外，眼珠转动的方向也能表示不同的含义，如目光斜视代表轻视与蔑视；目光向上看代表目中无人与傲慢。通常来说，出于礼貌，不应直视对方太久，在与对方有目光接触时，不应有任何眼神的闪躲与回避。这也是中国文化中的内敛含蓄特质的体现。西方国家则截然相反，若是与人之间的目光接触时间较短，通常会被认为是轻视或者不尊重。中国人普遍具有围观心理，或是出于从众心理，或是为了满足自己的好奇心理，而在西方国家，这会被视为一种不礼貌行为。

3. 面部动作

与其他身体部位动作相比，面部动作较为丰富。以笑容为例，有笑中含泪、皮笑肉不笑、讥笑、冷笑、奸笑、嘲笑、大笑、微笑等。人类的感情与态度都可以通过面部表情传达出来。大众普遍认为，人类的面部表情大多是先天形成的，只有一小部分是后天习得的。人类的面部表情可以将自身的喜怒哀乐直观地传达出来，但是仍然有一部分属于生理原因造成的，是人类共同拥有的面部特征，它的存在是客观真实的，且具有一定的不可控性。具体来说，当人容光焕发、拥有良好的精神面貌时，代表着人的身体状况是健康的；当人的嘴唇发紫、面色苍白时，则代表着人的身体是虚弱的等。一般来说，人的五官变化会将人的情绪起伏变化充分展现出来，或厌恶，或喜欢，或惊讶，或恐惧，或喜悦，或愤怒，或悲伤等。当然，由于人类是一种情感复杂的物种，有时也不能完全依靠表情对其心理活动加以判断，因此，通过面部动作判断人的情绪状态不够客观与全面。究其原因，在于不同的个体面对相同事物的反应存在一定的差异。在不同文化中，这一点表现得尤为明显。绝大多数受过东方文化熏陶的人习惯将不满情绪压抑在内心，或是采取一种较为委婉的方式进行表达，这与东方文化中内敛含蓄的表达方式相吻合，西方国家则截然不同，他们会选择一种更加直接的方式表达自己对某一事物及事件的态度或情感。

4. 头部动作

配合眼部动作和面部动作，头部也会随之做出相应反应。单一的头部动作表达的含义是模糊的或者并不包含任何实际意义。人们在表示轻蔑、高傲的态度时，斜眼的同时头向斜上方抬起。一些英语国家的人打招呼时，将下巴扬起，微笑并点头。近年来，受到西方文化的影响，中国人也会做出此类动作，其常常用在熟识的人或者同辈之间，如果对长辈也采用这样的打招呼方式，会显得不够礼貌。除此以外，头部动作还可以用于指示方向。在中国，点头有同意、允许、命令、承认、认可、感谢等意思。当和别人交谈时，要不时点头表示你正在认真倾听。摇头可表示否定、抵制、拒绝、禁止等。当然，也有自相矛盾的时候，如在表达高兴和赞许时，人们会激动得一边摇头，一边说"我简直无法相信这是真的""我在做梦吗"。在少数国家，摇头也表示肯定，头部微向前伸表示对事情很有兴趣、愿意倾听，头向后仰则表示漠不关心、没有兴趣、无关紧要。

5. 手部动作

人类用双手创造了世界，改造了自然界，运用手部动作来进行交流，成为非语言交际中比较常见的表达方式。和面部动作相比，手部动作表达更准确。前者适用于近距离交际，因此有一定的局限性。而手部动作在较远的距离仍然可以识别。在日常生活中，后者发挥了不可替代的作用。在一些体育比赛中，相互配合的队友在赛场上通过手势来进行交流，交通警察用手势指挥交通。手部动作千变万化，难以全部收集和整理。南美洲人交流时手势较多，而大部分亚洲人认为说话时指手画脚是缺乏教养的行为。此外，性别不同，手势也会有所差异。比如，女人做手势的幅度比男人做手势的幅度要小一些。在一些国家，食指和中指呈"V"状，手心向外，意思是胜利、成功；大拇指和食指相扣呈圆形，竖起其余三根手指，意为"OK"，表达同意和赞许。在大多数国家，举起大拇指意味着"了不起""真棒"，然而在伊拉克，竖起大拇指却有侮辱和讽刺的意味。手势还可以用于计数，中国人从右手拇指开始，弯曲手指计数，而有的英语国家的人是将一根根的手指掰开计数。手势更可以用于方向、位置的指引，物体的描述等。

6. 体触

体触是指交际中身体的接触，握手、拥抱等都是体触的主要表现。这是最直接、最近距离的交际方式。体触交际方式的感受最直观，在交际中，感觉消失最慢，是非语言交际中的首要交际手段。然而在这一点上，中国和英语国家的差异性较大，往往会出现非语言交际的误解和障碍。中国人体触频繁，多近距离的交流，而英语国家的人体触较少。在文化方面，中国属于聚拢型文化，英语国家属于离散型文化。这源于中国的宗族繁衍多采用群居模式，而英语国家的人多属异族混居。在日常生活中，中国女性之间喜欢挽着手逛街或走路，而英语国家的女性较少这样。中国和英语国家，男性之间若过多体触行为，则会让人瞠目结舌。在正式的场合，受西方文化影响，中国人会面用握手取代了传统的屈膝礼和鞠躬等礼节。

（二）副语言

与语言表达不同，副语言注重语言表达的方式，而非语言表达的内容。它是伴随着有声语言的那些没有语义的声音，也包括沉默，还可通过控制或变化音高、音量、音强、音色、音质、语速、语调、停顿等起到对语言的伴随作用。副语言主要体现在停顿沉默、声音修饰、话轮转换、非语言声音等方面。

1. 停顿沉默

在交际中，不做出有声的反馈，而是通过停顿或者沉默表达意见和看法，即"此时无声胜有声"。在中国人的交谈中，停顿或沉默可以表达丰富的含义。伴随着语言，停顿或沉默既可以表示同意，也可以表示无声的反抗；既可以表示默认，也可以表示保留自己的看法；既可以表示顺从，也可以表示坚持自己的立场。适当地停顿或沉默会产生比语言更明确清晰的表达效果，强有力地表明自己的立场和态度。沉默这一交际方式，在中国包括东亚其他国家（日本、韩国等）较为常见。受到儒家文化的影响，人们会比较委婉地表达自己的观点或者态度，不会言辞激烈地拒绝或者批评别人，常常用沉默来代替。而英语国家的人，虽然赞同"沉默是金"，但是不习惯这种交际方式。成人之间的交流，如果听清楚问题，就应该有所反馈，如果对方以沉默来代替，他们会觉得不受尊重。霍尔根据这一差异，划分出了"高语境文化"（high-context cultures）和"低语境文化"（low-context cultures），前者也可以叫作"依赖语境的文化"，后者也可以叫作"不重视语境的文化"。

2. 声音修饰

同样一句话，如果采用不同的语调、音强、音速、音长，即使是同一个人说出来，也会有不同的含义，有不同的表达效果。声音的修饰作用也正是体现在此。演讲时，抑扬顿挫的语调会吸引听众的注意，而平铺直叙的语调会让人感到疲倦。声音的高低可以体现一个人的性格，自信的人声音洪亮而有力，胆小的人会低声细语；情绪激动时，语速加快，音调升高；平静时则是娓娓道来，不疾不徐。声音的修饰还可以直观地反映出一个人的健康状况：健康者中气十足，沉着有力；体弱者则会软弱无力，底气不足。由于人们的身份不同，说话的语调也会有所不同。如果语言没有声音的修饰，将会是苍白无力的。当然，人们也应注意在不同的场合使用不同的声音修饰，避免引起他人的反感。

3. 话轮转换

话轮转换通常出现在话轮结束、话轮维持、话轮请求、话轮返回时，而且通常是有声的反馈方式。交际是一个双向互动的过程，为保证交际顺利进行，根据合作性原则，一方在表达自己的意见或看法时，另一方要做出适当的反馈。话轮转换的特点在于说话者和听话者在交际过程中角色不断转换，却很少出现重叠或者冷场。比如，在听别人说话时，听话者会不时地根据情况发出"嗯""是的"，以示自己在认真地倾听。当讲话方要结束自己的发言时，会变化声调、拖长音、放慢语速等，或者给听话者一个暗示，示意讲话结束，听话人可以发言了。如果听话者此时不想发言，希望讲话方继续说下去，则会以特定方式给出反馈，或者用沉默代替。在会话过程中，礼貌性原则有时会被忽略。听话者不想继续听下去，想打断讲话者或者插话时，会发出一些提示声音。当讲话方希望继续讲下去，不希望被人打断时，则会加快语速，变化音量，还会使用一些字词来填补发言时的间隙。在跨文化交际中，人们应避免长时间独占话轮，随意打断他人的发言，对他人的发言不做出回应等行为。人们应遵循合作性原则、礼貌性原则以及经济性原则，在别人讲话时，认真倾听，给出恰当的反馈。

4. 非语言声音

非语言声音是没有具体含义，却可以传递信息，以达到交际目的的那些声音，也可称为功能性发声。人们的发音器官可以发出声音，如感应叫声，在感觉到疼痛的时候，会发出"哎哟"的呻吟声；感觉寒冷时，一边跺脚、搓手，一边发出"嘶嘶"声；开心的时候，会发出"哇"的欢呼声；失望时，会发出"唉"的叹息声。除此以外，人们还可以模仿自然界的各种声音，如狗叫声、猫叫声、鸡叫声、爆炸声、小河淌水的声音等。人体内还可以发出各种声音，如咳嗽、清嗓子、打喷嚏等声音，在交际中，应适当地加以控制，避免在交际中出现冲突。

（三）客体语

客体语即非语言交际中，信息的传递者（客体）与讲话者（主体）之间没有直接关系，信息是主体根据客体的具体表现，运用生活和文化常识推理和联想获取的。如果说副语言主要靠听觉来完成交际，实现信息的传递的话，那么客体语需要通过视觉和嗅觉来解码信息。客体语是借助个人所拥有的物品，有意或无意地展示了交际者的生活习惯、个人品位、性格特征、社会地位、职业特点和文化内涵等。众所周知，第一印象非常重要，在还没有进行语言交流前，人们首先观察的便是体貌、服装、发型、妆容、装饰品等方面。不同的外表会给人留下不同的印象，预先为人们的语言交际做出判断、提供参考。

1. 肤色与体貌特征

不同种族的人有不同的肤色、不同的体貌特征，这造就了最自然的人与人之间的亲疏关系。当然，同一种族之间，肤色和体貌也存在差异。对于男性，人们可以从强健的体魄、黝黑的皮肤推测出这个人热爱运动，身体健康，性格热情而主动；从身体瘦弱、皮肤偏白可以推测出这个人不喜欢到户外与人接触，性格可能比较内向，胆子较小。对于女性来说，大多数欧美国家的人认为女性身材丰腴、长相标致是美丽的标准，而亚洲国家的普遍审美标准是身材匀称、唇红齿白、皮肤白皙。烈日炎炎时，在一些亚洲国家的街头，常常会看到一些人打着遮阳伞、戴着遮阳帽，做好各种防晒的措施，目的就是保持肌肤白净。而大部分欧美国家的女性更愿意享受日光浴，认为小麦色的皮肤才是健康的，皮肤白与不白不会作为评判美丑的标准。

2. 服饰

纵观人类历史，服饰随着时代的变迁而不断变化。可以说，服饰是人类文化的显性特征，通过不同的服饰特征可以反映不同历史时期人类的生活状况。具体来说，早期人类服饰主要起到御寒遮体的作用，反映了当时社会的生产力水平，此后，随着人类社会的不断发展与进步，人们在解决温饱问题的基础上，开始思考如何通过服饰美化身材，这是人类生活质量得到改善的重要标志，也是对当时社会经济、政治、生活等方面的反映。可以说，不同的服饰代表着不同民族与不同时期的社会主流文化。故此，服饰带有一定的社会属性，成为人类非语言交际的重要形式之一，可以反映一个人的喜好、修养、职业与社会地位等。在跨文化交际中，服饰所传达的交际信息与文化信息成为人们关注的焦点。在不同国家与不同历史时期，人们对服饰有着特定的要求。例如，在中国古代，龙袍只有皇帝才可以穿，普通百姓只能穿布衣。历朝历代的文武百官，其服饰应当与其身份相适应。由此可见，服饰与文化之间的关系尤为紧密。例如，鲁迅先生笔下的孔乙己，即便生活拮据、穷困潦倒，也不愿脱下长衫成为短衣帮，因为在那个年代只有读书人才会穿长衫。国际上公认的着装原则是"TOP"原则，即 T（time）、O（object）、P（place）。具体来说，T（time）代表时间，强调着装应与时间、季节相吻合，不同的天气、时间与季节应当选择不同的服装；O（object）代表目标与对象，根据不同的交际对象，选择不同的服装；P（place）代表地点，要求着装者根据交际场所进行合理选择。只有穿着与场合相符的服饰，才能显得大方得体。总之，无论是身处宴会厅、休闲场所，还是坐在教室或办公室，都应当选择与实际场合相符合的服饰。在中国，部分人习惯将睡衣穿到大街上，这在西方人的眼中属于极其不礼貌的行为。人们在进行户外运动时，有的女性穿着短裙和高跟鞋，则显得比较不合时宜。此外，人们在选择服饰时还需要考虑自己的职业特点与身份地位。在日本与韩国，人们的职场服装大多是职业装，即女性是西式裤装或裙装，男性是西装。教师在课堂上严禁身穿过于暴露的服装或是牛仔裤等。与此同时，人们还应当遵循服饰搭配原则，以免给对方留下不好的印象。在服饰搭配中，饰品的选用尤为重要。在英国，已婚夫妇都会在无名指上佩戴戒指，以示自己的婚姻状况。而在中国，人们在婚后并没有佩戴戒指的习惯。但是，由于受到西方文化的影响，近些年来部分年轻人也开始在婚后佩戴戒指。

3. 妆容和发型

在非语言交际中，除了上述内容以外，发型与妆容也发挥着重要作用。在绝大多数国家，女性在出席重要场合时，都会化一些淡妆，以示对于活动的重视以及对其他人的尊重；而在一些娱乐场所或者舞台，女性通常会化比较华丽的妆容。在中国古代，女子嫁人后会将发鬓挽起，男子成年后会束发；而在现代，受到传统文化影响，女子结婚时仍会将长发盘起。在西方，女性在婚礼上通常选择长发披肩，因为西方国家大多没有将长发盘起的规定。一般情况下，发型可以体现一个人的精神面貌。对于女性而言，长卷发给人一种成熟妩媚之感；清汤挂面式的直发给人以清纯温柔之感；短发则使人看起来更加精明干练。对于男性而言，只有极少数选择蓄发，用来彰显自己的个性，绝大多数男性都是短发。

4. 身体气味

身体气味是人体散发出来的各种味道。饮食习惯、饮用水源、生活习惯、种族、性别、个人卫生情况以及外部环境等都可以影响人体的气味。在交际中，嗅觉可以传递这些信息，通过嗅觉，人们还可以推测出某一种族地生活习惯。例如，有些以放牧为生的族群，以牛羊肉和奶制品为主食，身体便会散发出膻味；喜食素食和稻米、小麦的族群，彼此之间不会明显感受到彼此身上的体味，而对其他种族或国家的人身上的味道却非常敏感。在跨文化交际中，人们应注意自身异味的清除，如口气、汗味、胃肠气等，应及时做好个人卫生管理，养成良好卫生习惯，正确对待并尊重别国文化及其国家人们的身体气味。

（四）环境语

环境语包括时间、空间、颜色、建筑设计与装饰等。它与人们所处的地理和自然环境有关。在非语言交际中，环境语是人为创设的生理和心理环境，它与客体语一样，都是一种客体呈现的信息。但其于客体语也有不同之处，客体语借助的是个人物品来传达信息，而环境语往往与个人联系不那么紧密。

1.空间语言

人的空间观念是后天习得的，不同文化的人都有自己所习惯的交际距离。霍尔在《无声的语言》中用了很长的篇幅来描述生物怎样利用空间，以及空间在非语言交际方面提供的重要辅助作用。从人际距离可以知晓交际双方关系的亲疏，还能显示社会地位。朋友、恋人之间交谈的距离，与陌生人见面时的距离是不一样的，与上级交谈时的距离也不同。例如，剧院设有贵宾席，机场会隔离出 VIP 通道；观看明星的演唱会，距离的远近不同，票价也会有天壤之别。空间环境还可以影响人的情绪以及人与人之间的交际，从而改变交际的效果。中国春运时在车站的拥挤与家人团圆围坐在一起的感觉是截然不同的。人们的公开和私密也会给人心理造成不同的影响。在公共环境中，人们通常会修饰自己的言行，避免出错，显得谨慎小心。而在私密的环境中，会让人觉得较有安全感，可以自由自在。但即使是居住在同一屋檐下的一家人，彼此也需要有私密空间。

每一种生物体同外界环境之间的关系，除了生物自身的肉体界限，还存在着一种非肉体的界限，这种非肉体的界限是生物体自身肉体界限的扩展，是客观存在的且大小难以界定。人们将生物体的肉体和非肉体界限称之为"有机体的领地"。占有领地就是生物体要求拥有自己的领地，并且对该领地范围加以捍卫和维护的行为。大至领土，小到个人空间，都属于领地的范围。只是领土是有形的，而个人空间可以是有形的，也可以是无形的。相信许多人都有过这样的经历，当自己坐公交车到某个地方，车上的每个人和座位之间会迅速确立领地关系，每个人会默认某个位置是自己的领地。公交车在途中临时需要加油，司机请所有人下车，等公交车恢复正常，所有人再次上车时，大部分人会坐到刚开始的座位上，也有少部分人可能会坐到另外的座位上，此时这部分人心中会有点惴惴不安，因为在他们的潜意识中，会认为他们侵犯了别人的领地；而当座位的原始"主人"上车后，也会有一点点不满，这是因为在他们的潜意识中，会认为被人侵犯了领地。在电梯中，人们默认自己所站的那一块空间就是属于自己的领地，即使电梯再拥挤，人们也会避免同他人产生碰触，因为这样会侵犯他人的领地。当人们要走出拥挤的电梯，不得不与他人发生碰触时，人们会礼貌地说"不好意思，请让一下"，以此征得"主人"的同意；当电梯已经很拥挤而有人还想上电梯时，在电梯中的人为了捍卫自身的领地，常常会对电梯外的人说"坐不下了，坐下一趟吧"。

中国幅员辽阔，人口众多，而英语国家大多地广人稀。地理环境和文化的差异使得英语国家的人更强调个人主义，而中国人强调集体主义。前者所需要的个人空间比后者大，而且当自己的空间受到侵犯时，常常主动解决，注重保护隐私。

不同的座位往往有不同的含义。离主人或主桌的远近，决定了人们地位的高低。中国人比较喜欢用圆形或正方形的餐桌，这样大家可以离得更近一些。面向门的位置就座的一般是主人，座位安排以右为尊，如果紧邻主人的右手边，这暗示着你是主人重要的客人。而西方人更习惯用长条形的餐桌，他们普遍采用分餐制。例如，美国人更习惯同坐在对面的人谈话，而不是同坐在旁边或站在旁边的人。

在面对面的交流中，空间的变化赋予了更多隐藏的信息。交谈双方的距离远近可以反映出交流内容的隐秘程度和重要性。当两个人的距离非常近，细声耳语时，交流的内容可能是个人隐私或不便公开的内容；当两个人的距离适中时，交流的内容可能是个人事务、工作汇报等；当交流的距离较远或者在对一群人说话，且音量比较高时，可能是在发表演说，内容在一定范围内是公开的、可传播的。

2. 时间语言

时间是人类文明的产物，试想如果没有人类，时间又有何用？在非语言交际中，人们所研究和关注的不是时间本身，而是受到不同文化影响，人们对于单位时间的长和短、快和慢等的理解，或者说是时间观念。比如，有些国家的人认为在做事情之前，应该安排并计划好，然后再实施；而有些国家的人认为，做事情应该顺其自然，计划不如变化快。此外，时间和空间是相互作用、密不可分的，任何人都不可能摆脱时间和空间生存，万事万物都要在时空中发展。霍尔在《无声的语言》中用大量篇幅讲述了时间在非语言交际中起到的重要作用，他认为时间不仅可以反映出许多真实的信息，还比有声的语言更加具有说服力。与文化有关的时间主要有两类。

（1）正式时间。时间本身就是人类对于宇宙和自然界变迁的感知而得出的结论，是人类文化的一部分，其中还包含了人类的宗教观和哲学观。因受不同文化影响，人们对于时间有不同的认识。国际上通用的纪年法在中国叫作公历；祖先通过对自然界的观察和领悟，如月亮的阴晴圆缺、庄稼的生长季节、日月更替等，制定了农历；在民间，人们还会使用黄历来指示吉凶，为交际、出行提供参考。中国人除了庆祝世界通用的新年，还会庆祝农历新年，在庆祝农历新年时更加隆重，中国人赋予了这一天"团圆""热闹"等含义。在其他国家，人们在一些特定的节日也会与家人团聚。

（2）非正式时间。与正式时间相比，非正式时间的划分标准较为模糊。例如，人们习惯使用"一会儿"这个词来表示"再等一下"的意思，但是却没有给出较为明确的时间，需要根据语境与实际情况来确定。美国心理学家、教育家霍尔对非正式时间的类型进行了划分，即"一元时间"与"多元时间"。通常来说，对于习惯制订计划的人而言，他们大多在特定时间内只做一件事，对隐私与效率较为看重，事情呈现单线条发展，不容许轻易打乱计划；对于没有时间规划意识的人而言，他们可以在特定时间内同时进行多件事，时间管理具有较大弹性，这种人的主要特征就是比较有人情味。多元模式的人通常做事比较懂得变通，但是办事效率相对较低，人际关系也比较复杂；而一元模式的人做事显得过于死板，性格不够圆通。

3. 颜色

颜色作为一种非语言沟通元素，在人际交往中发挥着重要作用。随着社会的进步，人们思想意识的不断变化，颜色在社交中的心理影响日益明显，随之产生了色彩心理学这门学科。色彩心理学主要通过研究由色彩促使人产生一定情感与情绪的过程，从而确定不同色彩代表的性格与情绪。笔者将9种不同的颜色对应人类的9种性格倾向，通常来说，喜欢红色的人，具有永不言败的精神气质；喜欢蓝色的人，大多诚实、稳重、沉着，包容性较强；喜欢黄色的人，大多性格活泼开朗，有上进心；喜欢绿色的人，爱好和平，性格稳重；喜欢茶色的人，性格温和宽厚、沉静；喜欢紫色的人，具有浪漫气息，较为敏感，多愁善感；喜欢灰色的人，大多给人以优雅之感；喜欢黑色的人，独立性较强，有主见，给人以神秘感与距离感；喜欢白色的人，大多属于完美主义者，给人以孤独感。结合上述色彩分析，可以根据不同场合选择合适的色彩着装，通常出席正式场合，人们会选择代表着庄重、权威、低调的黑色。白色象征着高雅、圣洁，因此西方人喜欢在婚礼上身穿白色婚纱。红色在中国文化中象征着幸福美满、吉祥如意，因此在中国举办婚礼时，新娘会身穿红色礼服，寓意未来日子红红火火。与此同时，中国在举办一些喜事时，也会选择使用红色进行室内装饰。人们在日常购物的过程中，若是仔细观察不难发现，色彩也在无声无息中发挥着重要作用。举例说明，当消费者在选择同类商品时，出于多方面因素考虑，难以做出最终的决定，而产品的外包装颜色能否与消费者产生心理共鸣，则成为最终确定商品的决定因素之一。通常来说，冬季比较寒冷，人们喜欢选择暖色系的物品；而夏季比较炎热，人们大多喜欢选择蓝色或绿色等给人以清爽感的颜色。

4.建筑设计与装饰

自古以来，中国人对房屋朝向较为讲究，坐北朝南是最好的朝向，可以吸收大量的热量与光线，从而起到防寒、保暖的作用。长期居住在阳光充足的房间，人们可保持活力，精神饱满。长期居住在阴暗潮湿的房间，人的情绪会较为忧伤、抑郁，性格也变得更加孤僻，缺少活力。因此，古代中国大到皇宫、小到民居都会遵从这一原则。中国建筑以北为尊，因此，主人的房间与主要建筑都会选择建在房屋结构的北面。此外，中国的建筑设计与装饰还讲究对称美。其中，最具代表性的建筑就是故宫博物院。西方国家则截然不同，他们的建筑造型各异，体量通常较大，诸如古埃及的金字塔与神庙、古希腊的雅典卫城、法国的巴黎圣母院等。在中国人眼中，家具摆放位置也是需要遵循一定原则的，对于经商者而言，他们习惯将招财猫或财神爷供奉在进门处或楼梯口处，寓意招财又招福。

第三节 中西环境对交际的影响

一、圈内环境和圈外环境

根据交际范围来分，交际环境可以分为圈内环境和圈外环境。圈内环境和圈外环境是宏观跨文化交际的范畴，既涵盖国家范围内跨民族的交际和民族范围内群体间、行业间的交际，也包括跨国家和跨民族的交际。

所谓"圈内环境"，是指在交际者长期生活的群体范围内与其他个体进行交际所处的环境和氛围。一般来说，在圈内环境中进行交际，交际者需要遵循的社会规范相同，影响交际行为和效果的主要是个人的认知和个性等因素。

"圈外环境"是指交际者离开原来的群体来到一个陌生的群体环境中进行交际所处的环境和氛围。在圈外环境中进行交际，影响交际行为和效果的因素有很多，包括自然因素、社会因素和个人因素，交际者既要了解和适应交际对象的文化，避免触犯禁忌，也要容忍因文化差异带来的冒犯与亵渎。圈外环境中的交际往往以文化了解为基础，否则会造成交际失误，甚至失败。

例如，来自非洲的一位女留学生想拜在某男性变脸大师的门下学习变脸的艺术。该女留学生用非洲国家最传统的方式——跪在地上，用手抚摸大师的小腿和脚，来表示最崇高的敬意，结果该男性变脸大师吓得直躲闪。后来她又想通过给大师小孩送衣物的方式来与大师套近乎，也未能如愿。她又想到通过大师的朋友帮助说情等，虽经过多种努力，但都被这位大师拒绝了，使得这位女留学生觉得这位变脸大师太不近人情。原来，在中国传统中，艺术的传承有"传内不传外，传男不传女"的规定，另外，接受传承的弟子必须具有良好的德行，且需通过层层考验才能获得真传。

二、自然环境、社会环境和民族个性环境

按照属性来分，交际环境可以分为自然环境、社会环境和民族个性环境。从现实的角度来看，影响跨文化交际的环境主要是自然环境、社会环境和民族个性环境。

（一）自然环境

自然环境是人类通过长期有意识的社会劳动，加工和改造了的自然物质，创造的物质生产体系，积累的物质文化等所形成的环境体系。自然环境对人们的生产和生活产生一定的影响，如物产的差异及其衍生的生活习惯和观念的差异等。对跨文化交际产生影响的因素主要是时空环境，即交际的时间和空间环境。交际中的空间环境主要包括交际时所处的位置环境和地域环境。

1. 位置环境

所谓"位置环境"，是指交际行为发生时所处的实际位置，其通常会赋予交际内容一定的含义或者联想。例如，吃饭时谈论与大小便有关的话题会让人产生不快的联想。如果不注意位置环境，通常会造成交际的失误。

2. 地域环境

不同民族赖以生活的地域存在地理环境上的差异，因而与之相关的气候、地形、生物以及生产生活方式、社会结构、风俗习惯等自然背景和社会背景也会存在显著的差异性。

由于不同民族所处的地域不同，因而不仅会导致物产上的差异，还会形成习俗、规制方面的差异。例如，在海边生活的民族，其物产主要是水产品，其习俗也往往与水有关，如"开渔节"等。生活在草原地区的民族，其物产主要是畜产品及其附属产品，其习俗也往往与牧业有关，如我国藏族的"当吉仁"赛马节等。生活在平原地区地民族，其物产主要是农副产品，其习俗也往往与农业有关，如汉族的"春节"是庆祝上年的丰收和展望来年的成就。

交际的形式和内容与人们在一定地域条件影响下的劳动生活和文化密切相关。例如，"大手大脚地花钱"这一意思的英文表达是"spend money like water", 与英国的岛国环境密切相关；而同义的汉语表达是"挥金如土"，与中国的农耕文化密切关联。英国是一个岛国，历史上航海业比较发达，因此，很多语言都与水和船相关。例如，"to rest on one's oars"（暂时歇一歇），"to keep one's head above water"（奋发图存），"all at sea"（不知所措），等等。

英语中有俗语："East is east, and west is west, and never the twain shall meet."。晏婴在《晏子春秋》中也有类似的表达："橘生淮南则为橘，生于淮北则为枳。叶徒相似，其实味不同。所以然者何？水土异也。"这些说法的文化地域性特征很明显。

场合语境是人们在交际中选择语言材料的基础。人们对交际场所的重视可以使其避免与特定背景不协调的情形，从而实现有效的交际。

3. 时间环境

时间观念是人们在长期社会实践中自然形成的。人们的时间观念一旦形成，便深深地潜藏在人们思想深处，制约和支配着人们的言行。反过来，一定的言行又反映一定的时间观念，人们的言行传递出与其时间观念有关的信息。时间会说话，它比有声语言更坦率，它传达的信息响亮而清晰。

"交际的时间环境"是指交际发生时对交际方式的选择、交际内容的繁简和交际效果的好坏等产生影响的时间点或者时间段。交际发生的时间点或者时间段对交际产生影响，因此，人们在交际时对时间点或者时间段的选择与适应直接影响交际的效果。

（二）社会环境

人类生存与活动范围内的社会物质与精神条件总和被称为"社会环境"。社会环境的含义具有两个层次：其一，它是人类物质文明与精神文明发展的重要标志；其二，它会随着人类文明的不断进步而发展变化，因此，也被称为"文化与社会环境"。人类通过开展各种改造自然、创造文明、发展生产的活动，逐渐形成较为固定的群体，从而使得社会关系与生产关系得以建立。社会环境通常包括文化背景、风俗习惯、经济状况以及社会制度等。从狭义角度看，人类生存与发展的具体环境即社会环境，包括家庭、单位、组织与其他集体性社团等。从广义角度看，社会环境指的是整个社会经济文化体系，包括社会意识、社会制度、生产关系、生产力等。

在人的形成与发展进化过程中，社会环境发挥着至关重要的作用，与此同时，人类活动也对社会环境产生一定的影响，而人类自身在适应社会环境的过程中不断发展与完善。

1. 心理环境

德国心理学家勒温（Lewin）是拓扑心理学的创始人，该心理学主要是通过拓扑学图形，对人及其行为加以研究的一种心理学体系，强调人的行为是随着环境变化而变化的。而人的行为环境并非寻常意义上的纯客观环境，而是意识中的环境，勒温将其称为心理环境，其是对人行为有所影响的环境。

自然环境与社会环境统称为人类的生活环境，它包括对人产生影响的所有时态下的人、事、物等全部社会存在。其中，属于心理环境的社会存在包括社会关系、文化习俗、历史传统等。这些心理环境都会在潜移默化中对人的行为产生深刻影响。

在文化渊源、社会环境、自然环境等方面，中国与西方国家存在着巨大差别，因此形成了不同特色的习俗。具体来说，在问候礼仪方面，中国人大多出于关心，叮嘱对方注意饮食等，赠送礼品也多以实用为主，同时强调美好寓意，西方人则不同，他们大多喜欢以天气、时间等作为问候对方的媒介，赠送礼品比较注重纪念意义；在称谓方面，中国自古以来就是一个官本位国家，"学而优则仕"的思想深入人心，因此中国人习惯以职衔敬称为主，而西方文化中的平等观念根深蒂固，因此他们以平等称谓为主，职衔称谓为辅；在待人接物方面，中国是一个讲究人情的国家，因此在已知对方身份的前提下，主动进行自我介绍，通过介绍信或者公函办公事是常见现象，而西方国家通常比较注重自我介绍，通过主动亮出名片证明自己身份的方式，让对方了解自己；在个人形象方面，中国没有太多特定的服饰规则，而西方国家却有着较为明确的服饰规则，出席不同场合身着何种服饰都有着不同要求，等等。

2. 认知环境

人们所明白的一系列能感知或推断的所有事实构成地集合被称为认知环境，而认知环境中的各种元素是这些事实体现。具体来说，涉及对错误概念与正确概念的评判、对抽象概念与具体概念的取舍、对精神概念与物质概念的分辨等，以上共同构成认知主体的总认知环境。

在跨文化交际中，人们进行交际语言或行为的优劣与正误等价值性的评估，都是通过已有认知完成的，并基于此做出适当的反馈。若是交际对方的言行超出自己的认识范围，自己通常会做出较为错误的判断，从而对交际效果产生不良影响。

（三）民族个性环境

一个民族的性格往往是比较复杂的，它的形成与历史、地理、风俗、习惯等多种因素有关，是文化的积淀与传承。

每个民族都有其独特的性格，如中国人谦逊、美国人大方、英国人矜持、法国人浪漫、德国人勤奋、荷兰人节俭、犹太人精明、日本人谨慎，等等。不同民族的性格往往会对人们的交际行为产生实质性的影响。

第二章　跨文化交际能力培养

第一节　跨文化交际能力框架

一、跨文化交际能力

（一）跨文化交际能力的构成

专家和学者通常从知识、技能、态度、意识层面分析跨文化交际能力的构成，普遍觉得跨文化交际能力是项综合能力。跨文化交际能力包括十项内容：开放性、灵活性、自主性、情感、感知力、积极倾听、透明性、文化知识、影响力、综合能力。跨文化交际能力可分为情感、行为和认知三个层次，分别对应于态度、技能、知识/意识。对于跨文化人的独特品质的描述如下：掌握双重或多重语言能力，具有较高的适应能力、实践能力、学习能力；掌握文化知识；具有开放的姿态，平等、耐心的心态，富有理性、同情心；具有丰富想象力、较高灵活性、创新精神。由四大能力系统组成的外语教学跨文化交际能力框架，即全球意识、文化调试、知识和交际实践；四大能力系统是互相交织、缺一不可的，并存在层次关系。

一般认为，跨文化交际能力需要以综合的知识为基础。跨文化交际能力的知识部分包括自己国家和别的国家的文化知识、交流的知识。跨文化交际中的知识结构主要由三项内容组成：外语知识，有关文化差异的知识，收集信息、消除误会等技巧的知识。外语知识是跨文化交际的重要因素，有关文化差异的知识是交际行为恰当性的必要因素，影响跨文化交际的文化因素包括一个民族的历史、传统、宗教、价值观念、社会组织、风俗习惯、社会所处的发展阶段和社会制度等。跨文化交际能力框架下的文化知识学习主要是指对"小文化"的掌握，其内容包括价值观、社会习俗、历史、宗教四个方面。跨文化交际者在知识层面应具有丰富的文化知识、语言知识、语境知识、非语言交际知识以及社会学和心理学等方面知识。总体而言，成功进行跨文化交际需要交际者具备外语、文化、交际等多方面的知识。

（二）跨文化交际能力构成要素之间的关系

关于语言能力与跨文化交际者自身素质、素养间的联系。在跨文化交际中，语言起着重要的作用，语言是交际的主要媒介和工具；语言的力量不是来自语言本身，而是来自人，是人赋予语言以力量；语言的不完善反映的是人自身的不完善。

关于交际能力与跨文化交际能力的关系以及交际能力的构成。跨文化交际能力是在交际能力的基础上，对交际能力的扩展；交际能力指在语言、社会语言、语用方面做到恰当运用外语进行交际的能力。跨文化交际能力是交际能力的延伸，前者强调情境脉络的重要性。交际能力由语法能力、社会语言能力、策略能力三方面能力构成；交际能力包括六个维度：语言能力、社会语言能力、语篇能力、策略能力、社会文化能力和社会能力。基本交际能力系统包括语言和非语言能力、文化能力、相互交往能力、认知能力。

关于外语交际能力与跨文化交际能力的关系。跨文化交际能力是和外语交际能力相联系的。跨文化交际能力是外语交际能力的延伸和发展。外语交际能力指外语学习者与目的语群体有效交际的能力；跨文化交际能力指超越具体语言和文化群体，根据不同语境灵活应对的能力。

关于跨文化能力和跨文化交际能力的关系。跨文化能力指人们用本族语言，运用跨文化交际知识，和来自不同国家的人进行交际的能力；跨文化交际能力指来自不同国家的人们运用外语进行交际的能力。跨文化能力与跨文化交际能力存在一定联系。跨文化交际能力多关注语言范畴，主要针对外语教学和培训，是外语教学和培训的目标所在，"交际"主要指语言范畴。

综上所述，跨文化交际能力各构成要素是密切联系的，在跨文化交际过程中相辅相成、相互作用。

二、跨文化交际能力框架构建

为最终解决核心研究问题：大学外语教学中跨文化交际能力的培养，人们首先需要明确跨文化交际能力的构成。笔者在分析跨文化交际的原则、特点和变化的基础上，借鉴已有跨文化交际能力框架，以实证研究分析为依托，进行跨文化交际能力框架的构建。笔者从三个方面对自己构建的跨文化交际能力框架进行详细阐述：跨文化交际能力的具体构成、各构成要素之间的关系以及此能力框架的特点。

（一）跨文化交际能力的具体构成

笔者构建的跨文化交际能力框架由知识、能力、态度、素养四部分构成。跨文化交际能力构成图（图 2-1）展示了笔者构建的跨文化交际能力框架的整体架构，分级呈现了跨文化交际能力的具体构成要素，是对跨文化交际能力构成的直观解读。

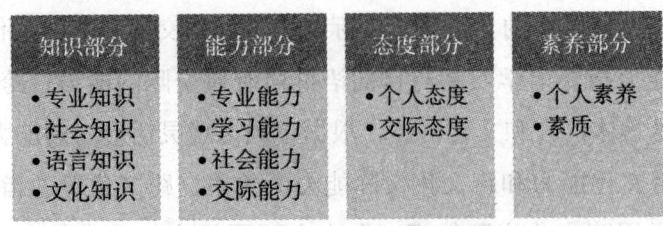

图2-1 跨文化交际能力构成图

一般情况下，专业知识、社会知识、语言知识与文化知识均属于跨文化交际能力的知识部分；专业能力、学习能力、社会能力、交际能力是能力的构成部分；个人态度与交际态度属于态度部分；而与跨文化交际密切相关的个人素养、素质属于素养部分。

1.知识部分

综合性是跨文化交际能力的知识部分的主要特征。知识部分包括专业知识、社会知识、语言知识以及文化知识。其中，与跨文化交际联系较为紧密的部分是语言知识与文化知识。

（1）文化知识。通常来说，隐性的深层文化与显性的表层文化是文化知识的两个层面。具体来说，隐性的深层文化包括人类的思维方式、价值观等；而显性的表层文化包括历史知识与禁忌、地理知识、宗教信仰、饮食习惯、风俗习惯等。在跨文化意识中，第一层次即显性的表层文化，第二层次即隐性的深层文化，如价值观这一文化核心，交际者通过对交际对方价值观的了解，可以将其蕴含的深层文化内涵与本质挖掘出来。为了更好地开展跨文化交际活动，交际者一方面需要学习交际对方所学语言以及与之相关的文化，另一方面，还必须对本国语言与文化有深刻与透彻地理解与诠释。成功的跨文化交际者既需要深刻理解本国文化与语言，也需要具备灵活运用知识的能力，还应当对世界其他民族与国家的文化、语言有所了解。举例说明，在世界范围内，以英语为母语的国家有十余个，但是它们有着各自的文化背景，因此要想使交际成功，除了语言，对文化的了解也是决定交际能否成功的重要因素之一。通过对本国与他国文化的学习，可以有效开阔交际者的国际视野，从而有助于跨文化交际的成功。而学习本民族文化与其他民族文化，交际者一方面可以将信息准确地传达给交际对方；另一方面，还能高质量地接收来自交际对方的信息。

（2）语言知识。跨文化交际离不开扎实的语言功底，跨文化交际者要想具有扎实的语言功底，需要从以下两个方面入手：首先，需要在发音、拼写、词汇等语言规律与特征方面下功夫，分别对母语与目的语进行学习与掌握；其次，通过词汇学习，对语义知识进行充分掌握，能够通过词汇了解词汇中承载的明确的民族文化信息、隐藏的深层民族文化含义，从而达到恰当使用词汇的目的。语境不同，语言使用方式不同，文化不同，语用规则也会不同，跨文化交际者应当具备结合不同语境，有效、得体地运用语用知识的能力，同时需要深刻理解文化对语言运用与交际活动的影响。

（3）社会知识。通常来说，社会知识包罗万象，涉及本国与他国的政治、经济、科学、人文、历史、地理、法律、社交礼仪方面的知识，以及社会学、心理学的相关知识。

（4）专业知识。一般情况下，跨文化交流不只局限于某一特定社会领域，它涵盖着社会各个领域，因此不同领域的跨文化从业者需要掌握与之相关的专业知识。举例说明，从事外贸行业的人，需要对产品、市场等业务知识有所了解，基于此，与外商进行商务洽谈，胜算更高；从事大学外事工作的从业者，应当对合作办学的政策与流程以及外事礼仪有所了解，如此一来，有助于大学之间合作项目洽谈地顺利进行。

2. 能力部分

一般来说，专业能力、学习能力、社会能力、交际能力属于跨文化交际能力的构成部分。

（1）交际能力。通常而言，语言交际能力、非语言交际能力与交际策略均属于交际能力范畴。交际者应当结合交际语境与交际对象的文化背景，运用恰当的交际策略与技巧，包括非语言交际行为与语言交际行为，从而使得沟通更加有效、得体。要想使跨文化交际活动顺利开展，交际者需要具备较高的语言交际能力，因此，能否灵活且熟练地运用源语与目的语的书面、口头语言交际，决定了跨文化交际成功与否。在跨文化交际中，非语言交际行为的作用至关重要。在交际过程中，跨文化交际者应得体有效地通过面部表情以及身体动作，以及对沉默、会话距离的使用，还有对目的语国家在空间的使用与时间观念方面的了解，在一定程度上实现调节、替代、修正、补充、重复语言交际行为的目的。在跨文化交际过程中，交际者还需要具备一些交际技巧与策略，如控制谈话节奏与氛围、引导谈话主线、发现话题等。通常来说，掌握语言与元语言技能是学好一门外语的关键，如在交互过程中，人们客观审视自己处理与控制语境的能力以及思考能力。

（2）社会能力。在社会能力层面，交际者应具备快速进入状态、适应新环境的能力；能够根据交际需要和交际对象的不同灵活机动、随机应变、及时调整自己的言语和行为；具备清醒认识自我、公正评价他人的能力，以及与他人协作的能力。跨文化交际能力包括呈现体验、情感共鸣和道德想象，这些象征形式的能力不同于词汇或交际策略，是和交际中的表达、解释、意义协商能力是密切联系的，能够充实交际能力并将它们嵌入那些能够在复杂的全球化语境中生产和交换象征商品的能力之中。在与他人协作能力方面，合作技巧包括国际合作意愿、团队合作技巧、团体意识、网络合作学习技巧。

（3）学习能力。跨文化交际涉及应对差异、体验新事物和挑战对世界的解读方式。在学习能力层面，交际者应善于观察和比较文化现象；具备学习新知识的能力、在真实交际语境中使用知识的能力；具备判断能力，应善于发现问题、分析问题和解决问题；具有创新能力、合理利用策略的能力、运用信息技术的能力；还应具有自主学习能力，跨文化交际者应具备指导自我学习过程的能力和终身学习的态度，能够自我观察、自我反思、自我决定，以实现自我变化。

（4）专业能力。跨文化交际除在宽泛范围内展开，有些是在一定专业领域进行，交际者应具备自己专业领域的相关技能，如从事国际交流与合作的人士应具备一定的外事能力，从事对外汉语教学的人士应具备一定的教学能力。

3. 态度部分

跨文化交际能力的态度部分分为两个层面：交际态度和个人态度。

交际态度指交际者在跨文化交际中表现出的情绪、情感和状态。具体而言，交际者在跨文化交际中应持积极的态度、开放的心态，不卑不亢，真诚、友好，对他族文化宽容、理解、尊重，能够站在交际对方的角度考虑问题，做到客观公正。个人态度指在个人层面上，交际者应大胆、自信、心胸开阔，幽默、风趣，具有民族自豪感，自尊、自爱，对新事物和他族文化拥有好奇心、兴趣和求知欲，对文化差异有高度敏感性。交际者在与其他文化群体接触和交流的过程中，对文化差异的敏感性、适应性及包容性有利于实现不同文化间的互看、互识、互补、互利，在接近和理解他族文化的同时，充分发出属于自己文化的声音，有利于不同文化间的沟通。

4. 素养部分

跨文化交际能力的素养部分指交际者的品质、修养。善良、有同情心、真诚，诚实、谦逊，有涵养，为人处世大方、得体，拥有健全的人格和较好的心理素质，这些素养都间接助推跨文化交际的成功。

（二）跨文化交际能力各构成要素之间的关系

跨文化交际能力各个组成部分之间是相互关联、相互渗透、相辅相成的。跨文化交际能力的知识部分是能力部分和个人素养提升的依托，能力部分的发展有利于知识的获取，个人素养影响交际态度，知识、能力、态度、素养同时作用，方能使跨文化交际成功。

（三）跨文化交际能力框架的特点

研究者构建的跨文化交际能力框架具有以下五个特点。

其一，提出跨文化交际能力包括知识、能力、态度和素养四个层面，强调跨文化交际能力构成的全面性和整体性。跨文化交际能力是一种组成复杂的综合能力、综合素质。具体构成要素部分呈显性，直接作用于跨文化交际；部分属隐性，间接作用于跨文化交际。各个构成要素对于跨文化交际的作用不尽相同，各要素之间是密切联系、相互渗透、共同作用的。

其二，指出专业知识、专业能力是跨文化交际能力的组成部分。跨文化交际除在宽泛范围内展开，还有一部分是在一定的专业领域进行，交流的内容不仅涉及文化范畴，还涉及政治、经济和其他专业领域。交际者应具备自己专业领域的相关知识和技能。相应的专业知识有助于丰富跨文化交际的内容，增进沟通的深度；专业素养是跨文化交际素养的构成部分，是交际的实质内容及意义所在。

其三，指出素养是跨文化交际能力的构成部分，强调素养的重要性。交际者良好的个人品质、修养能促使跨文化交际的成功。

其四，强调学习能力的重要性。成功进行跨文化交际需要学习者经常性的学习。成功的跨文化交际者能够消化和有效利用大量的信息，具备对文化持续的敏感性，能够勤奋、经常性的学习。交际者应具备自主学习能力、认知能力、判断能力，应善于发现问题、分析问题和解决问题，具有创新能力、合理利用资源的能力和运用信息技术的能力。

其五，强调非语言交际行为的重要性。非语言交际行为在交际中的作用举足轻重，由于文化不同，非语言交际行为也显示出很大的差异。跨文化交际者在交际过程中应得体地运用非语言交际行为，了解目的语国家的时间观念和对空间的使用，从而适当地重复、补充、修正、替代、调节语言交际行为。

第二节　跨文化交际能力培养模式构建

一、跨文化交际能力培养涉及方面

（一）跨文化交际能力培养涉及环节

跨文化交际能力的培养涉及诸多方面，应贯穿外语教学各个环节之中。要实现培养跨文化交际能力的目标，不能仅通过教授"跨文化交际"课程，或仅依靠外语教学中的文化导入。由于跨文化交际能力构成的各部分是相互交织、密不可分的，所以跨文化交际能力的培养应贯穿整个外语教学过程中，贯穿每项语言技能的培养过程中。关于外语教学中培养跨文化交际能力的途径，研究人员提出了意识发展、文化调试能力培养、知识传导和交际能力锻炼的四合一培养模式。跨文化交际能力培养涉及师资、测试、教学方式等方面。在师资方面，外语教师应具有较高的外语水平和丰富文化知识；在测试方面，相关人员应建立与交际相配套的考试、评估体系；教学方式方面，教师应充分利用现代化教学手段。大学在全球化背景下进行跨文化教育是系统工程，需要管理者和教师共同努力，从认识、制度、机构设置、教学管理、教学大纲、课程设置、教材选用、教学方式、课堂活动等诸方面贯彻跨文化的思路，实现人才培养国际化。大至教育政策的制定、校园文化管理、外语教材的编写和使用、师资培训，小到课堂教学的安排、授课语言的选择、教学形式的组织，都应体现跨文化主义和跨文化原则。要想将跨文化教育理念贯穿外语教学的各个环节，教师应更新观念，增强认识，进行本土化研究，在外语教学中自上而下开展跨文化教育。教育行政部门应明确跨文化教育的目标和内涵，制定符合国情的跨文化教育目标、原则和方法；外语界的专家学者应探讨外语教学作为跨文化教育重要途径的理论和实践问题，制定教学大纲，调整课程体系，研讨教学方法和活动，编写教学材料等。

（二）文化教学与语言教学

关于跨文化交际能力培养方面，专家学者形成一个共识，即在外语教学过程中，教师应当将语言教学与文化教学有机结合。语言学习与文化学习是相辅相成的关系，两者彼此依存。因此，在外语教学中，教师要将这两者紧密联系起来。在跨文化交际中，较大的障碍之一就是文化迁移，它对跨文化交际与外语教学具有重要的意义，可以说，文化迁移不仅存在于跨文化交际中，还存在于外语教学中，并对这两种活动产生一定的影响。为了提高文化教学在外语教学中的地位，教师应当将语言教学与文化教学结合起来。文化学习与语言学习的有机融合，一方面可以增强教学的趣味性，更好地调动学生学习的积极性与主动性，从而使得学习效率得以提高，另一方面还能够有效地培养学生的跨文化交际能力，以及训练学生的外语语言技能。所谓人文教育应当与语言教育相结合，主要指的是人文知识教学与语言技能培养、训练的有机结合，应将知识课程技能化、技能课程知识化。通过对英语教育与人文教育的全面整合，促使具有广度与深度的英语语言文学学科得以构建，在人文知识课程教学中融入技能训练，如听、说、读、写、译等，在英语技能课程的内容讲授中，将人文知识作为一种拓展知识融入其中。

（三）本族文化与他族文化

在文化知识的学习方面，应当将本族文化与他族文化摆在同等重要的位置上。在进行外语教学的文化教育时，应当将中国文化与西方文化摆在同等重要的位置上。

在语言的学习过程中，学生首先应熟练掌握本国语言，深刻理解本国的文化内涵与本质，其次要对所学外语及其相关文化具有较为全面且透彻的了解。学生学习第二种语言时，一方面要成为第二种语言的合格使用者，另一方面还要保持自己原本的文化身份。跨文化学习应当强调对文化的体验意识与体验能力，既包括源语，又包括目的语。交际者要想高质量地将信息传递出去，就需要具有本民族的文化自觉，而要想准确地理解交际对象所传递的信息，就需要全面了解与熟悉他族义化。通过对学生进行他族文化意识与本民族文化自觉的培养，使得学生的文化包容性与敏感性得到增强，引导他们认同与理解文化差异，从而促使学生的跨文化交际能力得到提高。教师可采用隐性或显性的方式，对学生进行本民族文化自觉的培养，而学生的他族文化意识的培养，则需要在外语教学过程中实现。

（四）跨文化交际实践

专家学者已达成一种共识，即在跨文化交际能力培养过程中，跨文化交际实践发挥着重要作用。通常来说，跨文化交际的形式会因交际场合的不同而有所不同，交际场合包括学校、市场、医院等。跨文化交际中的关键因素是语境，它能有效解决语言局限性的问题，通过特定语境可达到明白对方真实意图的目的。交际过程中实现理解的最重要的技巧是了解交际的语境。要实现语言使用能力的培养，必须具备四个条件：

和本族语者接触，具有使用目标语的环境，有真正使用目标语的机会，学习者参与。有关收集信息、消除误会等技巧的知识可以传授，但技巧本身需要个人通过实践获得。跨文化外语教学较为常用的方法是比较和对比、参与和体验。许多偏见和误解是因交际双方缺乏基本的接触和了解；通过跨文化交往，来自不同国家的交际双方相互认识、熟悉、理解，从更为开阔的跨文化视野来界定自我和他人，从而建立良性的跨文化关系。跨文化实践经验的积淀有助于人们克服文化偏见、减少偏见和误解，跨文化经验的积累可以帮助交际者摆脱中心主义的束缚，培养他们的跨文化意识。学生应从传统的被动知识接受者转变为主动的、协作的、交流的学习者，通过探索、实践与合作，在做中学、探中学，完成语言使用规则的认知和外化。我国外语教学应该面向交际，把重心从交际内容转移到那些用语言来达到交际目标的活动。语言和意识、认知、文化、群体、社会关系紧密，人们学习母语以外的语言的目的主要包括满足生存的基本需要，满足社会交往的需要，满足专业需要。我国外语教学的布局中往往忽略了满足社交需要层面的教学。外语教学中不能仅强调语言的信息交换功能，还应重视语言的社交功能，培养语言的交际能力应该注意到以文化为基础的形式、意义和使用的结合。

二、"渗透式"跨文化交际能力培养模式构建

"渗透式"跨文化交际能力培养模式（以下简称"渗透式"模式）是笔者构建的一种跨文化交际能力培养模式，对跨文化交际能力培养的培养理念、培养目标、培养原则、培养内容和培养环节五个方面进行了梳理和明确，此模式适用于我国大学外语／英语专业和公共外语教学中跨文化交际能力的培养。具体内容如下。

（一）培养理念

"渗透式"跨文化交际能力培养理念的总体特点是渗透，有两方面含

义。其一，将跨文化交际能力培养主线渗透至大学外语教学及相关环节，形成完整的跨文化交际能力培养体系。具体而言，大学外语教学及相关环节自上而下统一跨文化交际能力培养目标，遵循一致的培养标准，明确培养理念，诸环节共同发力，采用多种方式方法，多方位孕育、渗透和滋养，培养学生的跨文化交际能力。在此过程中，教师要避免支离、片面、局部性的培养。其二，将跨文化交际能力培养渗透到学生的个体发展之中，以学生为主体，充分调动学生的主观能动性。跨文化交际能力的提升是多种因素长期共同作用的结果，非一方之力、非一日之功能够实现。跨文化交际能力培养应从学生长远发展出发，站在可持续发展的高度，注重内因与外因的共同作用，将跨文化意识、跨文化交际能力培养理念渗透到学生发展之中，让学生通过不断学习、体验和实践，在跨文化交际能力的知识、能力、态度和素养四个层面均得到发展和提升，并实现由在校培养到出校后可持续发展。

（二）培养目标

"渗透式"模式下的大学外语教学中跨文化交际能力培养的目标如下：通过大学外语教学，使学生在跨文化交际能力的知识、能力、态度、素养四部分得以发展和提升，能够有效、得体地进行跨文化交际，逐步成为跨文化人，最终实现跨文化交际能力的自主性培养和可持续发展。培养目标虽有待逐步实现，但跨文化交际能力培养的内容和培养过程应以完整的培养目标为指导。

（三）培养原则

跨文化交际能力培养原则是"渗透式"模式的主要内容之一。大学外语教学中进行跨文化交际能力培养应遵循的原则包括培养内涵明晰化、培养实施体系化、培养方式多样化、培养过程循序渐进、以能动发展应对变化。

1. 培养内涵明晰化

"渗透式"模式下跨文化交际能力的培养包含了通过外因的教育、培训和辅导来发展跨文化交际能力和通过内因的个体自主发展跨文化交际能力双重含义;"培养"不同于"教授""提高""培训"。跨文化交际能力各构成要素在培养方式上存在差异。培养跨文化交际能力时不应局限于传授和灌输,或依赖于出自特定目的有针对性的培训;部分能力的提升是短期行为、短期效应,部分能力的提升需要一定的时间和空间,是中长期效应。以听力理解能力和对他族文化的包容为例,一般来说,通过短期课堂教学、特定培训、个人训练即可实现听力理解能力的提升,而对他族文化包容态度的培养需要以本族和他族文化知识的积累、长期跨文化体验和实践、个人素养的提升为基础,不可能在短时间内实现。

"渗透式"培养强调发展和内因的重要性。首先,强调培养的动态和发展特征。学校教育不是跨文化交际能力培养的终结,而是要实现学生跨文化交际能力的可持续发展。学校教育应为学生毕业离开学校后继续学习和跨文化交际能力提升打下知识、能力、方法、策略、资源、技术等方面的基础。从跨文化交际能力"培养"到跨文化交际能力"发展",最终实现"自主、可持续发展"。其次,强调内因的重要性。学校教育以学生为主体,由外至内、内外结合,由量变到质变。跨文化交际能力的发展是和人格完善、个人成长、社会化过程、人生经历同步的。学习者性格不同、成长环境不同,其思维方式、敏感度、信息接收情况也不同。针对不同的学生,对其跨文化交际能力培养的方式方法应有所变化和调整。跨文化交际能力的培养应正确看待教与学的关系,将两者紧密结合;学校教育与学生自主学习结合,课上与课下相辅相成;社会需求和个人需要兼顾,培养符合社会需要的全球化的人、发展的人。

2. 培养实施体系化

跨文化交际能力培养主线应广泛、深入渗透至大学外语教学及相关环节，注重学科间、各环节间的共同作用，形成完整的跨文化交际能力培养体系。

一方面，跨文化交际能力培养的目标、意识、理念和内容应体现并贯穿外语教学的大纲制定、课程设置、课堂教学、课外实践、教材建设、师资培养、测试与评估等诸多环节。外语教学的各环节是相互影响的，有效的语言教学涉及语言理论、教学原则、教学方法和技巧、教材编写和使用、课程设计等多个方面，有效的语言教学是课程标准、教师、学生、教学方法、教材相互作用的结果。跨文化交际能力培养应是整体协作式的，需要外语教学各环节系统连贯、合力作用，上至教学大纲、教学理念、课程设置、测试与评估，下到教材编写和使用、教育技术的使用、课下活动与实践、国际交流与合作，多方努力，各环节密切协作。

另一方面，跨文化交际能力培养应注重学科间、外语教学各环节间的共同作用。"渗透式"模式强调跨文化交际学与外语教学结合、语言教学与文化教学结合、教学与实践结合。首先，跨文化交际能力培养是一个需要协同其他学科来完成的跨学科任务。跨文化交际学和外语教学不仅仅是相互借鉴的关系，二者应以培养跨文化交际能力为共同目标，密切合作，最终融为一个整体。跨文化教育不仅仅和语言教育有关，应该将其扩展到所有课程中。其次，语言和文化不可分割，交际和文化不可分割，外语学习和目的语文化学习不可分割，应构建文化教学与语言教学一体模式，不仅仅是局限于文化教学与语言教学的结合，而是将两者深度融合。另外，跨文化交际能力认知过程存在课堂学习、实践体验和个人学习三个环节；跨文化交际能力培养不能仅仅局限于外语课堂教学，课堂教学应与课外活动及实践结合起来，相互补充，共同培养学生外语学习和跨文化交际兴趣，丰富学生跨文化交际知识，锻炼学生跨文化交际能力。

3. 培养方式多样化

培养方式多样化是"渗透式"培养的另一个重要原则，也就是说，通过不同的方式实现渗透式培养，将交际实践、能力培养与知识传授有机结合起来，使学生的跨文化交际能力得以培养。

具体来说，知识传授与能力训练的方式方法多种多样，借助不同的实践锻炼与文化体验，使学生的视野更加开阔、跨文化交际意识不断增强、跨文化交际能力得以提升。第一，外语课堂教学方式具有一定的多样化。语境在外语教学中的作用尤为重要，它可以为学生创造真实的外语交际场景，使学生获得真实的文化体验，从而在不知不觉中提高自身的外语水平。在外语课堂教学中，教师应当最大限度地激发学生学习的主观能动性，使他们成为学习的主人，可以根据具体的教学内容与课程性质，开展不同形式的教学活动，如案例分析、个人陈述、角色扮演等，还可以使用教学材料，进行立体化教学资源库的构建，使得外语教学与信息技术相融合，利用先进的多媒体技术进行教学，这样可以有效弥补交际语境的缺失，以及教学材料的不足。第二，大学应当通过社会资源、学校资源、现代技术的应用，为学生创设跨文化交际语境，增加跨文化交际实践机会。大学也可以通过定期举办各种文化活动，为学生提供文化体验以及跨文化交际实践的机会。大学还可以利用国际交流活动与国际合作平台，促使跨文化体验与跨文化实践机会得以增加，逐步实现教师、学生、课程三者的国际化，进而使得师生的跨文化交际意识得以培养，跨文化交际能力得以提升。

4. 培养过程循序渐进

跨文化交际能力的培养不是一蹴而就的，而是需要一个长期积累的过程，每个阶段培养任务的完成，都可以在一定程度上促使学生的跨文化交际能力得以提高。因此，学生跨文化交际能力的培养是一个由浅入深、循序渐进的过程。

第一，跨文化交际能力的培养是一个由浅入深、由表及里的过程，跨文化交际能力的发展是一个由低至高、不断发展与进步的过程。其中，交际能力与语言能力等属于跨文化交际中发挥直接作用的能力，属于第一阶段的培养内容，而学习能力、思维能力、创新能力等属于跨文化交际中发挥间接作用的能力，属于第二阶段的培养内容。总而言之，这是一个由表层文化知识学习到价值观等深层文化学习的过程，也是一个由知识传授到意识与能力培养的过程。举例说明，通过文化教学在当前外语教学中所发挥的作用可以看出，文化背景因素在教学中所占比重相对较小，而且大多停留在较为肤浅的表层。文化的本质与内涵是随着社会与时代的变化而不断发展的，要想真正使文化教学融入外语教学中，就应当摒弃以往的程式化教学思路，最大限度地帮助学生理解与体会文化差异的存在，进而更好地培养学生的跨文化交际意识，提高学生的跨文化交际能力。

第二，跨文化交际能力的培养是循序渐进的。语言学习是循环往复的，并非一个直线性的过程，语言的螺旋性本质不仅体现在语言结构的学习中，还体现在语言学习涉及的所有方面。跨文化交际能力各构成要素的发展敏感性不同，在培养上需要不同的培养方法、不同的培养环境、不同的培养时间。对知识方面的培养，包括特定文化的价值观、价值标准、总体文化差异、跨文化交际过程中的知识的培养，是一种自然认知，可以在短时间内实现；在技能方面，可以在短期到中期实现；态度部分培养的是情感和自然认知，培养内容包括交往管理能力（情绪控制）、认知能力（创新思维）、情感力量（内在目的、探险精神）等，态度方面培养目标的实现需要一定的时间，是有难度的。跨文化交际能力的发展对于"教"来说，是一个长期滋养、浸润的过程；对于"学"来讲，是一个长期点滴积累、体验、实践的过程。跨文化交际能力不是阶梯化发展和提升的，而是在各构成要素发展和相互影响下螺旋上升的。因此，跨文化交际能力的培养是一个循序渐进的过程。

5. 以能动发展应对变化

"渗透式"模式强调以学习者综合、能动发展应对外部变化，从而实现学生的跨文化交际能力自主培养和可持续发展。

世界日新月异，不断发展变化。文化具有一定的稳定性，但也是动态的、不断变化的，文化的价值观也是不断变化的；语言随社会的发展而发展、变化而变化。跨文化交际的知识是动态的，随时代和环境不断发展而变化，知晓和回忆一些固定的跨文化交际知识远不能适应交际的需要，跨文化交际能力的提升是建立在大脑是一个开放的系统、人们有选择的自由两个观点之上的。再者，现代信息技术的发展和教育理论的变化意味着在当前的教育环境中，任何实践和态度都必须是动态的。人才培养在理论研究与实践层面是动态的，是随着社会需求、外部环境、个体差异等因素而变化的。外语教育体系是开放的、不断演变的，外语教育体系的构建必须适应国家的长远发展需求，以终身教育观为依据。另外，跨文化交际是复杂的，跨文化交际的哲学是变化的哲学。在全球化背景下，跨文化交际语境和跨文化交际邂逅永远不会固定不变，而是一直在变化，跨文化交际语境日趋多元化，交际过程是动态多变的，跨文化交际的对象、内容和方式方法随外部大环境和具体交际环境的改变而变化。跨文化适应是一个动态的过程，是当个体迁移至一个新的、不熟悉的、变化的文化环境时，建立或重建并保持和此环境相对稳定、互惠的、功能性的关系的过程；跨文化交际知识、意识、能力根据跨文化交际语境和跨文化交际邂逅的变化而不断修订、变化。跨文化交际能力不是永久性的，对它的培养永远不会结束。由此可见，跨文化交际能力自身具有全面性、复杂性、发展性特征。

因此，跨文化交际能力的培养应考虑诸多外在和内在的动态发展因素，以动应动，以发展适应发展，站在可持续发展的高度，从学生长远发展出发；应调动学生自身能动性，发挥内因的巨大作用。一方面，重视跨文化交际能力构成的综合性，培养学生的跨文化交际兴趣、跨文化意识，丰富学生语言、文化、交际等方面知识，开阔学生的视野，培养学生交际能力、跨文化能力、学习能力等方面能力，帮助他们端正跨文化交际态度，塑造学生良好个人素养。同时，侧重学生的社会知识、专业知识的丰富，注重培养学生的学习能力、学习策略、创新能力和社会能力，从而实现跨文化交际能力的自主性发展和可持续发展。

（四）培养内容

大学外语教学中跨文化交际能力培养有其特定的培养内容，不完全等同于跨文化交际能力框架，仅是其中的一部分。原因主要有两点。其一，外语教学以跨文化交际能力为目标，并不意味着外语教学独自承担培养任务。跨文化交际能力培养是由多个学科共同参与、通力合作的系统工程。其二，跨文化交际能力是一种复杂的综合能力和素质，其发展和提升不完全依靠大学外语教学，其中的一些要素不一定非得和语言学习同时发展；大学仅仅是学生发展跨文化交际能力的一个场所，大学阶段仅仅是学生跨文化交际能力培养的一个时期，毕竟真实的跨文化交际发生在社会环境之中。因此，有必要明确大学外语教学中跨文化交际能力培养的具体内容。

具体到我国大学外语教学，跨文化交际能力培养有其重点培养内容。笔者基于前面章节中对跨文化交际能力的构成和培养的理论和实证研究，结合对我国大学跨文化交际能力培养现状的分析，认为大学外语教学中跨文化交际能力培养，应实现学生在知识、能力、态度、素养方面均衡发展、同步提升，对跨文化交际能力各构成要素的培养应是并驾齐驱的，应注重跨文化交际能力中显性和隐性作用要素的共同培养。笔者对我国大学外语教学中跨文化交际能力培养的具体内容进行了如下界定。

1. 知识部分的培养内容

在文化知识培养方面，既要丰富学生的表层文化知识，也要让学生学习深层文化知识；使学生既学习目的语国家的文化，也要学习本民族文化和世界其他国家的文化。

语言知识的培养内容包括目的语的词汇、语法规则（句法）、发音规则（语音、语调）；不同国家和地区人的方言、口音、发音习惯，语言的变体、分支和衍生；目的语的使用规则，不同国家和地区的交际风格，语言及非语言交际特点；文化与语言之间的联系，语言使用和社会文化之间的关系。

社会知识的培养内容包括本国和他国的社交礼仪、餐桌礼仪；政治知识、法律知识、社会学知识、心理学知识；重大社会事件、重要国际盛事/赛事，如奥林匹克运动会开/闭幕式、奥斯卡颁奖典礼、NBA 年度总决赛等。

在专业知识方面，可将语言教学与学科教育结合起来，使学生了解学术写作格式、商务函件写作、贸易单证制作、商务谈判礼仪等知识。

2. 能力部分的培养内容

交际能力的培养内容包括外语交际能力和跨文化交际能力，能使用外语同目的语国家的人交际的能力，同其他（除目的语国家和本国）国家的人交际的能力。具体而言，培养学生语言交际做到准确、得体、流畅，能够根据交际任务、交际环境、交际对象、交际内容的不同调整交际方式和言语行为，完成交际任务。由于非语言交际行为同样存在文化的差异，因此，大学应做到语言交际能力与非语言交际能力培养并重，不应忽视非语言交际能力的培养。

在社会能力方面，应培养学生的应变能力和适应的能力，使其能够在多元化、动态的真实语境中迅速判断、调整并适应；培养学生合作解决问题的能力；培养学生的跨文化能力，使学生能够理解和接受其他国家人的价值观和行为。

学习能力的培养内容包括观察能力、判断能力、解决问题的能力，寻找和使用资源的能力、使用现代技术的能力，还应注重对学生自主学习能力和策略以及创造力的培养。

在专业能力方面，结合外语语言教学，培养学生的专业技能。比如对师范生，教师应留意培养学生的教学能力；对旅游英语专业的学生，教师应留意培养学生的导游技能。

3.态度部分的培养内容

在交际态度层面，要培养学生积极的交际态度和开放的心态，帮助学生意识到跨文化互动是一种宝贵的经历，培养学生从不同的角度看待来自不同国家的交际对象并和他们进行交流，使学生具备本族文化自觉和对他族文化的尊重、理解和包容。

在个人态度层面，注重对学生胆量、信心、开阔的心胸、好奇心、求知欲和敏感性的培养；重视对学生学习兴趣、跨文化交际兴趣、跨文化交际意识、国际视野的培养。

4.素养部分的培养内容

培养学生健全的人格和良好的品德，使学生成为善良、有同情心、真诚、诚实、谦逊、有涵养的人。培养学生较强的心理素质，使其能够得体、大方、自如进行跨文化交际。

（五）培养环节

为把跨文化交际能力培养和训练落到实处，外语教育工作者应在教学理念、教学目标、教学模式、教材使用、教学方法、课外引导等方面下功夫。由此看来，作用于跨文化交际能力培养的内部环节和因素包括课程设置、教材、教学方法和教学手段、师资、测试和评估等。跨文化交际能力培养目标的实现依赖外语教学各个环节共同作用。

在课程设置方面，外语／英语专业的课程设置应遵循目标性、系统性、国际化和实践性原则。即理论性课程、实践性课程、基础课程、专业课程均应围绕国际化外语人才的培养目标；课程之间应该相互融合，密切相关；丰富国际化课程模块。对于非外语／英语专业，学校除了开设常规的大学英语课程／公共外语课程，还可开设跨文化交际的选修课，开设有关英语文化普及、中西文化比较、跨文化交际技巧的扩展课、选修课。

对于教学方法和手段，应依据具体课程性质、具体教学内容、教学技术状况而定，应考虑学生的需求、学习水平和喜好。从总体上讲，应采用灵活多样的教学方法和手段。

外语教学的另两个重要因素是外语教材和外语师资。外语教材在编写、选择和使用上应满足跨文化交际能力培养的需要。外语教师在能力、素质和意识上应满足跨文化交际能力培养的要求，师资发展和师资结构也应与跨文化交际能力培养匹配。

在测试和评估环节，应做到测试和评估的全面性和方式多样性。具体而言，不仅对语言知识和语言能力进行测试和评估，还应注意文化知识、语言能力、跨文化能力的评价；对跨文化交际能力的评价要全面，注重对潜在和相关能力的评价，如对学生交际体验和分析的评价，对学生从本族语言和文化向目的语语言和文化转换的表现的评价。此外，应采取多样的测试形式和方法，不能认为通过写作和口语测试就能判断学生跨文化交际能力的水平，对学生跨文化能力评价的方式可包括学生自我评价。要求学生完成论文撰写、辩论、进行文化比较等任务。

第三节　"渗透式"跨文化交际能力培养模式应用

一、"渗透式"模式下的外语课堂教学

（一）外语课堂教学存在的普遍性问题

从国际范围来看，目前的外语课堂教学在跨文化交际能力培养方面仍待完善，存在的问题主要包括理论与实践脱节、文化教学有待重视和改进、对跨文化交际能力的培养欠缺全面性。首先是理论与实践脱节。教学理论与教学实践地鸿沟依然存在，教学理论与实践脱节。其次，课堂教学仍然以语言教学为主，文化教学有待重视和改进。虽然课程标准强调重视文化教学，但在外语教学中却未得到相应的重视。笔者调查发现，外语教学中教师依然以语言教学为主，用于语言教学的时间远多于文化教学；文化教学以传授文化知识为主，主要关注日常生活的文化特点，较少关注学生跨文化交际技能的习得，较少强化学生对本族文化的认知、对本族文化与他族文化的联系的思考。最后，对跨文化交际能力的培养欠缺全面性。课堂教学方面的不足还表现在以下方面：外语教学多涉及跨文化交际能力的知识和能力部分，态度和素养部分只是偶尔涉及，往往不在教师的教学目标和教学计划之中。

（二）"渗透式"模式下的外语课堂教学理念及方法

1.注重跨文化交际能力培养的全面性

外语课堂教学应当注重对学生跨文化交际能力的培养，促使学生的素养、态度、能力、知识四个方面得到均衡发展、同步提升。具体来说，素养、态度、能力与知识属于跨文化交际能力的组成部分，每个部分之间是相辅相成、彼此渗透、彼此关联的。外语课堂教学一方面需要注重学生跨文化交际能力的知识与能力方面的培养，另一方面又要强调对他们的素养与态度等方面的培养。除此之外，外语课堂教学还有一些重要组成部分，即跨文化意识与敏感性的培养，本族文化与他族文化对比能力的培养，对比较结果进行评价与阐述能力的培养以及将理论知识转化为实际能力的培养。除上述培养方式以外，在外语课堂教学中还有诸多方式方法，在此不再一一赘述，仅对外语课堂教学中跨文化交际意识、态度与素养等方面的培养方式加以探讨。

要想更好地培养学生的跨文化交际意识，就应当使学生身处目的语的文化环境与氛围中，因此，教师在课堂教学过程中，应当为学生创造良好的英语语言环境，充分利用先进的多媒体技术与丰富的教学资源，通过灵活多样的教学方式，使得学生的跨文化交际意识得以提高。在外语课堂教学中，要想更好地培养学生的跨文化交际意识，教师可以采用如下六种方法：第一，学生对文化与语言之间的关系的认识，需要通过对本国文化的学习得以实现，包括对本国不同族群文化以及不同地区文化的学习；第二，学生对文化的学习需要通过对外语教材的学习与探索得以实现；第三，通过各种媒介实现学生对本国与他国文化知识的学习，以及外语应用能力的培养，如杂志、小说、报纸、广播、电影等；第四，教师在设计课堂教学方案时，应当为学生创设一些跨文化交际情境，促使学生获得真实的外语交际体验，从而提高他们的外语交际能力；第五，充分利用各类文化信息资源，对学生进行文化意识的培养以及文化知识的传授，如教师分享跨文化交际的亲身经历，外教讲述自己国家的风土人情等；第六，让学生通过与外国友人面对面交流，提高自己的跨文化交际能力，如与外国留学生、外教直接交流。教师采用上述六种方法，一方面能够使学生的跨文化交际意识得以培养，另一方面还可以促使他们获得真实的跨文化交际经验，深刻理解不同文化之间的差异，进而更好地使学生的跨文化交际能力得以提高。

在外语课堂教学中，教师可以采用隐性与显性教育相结合的方式，对学生的跨文化交际素养与态度进行培养。教师应当以尊重他人、尊重人权为前提，开展课堂教学活动。在此过程中，学生应当严格遵守以下基本原则：参与者应当善于倾听、乐于表达；在讨论活动中，应当对主持人的权威性给予充分尊重；礼貌用语的使用在激烈的辩论中尤为重要；带有性别歧视、种族歧视的话语应当禁止使用；禁止使用过激的话语对书本或视频中描述的人物加以评论；应对个人偏见与文化偏见现象予以杜绝。这样可以避免种族与性别歧视，促使学生对他族、他人文化的尊重在无形中得以培养。

2.考虑和体现跨文化交际的复杂性

外语课堂教学应考虑和体现跨文化交际的复杂性。首先，全球化背景下目的语使用具有多元文化性。以英语为例，英语的多元文化特征要求学习者掌握多元文化。英语的扩散和多样化逐渐使英语概念化为世界英语，英语的使用范围包括国内、国外和国际，越来越多的非本族语者开始用英语进行交际，超过了本族语者之间的交际，超过了本族语者和非本族语者之间的交际。值得注意的是，通用语言不是一种统一语言，而是含有多元文化的语言，英语的国际性造成英语的复杂性和多元性，给跨文化交际带来了众多问题。因此，运用英语进行跨文化交际不仅要求学习者从多元角度出发认识英语，还需要学习者对多元文化知识、对世界文化的掌握，而非局限于对英国、美国、加拿大、澳大利亚、新西兰的文化的学习。另外，目的语的使用群体的复杂性要求学习者对变体有所了解和包容，以本族语者为基准的教学模式是乌托邦式的、不切实际的、具有约束性的。事物进行广泛传播、扩散几乎都会发生正常的变异，语言也是如此，在全球化时代，英语使用者数量的增长、文化异质性和使用者的地域分散性，使英语包含了大量变体，成为"新英语"；英语在多元社会语言、多元社会文化语境中产生了许多来自当地语境的新的语言形式和标准，如新加坡人和中国人讲的英语与英国人、美国人讲的英语在发音、语法方面存在差异。英语学习者要意识到交际对象可能来自任何其他文化背景的国家，这些人使用英语的方式都不尽相同。在国际范围内使用英语，需要人们包容变体，积极对待语言的分支和衍生。

在外语课堂教学中，教师应培养学生的多元文化意识，激励学生采用多元文化视角看待文化和语言问题。在文化教学中，教师应避免学生只看到单一的或统一的文化观点，应鼓励学生探索自己民族的文化和其他各种文化，文化教学的内容不仅要包括目的语文化知识，还应包括本国及其他国家的文化知识，培养学生通过文化比较、反思形成的对于本民族文化乃至世界各国文化的认同感以及跨文化交际意识和能力。在语言教学方面，教师不仅要让学生熟悉目的语国家的语言使用标准，还应让学生了解语言的变体，并让他们包容变体。由于语言的变体与讲话者的语境密切相连，因此，教师在课堂教学中不仅要关注和处理标准或约定俗成的语篇，还要关注存在这些语篇中的社会语言。在跨文化交际意识方面，教师应使学生意识到，由于交际对象的不同，语言的语义和语用相发生变化，在实际跨文化交际中，应根据交际对象的不同，调整交际方式方法，变换思维方式。

3. 注重外语课堂上真实语境的创设

要实现语言使用能力的培养，必须满足四个条件：和本族语者接触，具有使用目的语的环境，有真正使用目的语的机会，学习者参与。在我国，要实现形式、意义、语用相结合的外语课堂教学是有难度的。众所周知，我国缺乏外语使用的环境，缺乏跨文化交际实践的机会。没有语言使用环境，学生往往很难有学习语言的动机。因此，在日常课堂教学中，教师要尝试为学生创设跨文化交际的氛围和环境，给学生提供交流实践的机会，让学生在真实的交际过程中接触目的语、使用目的语，并帮助学生解决所遇到的困难，使学生的语言知识得到巩固和升华，也让学生觉得外语有用、有趣。

外语课堂教学中跨文化交际语境的创设可通过多种途径实现。在课堂教学材料使用方面，真实语境中的人们很少使用课本中的语言方式进行交谈，教师应尽量采用真实的素材，让学生感受到真实的语言运用；教师可以提供一些与真实生活相联系的文化信息给学生，并鼓励学生将这些信息与本族文化进行比较和分析。在课堂教学方式方面，教师可在条件允许的情况下，通过邀请国外人士参与课堂教学、使用国外物品或纪念品等方式来创设跨文化交际语境。外语教师可应用现代信息技术在课堂上创设跨文化交际语境。外语教师可利用多媒体设备和音频、视频资料展示语言在真实交际环境中的使用；采用局域网构建师生、生生交互练习的机会，利用网络技术帮助学生和国外人士进行同步或延迟的跨文化交际。

（三）外语课堂教学中的文化教学

1.在外语教学中进行文化教学的必要性

在外语教学中，教师要对学生进行文化教育。语言是文化的载体，学习一种语言不仅仅是学习如何讲语法上正确的句子，而是学习如何讲符合某一文化的语言。渗透文化性的外语教学能让学习者学到更有意义的东西，能够提升学习者的文化品格，使他们产生求知欲、探究欲和好奇心。文化意识的培养不仅是外语教学的基本要求之一，还是外语教学发展的动力与源泉。传统外语课堂教学与跨文化外语课堂教学的不同主要体现在：语言在身份建设和理解中的角色，以及其在文化差异中的中介作用。需要进行外语文化教学的一个主要原因是，即便是外语达到高级、熟练水平的学习者，他们获得的社会文化框架是信仰、假设和行为社会化的一部分，社会文化框架是和本族文化捆绑在一起的；人们不可能丢弃本族文化，进入另一文化。文化教学的目的是提高学生对目的语文化的认知水平，发展他们对目的语文化的好奇心，帮助他们进行文化之间的对比。英语专业文化教学的目标就是要培养学生的跨文化交际能力。综上所述，有必要在外语教学中渗透文化教育，进行文化教学。

2. 文化教学相关内容

（1）关于文化教学的观念。关于文化教学的观点如下。

外语教学注重他族文化与本族文化并重。只有知道两种文化的差异，才可预知可能产生的误解，从而扫清文化障碍。教授西方文化不是崇洋媚外，懂得另一种文化的人能更好地欣赏本民族的文化。两种文化相遇，不一定是冲撞，更不是你死我活，而可能是相互交融之后升华为一种独特的文化气质。

教师应培养学生的自我意识，加深对他族文化的认识。文化教学的最终目标，应是培养学生通过文化知识学习、比较和反思，认同、包容和尊重本民族文化乃至世界各国文化的。随着英语语境、语域乃至功能的不断扩大，英语文化教学的内容日益宽泛。

文化学习应基于宽泛多样的人类学知识；激励学生从多视角进行文化学习，灵活采用不同的观点，而不是模仿外国语文化。

外语教学中文化研习的重点是与跨文化交际意识相关的那部分知识、技能、态度，包括对文化、语言、交际和特定语境的了解；对语言和外部复杂变化世界／文化背景之间复杂关系的了解和意识；对多语、多文化语言使用环境的了解和意识。

要想实现运用外语进行有效沟通，学习者必须精通外语文化。外语文化教学应该研究学习者是如何在不同语境（多元化的环境、不同的地方、不同的群体间、不同的交际）中获取和管理文化知识的。外语教学中的文化教学需要培养学生以下能力：依据真实生活和切身体验，解释和评价文化普遍性的能力；寻找、组织、评价新的外国文化知识的能力。

文化是动态的，是一个随着与来自不同跨文化语境的个人之间的沟通和互动而不断变化的实体。因此，跨文化外语教学的目标不是要求学生对文化知识进行记忆，而是培养学生对整体文化习得的能力。

教师在外语教学中应培养学生对本族文化和他族文化进行比较的能力，培养他们评价和阐述比较结果的能力，培养他们将所学知识应用到语言和非语言交际中的能力。

（2）文化教学具体内容。笔者对上述观点进行分析和合并，并基于跨文化交际的特点和跨文化交际能力培养的需要，得出以下结论：为实现外语教学中培养学生跨文化交际能力的目标，外语课堂教学中的文化教学内容不能仅仅局限于文化知识范畴，应包括知识、意识、态度和能力四方面内容。

①知识方面。一般来说，交际内容与交际对象的复杂性、文化的多元性以及外语的工具性均应是外语课堂教学应当考虑的因素。在知识方面，文化教学应当使学生对特定语境、交际、语言以及文化的了解有所加强；使得学生对交际、文化、语言之间的关系有所了解，具有一定的跨文化交际策略与技巧知识；使得学生对语言与外部复杂世界之间的复杂关系有所了解；使得学生对多民族、多语言、多文化的语言使用环境有所了解。

外语课堂教学中的文化教学内容随着时代的发展而不断丰富，一方面需要向学生传授目的语语言知识，另一方面还要向学生传授本族文化与他族文化相关的知识。例如，随着国际贸易往来以及文化交流的日益频繁，英语已经成为一个重要的沟通工具，其功能、语域、语境、覆盖人群都在不断扩大，英语使用者已经遍布全世界，因此，非本族语者已经远远多于本族语者，而非本族语者之间使用英语进行沟通的人数也已经远远超出非本族语者与本族语者之间使用英语沟通的人数。因此，要想学好英语，不仅需要了解以英语为母语的国家文化，还要了解世界上不同地区、不同民族、不同国家的文化，包括南非文化、新西兰文化、加拿大文化、澳大利亚文化、美国文化、英国文化，等等。

②意识方面。在意识方面，通过文化教学激励学生从不同视角进行文化学习，从多角度对不同国家的文化加深理解，而不是对外国语文化进行简单模仿；培养学生对多文化、多语言使用环境的意识，对语言与外部变化世界之间复杂关系的意识；培养学生的自我认知能力；培养学生对外语词汇与语句文化本质与内涵的意识；培养学生的文化敏感性、跨文化意识、本民族自觉与自我意识。

③态度方面。在态度方面，通过文化教学，促使学生对外国文化拥有好奇心；增进学生对本民族文化乃至世界不同民族、不同国家、不同地域文化的认同，并对具有他族文化的人给予最大程度上的尊重。

④能力方面。在能力方面，文化教学应当对学生的文化习得能力加以培养，帮助他们获取学习文化的途径，并能够在不同的语境中对文化知识进行获取与管理；培养学生组织与评价新的外国文化知识的能力；培养学生对本族文化与他族文化进行比较的能力，以及对比较结果进行评价阐述与反思的能力；使学生具备依据切身体验与真实生活，对文化普遍性加以解释与评价的能力；培养学生将文化知识转化为得体交际的能力。

二、"渗透式"模式下的外语课外活动与实践

跨文化交际能力是个体综合素质的一种体现，通常来说，真实的跨文化交际活动发生在社会环境当中，要想使学生的跨文化交际能力得到提高，仅仅依靠课堂教学活动是远远不够的，外语课堂之外的其他场所也可以帮助学生实现跨文化体验、跨文化交际知识的获取、跨文化交际能力的锻炼。

（一）外语课外活动与实践对于跨文化交际能力培养的意义

外语课外活动与实践对于培养学生的跨文化交际能力具有重要意义，其主要体现在以下六个方面。

其一，语言具有社交功能，语言学习应满足社交需要。培养外语交际能力应做到以文化为基础的形式、意义和使用的结合。语言和基因、大脑、认知、智能、意识、文化、群体、社会都是密不可分的。一个群体学习母语以外的语言，可能有三个层面的目的：满足生存的基本需要、满足社交需要、满足专业需要。语言具有的黏合功能预设了信息交换的交际目的，外语教学中不能单单强调语言的信息交换功能，还应重视语言的社交功能，我国外语教学应该面向交际，将重心从交际内容转移到那些用语言来达到交际目标的活动。

其二，文化体验是语言文化学习的一部分，交际的、互动的文化体验活动是跨文化交际能力培养的重要部分。首先，语言文化学习是体验文化、实践文化的过程；掌握一门语言意味着既要掌握其词汇、句法，又要学会在语言交际中进行恰当的应用；学生在获得相关的文化体验之后，会通过语言交流实现跨文化交际；基于文化比较，有明确文化学习意识的、显性的、体验性的语言文化学习过程，能够有效地帮助学生获得跨文化交际能力。其次，真实的跨文化交际发生在教室之外、发生在社会环境之中；跨文化交际能力的提高需要学生走出校园、走上社会，

通过国内外实习、旅游等亲身接触和体验不同文化，直观感受外国风土人情，锻炼语言使用能力，提高跨文化交际敏感性，培养对文化现象的解读能力和跨文化交际能力。因此，对文化的体验与实践应该贯穿、渗透在语言文化学习的全过程，跨文化交际能力培养不仅包括课堂系统输入，还依赖课外积极导入、亲身体验文化。

其三，外语课外活动与实践有助于语言能力的发展。语言能力的发展要通过改善认知能力、强调社会文化环境来实现，需要内因和外因合力作用。语言根植于社会，来自生活，与社会发展和人类进步密不可分，语言与社会共变，人们应从社会交际和功能用法的角度来审视语言，社会交往既是语言学习的手段，也是语用知识增长的途径。语言能力与人类的其他认识能力是融为一体的；体验哲学和认知语言学的基本原理可归结为"现实—认知—语言"这一核心原则，"人的认知"决定语言的成因，人类的认识包括客观和主观因素。学习的外在因素包括社会生活环境、语言环境、民族文化背景等。想要了解二语能力、二语自信心、二语的使用三者之间复杂的关系，有必要考虑个体和其所处环境之间的交流。

其四，语言输出实践能够增强语言的自动化和清晰化程度。首先，二语习得水平的提高主要取决于隐性知识的发展，在外语教学中不仅要重视显性知识在习得过程中的作用，还要关注隐性语言系统的发展，通过加强有效的语言输出实践，促使学生的显性知识向隐性知识转化、陈述性知识向程序性知识转化，从而增强语言的自动化程度。其次，语言是一种复杂的事物，语言学习过程是一个复杂的过程，涉及不同的技巧，其中一些动作技能需要大量的练习。倘若人们不能清楚地表达自己想说的，倘若人们的书写难以辨认，他们无法成功交际。

其五，教室之外的第二课堂同外语课堂一样，是锻炼学生跨文化交际能力的场所。教师可将提高跨文化交际能力的过程分为三个层次：增加跨文化交际知识，激发跨文化交际意识，锻炼跨文化交际能力；在第三个层次里，强调的是实战、锻炼和互动。外语课堂内外都可以成为学生锻炼跨文化交际能力的场所，教室外的大学第二课堂一样可以发挥巨大的作用。要达到与本族语者相近的外语交际能力，仅靠课堂教学是远远不够的，学习者必须学会学习，抓住并有意识地创造各种机会参加真实的交际活动。

其六，参加课外交际活动能够激发学生的学习积极性、增强学生的自信心、锻炼学生的自主学习能力。教育的最终目的是培养独立的学习者，学生的"学"比教师的"教"更为重要。学生仅仅学习语言是不够的，"用"是"学"和"习"的根本目的，参加课外交际活动，使用语言特别是基于某种目的使用语言完成真实任务，能够激发学生的积极性，增强学生的自信心，可以帮助学生明确学习外语的目的，增强自主学习的意识和能力。

（二）外语课外活动与实践的开展目的和开展原则

1. 外语课外活动与实践的开展目的

基于外语课外活动与实践对于跨文化交际能力培养的作用和我国大学外语课外活动与实践的现状，大学生进行外语课外活动与实践旨在弥补我国跨文化交际语境缺乏的不足，充分发挥外语课外活动与实践的作用，通过课外文化体验与跨文化交际实践，帮助学生丰富文化知识、提升跨文化交际意识、锻炼语言交际和非语言交际技巧，提高学生语言学习和文化学习的兴趣，锻炼学生的自主学习能力，从而发展和提升他们的跨文化交际能力。

2. 外语课外活动与实践的开展原则

为探讨外语课外活动与实践的开展应遵循的原则，笔者从三个方面进行研究：课外活动与课堂教学，学习、研究与实践，校内活动与校外实践。

（1）课外活动与课堂教学。外语课外活动应与课堂教学有机结合。课外活动与课堂教学是互补关系，课外学习是课堂学习的延伸，课外的语言实践对外语教学尤为重要。为实现课外活动与课堂教学的结合，课外活动内容应与课堂教学内容保持一致，教师应协调和指导好课内外学习，保持课内外学习在目标和内容上的一致性，课外作业或任务的布置应与课堂教学内容和目标相联系，教师在课外学习中应给予学生必要的指导，在课堂上应给予学生展示课外作业成果的机会并进行评估。

（2）学习、研究与实践。学校应坚持知识学习、学术研究、亲身实践同步发展，使学生学习、研究、实践三者合一。学校可根据各专业设置情况和学生的就业需求，开设更多有利于培养学生跨文化交际能力且具有实用价值的应用型课程，举办有关商务礼仪、文化特色、社会习俗等方面的专题讲座。学校可利用课外活动开辟跨文化交际能力培养的第二课堂，让学生通过亲身实践去发现、体会、理解并掌握中外文化差异，从而提高他们的跨文化交际敏感性和适应性。学校可鼓励学生在理论学习与切身实践的基础上积极参与相关研究，做到学习、实践、研究三者合一，从广度和深度两个方面同时培养学生的跨文化交际意识与能力。

（3）校内活动与校外实践。仅凭大学校园有限的资源很难达到深层次锻炼学生跨文化交际能力的目的，走出校园是很有必要的，校内活动应与校外实践结合起来。学校应创造机会让学生参加各种社会和语言实践活动，培养学生的社会实践能力和自主学习能力，可通过开展校企合作，给学生提供更多涉外实践的机会。通过校内文化活动和跨文化交际实践，为学生参加校外实践和实习做好铺垫、打好基础；在学生涉外实践和实习中可安排适当的跨文化交际命题，使学生结合课堂所学语言文化知识和跨文化交际技巧，提升自身分析文化问题和解决文化问题的能力。

第三章 跨文化交际大学英语教学概论

第一节 跨文化交际大学英语教学的理论基础

一、语言学理论

（一）语言功能理论

语言是在完成其功能中不断演变的，语言的社会功能会影响语言本身的特性。具体来说，语言功能可以分为以下三种。

1. 微观功能

微观功能是在儿童学习母语的初级阶段出现的，它包括以下七种功能。

（1）个人功能。个人功能指儿童可以运用语言来表达自己的感情、身份或观点看法。

例如，"I like the toy car."。

（2）规章功能。规章功能指儿童可以通过语言来控制他人的行为。

例如，"Finish the task as I have told you."。

（3）想象功能。想象功能指儿童可以运用语言来创造一个幻想的环境或世界。

例如，"Suppose I am the king and you are the queen..."。

（4）启发功能。启发功能指儿童可以通过语言来认识和探索周围的世界，学习和发现问题。

例如，"Tell me why..."。

（5）工具功能。工具功能指儿童可以通过语言来获取物质，满足其对物质的需求。

例如，"I want..."。

（6）相互关系功能。相互关系功能指儿童可以通过语言与他人进行交往。

例如，"Me and you."。

（7）信息功能。信息功能指 18 个月大的儿童可以通过语言向别人传递信息。信息功能是儿童在成长后期掌握的一种功能。

例如，"Will you please give this note to Mary?"。

需要指出的是，在儿童语言中，一句话只有一种功能而不会出现多种功能，随着儿童语言逐渐向成人语言靠拢，功能范围逐渐缩减，这些微观功能就让位于宏观功能。

2. 宏观功能

相对于微观功能，宏观功能更为复杂、丰富和抽象。它是儿童由原型语言向成人语言过渡阶段出现的语言功能。宏观功能包括以下两种。

（1）实用功能。实用功能源于儿童早期微观功能中的工具功能、相互关系功能和规章功能。它是指儿童将语言视为做事的工具或手段。

（2）理性功能。理性功能是由儿童早期微观功能中的个人功能、启发功能等演变而来。它是指儿童将语言视为学习知识和观察事物的工具。

宏观功能是儿童在语言过渡时期使用的功能，它和微观功能、纯理功能存在功能上的延续性，这反映了人类语言为数不多的几种功能可被运用于多种社会场合，同时反映了人类在运用语言的过程中创造语言的必要性。

3. 纯理功能

纯理功能在功能语言学派中影响巨大。纯理功能包括以下三种。

（1）人际功能。人际功能是指语言具有表明、建立和维持社会中人的关系的作用。通过此功能，讲话者能通过某一情境来表达自己的推断、态度，并对别人的态度、行为造成影响。

（2）篇章功能。篇章功能是指语言具有创造连贯的话语或文章的功能，这些话语和文章对语境来说是切题和恰当的。语篇是具有功能的语言。

（3）概念功能。概念功能是指人们通过语言将自己的内心世界和现实世界的经历进行表述的功能。

几乎每个句子都能体现语言的人际功能、篇章功能和概念功能，且这三种功能经常同时存在。

（二）二语习得理论

20 世纪 70 年代，美国语言教育家克拉申（Krashen）针对第二外语的习得提出并发展了二语习得理论。该理论是比较具有争议的二语学习理论之一，共包括下面五个部分。

1. 习得—学习假说

"学习"和"习得"不同，它们是培养外语能力的两种途径。"学习"是学习者通过课堂学习等方式有意识地掌握语言语法规则的过程，而"习得"是学习者在无意识的状态下形成并掌握语言能力的过程，是一种类似于小孩子学习母语的过程。

语言学习只能监控和修正语言，却不能发展交际能力，外语应该通过习得来获取，而习得能够发展交际能力。

2. 自然顺序假说

一种语言的语法规则或结构是按一定的、可以预知的顺序习得的，这种情况也适用于第二语言（外语）的学习。

3. 输入假说

理想的输入应具备以下四个特点。

首先，应具有足够的输入（$i+1$）。$i+1$ 是克拉申提出的公式。其中，i 代表习得者现有的水平，$+1$ 代表略高于习得者现有水平的语言材料。根据克拉申的观点，只要习得者能理解输入，而又达到足够的量时，就自动地提供了语言习得所需要的输入。

其次，应具有可理解性。输入的语言必须可以理解，不可理解的输入对学习者不仅无用，还会损害其学习的积极性。可理解的语言输入是语言习得的必要条件。

再次，应既有趣，又有关联。趣味性与关联性可以增强语言习得的效果。

最后，应按照非语法程序安排。在语言习得的过程中不必按语法程序安排教学活动，重要的是要有足够的可理解的输入。

按照克拉申的外语教学理论，外语教学应尽量提供可理解的语言输入，为学生习得语言创造有利的环境。

4. 监控假说

有意识的学得（知识或规则）只能起到监控的作用。这种监控作用可以发生在写或说之前或之后。需要指出的是，学得的监控作用必须具备以下三个条件才能发挥作用：有足够的时间，知道规则，注意语言形式。此外，这种监控作用在不同的语言交际活动（如口头表达与书面表达）中会导致不同的交际效果。

5. 情感过滤假设

"情感"指学习者的动机、需求、信心、忧虑程度以及情感状态。这些情感因素会对语言的输入起到促进或阻碍的作用，因而又被视为可调节的过滤器。

根据情感过滤假说，外语学习者的积极情感态度有助于更多地输入目的语，而消极情感态度会过滤掉很多的目的语。因此，教师应避免施加压力给学生，要努力营造轻松愉快、自由自在的学习气氛。

（三）输出假设

实现语言习得的必要条件之一是语言输入，但是除了上述条件，还需要具备其他条件，换句话说，就是当学习者的英语学习水平相对较高时，除了对其进行可理解的输入，还应当考虑对其进行可理解的输出。

学习者需要最大限度地理解学习资源，并科学地对既有学习资源加以运用，将其合理、准确地输出，只有这样，学生的语言水平才可以得到较高程度的提升，才可以在不断地输出过程中意识到自己在语言表达方面所存在的问题。在英语教学实践中，教师应当为学生创造充足的语言运用与表达的机会，促使学生语言表达的流利性与准确性得以提高。语言输出的作用主要体现在如下三个方面。

第一，引起学习者对语言形式的注意。

第二，为学习者提供自我检验、提出假设的机会。

第三，为学习者提供有意识反思的机会。

随着英语教师对语言输出活动的重视程度日益提高，教师也会给学生设计一些具有交际性的笔头或者口头的语言实践活动，如辩论比赛、小组讨论等。在进行教材编写时，编写员会设计一些语言输出活动，如就某一话题发表见解或观点，以及角色扮演等。

（四）言语行为理论

20世纪50年代，英国哲学家奥斯汀（Austin）首次提出言语行为理论，其成为语言语用研究的重要理论之一。随后，美国哲学家塞尔（Searle）对言语行为理论进行了深入研究与探讨。在此，主要介绍上述两位学者的观点。

1. 奥斯汀的言语行为理论

表述句与施为句是话语的两种类型，基于此，奥斯汀提出了言语行为三分说。

（1）表述句与施为句。通常来说，对某一客观存在的事实或事态进行陈述、报道或者描写的句子叫作表述句。一般可以对表述句进行验证，可以判断出真假。

例如，"Jim is lying in bed."。

若Jim真的是在床上躺着，这句话即为真，反之则为假。

通常来说，借由对新事态的创造而对世界状况加以改变的句子施为句。一般不可以对施为句进行验证，难以判断出真假。

例如，"I call the toy horse spirit."。

此句既不能进行验证，也难以进行真假判断。其真正意义在于为玩具马命名，也可以理解为促使客观环境发生一些改变。

通过上述内容人们可以看出，以言叙事、以言指事是表述句的主要特征，而以言施事、以言行事是施为句的主要特征，这也是两者最大的区别。

（2）言语行为三分说。奥斯汀通过研究发现，之前的表述句与施为句两分法存在一些不足之处，于是，他对言语行为又进行了层次划分，并提出了一个新理论，即言语行为三分说。

首先，奥斯汀将通过发音器官的移动，促使人进行话语表达，并按照一定的规则，将其排列成词语或句子的通常意义上的行为，称为以言指事行为。

其次，奥斯汀将通过说话方式完成某一行为或完成某一件事的行为，称为以言行事行为。该行为可以将说话者的真实意图传达出来。而表态行为类、论理行为类、承诺行为类、施权行为类、评价行为类属于以言行事行为的五种类型。

最后，奥斯汀将通过说话带来一定的效果的行为，称为以言成事行为，又可称为以言取效行为。需要说明的是，此处仅仅指的是通过某一句话使得某一结果产生，但是结果与说话者的真实意图并无直接关联。

2. 塞尔的言语行为理论

塞尔的主要贡献是改进了奥斯汀对以言行事行为的分类，并提出了间接言语行为理论。

（1）对以言行事行为的重新分类。塞尔将以言行事行为分为以下五类。

①承诺类。它表示说话人对未来的行为做出不同程度的承诺。此类行为的动词包括 threaten、pledge、vow、offer、undertake、guarantees、refuse、promise、commit 等。

②表达类。它表达说话人的某种心理状态。此类行为的动词包括congratulate、apologize、deplore、regret、welcome、condole、boast 等。

③断言类。它表示说话人对某事做出真假判断或一定程度的表态。此 类 行 为 的 动 词 包 括 deny、state、assert、affirm、remind、inform、notify、claim 等。

④宣告类。它表示说话人所表达的命题内容与客观现实之间一致。此 类 行 为 的 动 词 包 括 nominate、name、announce、declare、appoint、bless、christen、resign 等。

⑤指令类。它表示说话人不同程度地指使或命令听话人去做某事。此类行为的动词包括 request、demand、invite、order、urge、advise、 propose、suggest 等。

塞尔的分类具有很强的科学性，直到今天仍在使用。

（2）间接言语行为理论。所谓间接言语行为，就是通过实施另一行为而间接得以实施的言语行为。

例如，"Can you pass the bottle for me?"。

这种言语行为虽然表面上在进行"询问"，但实际上体现的是一种"请求"行为，即"请求"是通过"询问"间接实施的。

塞尔进一步将间接言语行为分为规约性间接言语行为和非规约性间接言语行为两个类别。规约性间接言语行为往往出于礼貌的需要，且根据话语的句法形式可立即推断出其语用用意。而非规约性间接言语行为往往比较复杂，需要依靠交际双方共知的语言信息与所处的语境来进行推断。

二、心理学理论

（一）行为主义心理学

行为主义学习理论最初来源于苏联生理学家巴甫洛夫（Pavlov）的"条件反射"概念。20世纪初，美国心理学家华生（Watson）创立了行为主义学习理论。美国心理学家斯金纳（Skinner）对华生的理论进行了继承和发展。这里主要介绍此二人的理论。

1. 华生古典行为主义理论

华生把有机体应付环境的一切活动称为"行为"，行为的基本成分是反应，反应分为习得的反应和非习得的反应。前者包括一切复杂习惯和一切条件反射，后者则指在条件反射和习惯方式形成之前的婴儿期所做的一切反应。华生将引发有机体反应的外部和内部的变化称为"刺激"，而刺激必然属于物理的或化学的变化。任何复杂的环境变化，最终总是通过物理变化或化学变化转化为刺激作用于人的身上。换句话说，刺激和反应都属于物理变化或化学变化，由此便形成刺激—反应（S-R）公式，通过刺激可以预测反应，通过反应可以推测刺激。

学习就是以一种刺激替代另一种刺激建立条件反射的过程。人类出生时只有几个简单的反射和情绪反应，其他行为都是通过条件反射建立新的刺激—反应（S-R）联结而形成的。人类的行为是后天习得的，环境决定了一个人的行为模式，无论是正常的行为还是病态的行为，都是经过学习而获得的，也可以通过学习而更改或消除。查明了环境刺激与行为反应之间的规律性关系，就能根据刺激预知反应，或根据反应推断刺激，达到预测并控制动物和人的行为的目的。行为就是有机体用以适应环境刺激的各种躯体反应的组合，有的表现在外表，有的隐藏在内部。在华生眼里人，和动物没什么差异，都遵循同样的规律。

2. 斯金纳新行为主义理论

斯金纳于 20 世纪 50 年代发表了《言语行为》（*Verbal Behavior*）一书，从行为主义角度对言语行为系统进行了分析。人们的言语以及言语中的各个部分都是在受到内部或外部的刺激的情况下产生的。具体来说，斯金纳提出了"操作性条件反射"的观点，这一观点强调语言学习的过程是一个不间断的操作过程，即发出动作后得到一个结果，这一动作就被称为"操作"。如果操作者对这一动作的结果是满意的，就会重复"操作"，这时"操作"便得到"强化"，这一强化叫作"正向强化"。儿童的语言学习过程正是这样一个不间断的"操作"过程，使语言行为逐步形成。

在某一语言环境中，他人的声音、手势、表情等都可以成为强化的手段。例如，教师可以通过表扬、肯定，使学生的某种言语行为得到强化。只有言语行为不断得到强化，学生才能逐渐养成语言习惯，学会使用与其语言社区相适应的语言形式。如果没有得到强化，语言习惯就不能形成，语言也就学习不到。在学习时，只有反应重复出现，学习才能发生。因此，"重复"在学习中的作用是不容忽视的。

通过上述介绍可以看出，行为主义学习理论的形成主要基于以下六个观点。

第一，语言学习是一种习惯，是人类所有行为的基本部分，是在外界条件的作用下逐步形成的。

第二，在语言习得和语言学习过程中，外部影响是内在行为变化的主要因素。因此，语言行为和习惯是受外部刺激的影响而发生变化，而不是受内在行为的影响。

第三，儿童习得和学习语言的过程是按照操作制约的过程进行的，即发出动作—获得结果—得到强化。这也是儿童习得语言的最基本的客观规律。

第四，学习是刺激—反应（S-R）的联结。也就是说，有怎样的刺激，就有怎样的反应。

第五，学习过程是一种渐进的尝试—错误的反复循环—最后成功的过程。学习进程的步子要小，认识事物要由部分到整体。

第六，强化是学习成功的关键。语言行为需要正向强化才能形成并得到巩固。正向强化主要指学习上的成就感及他人的赞许和鼓励，它是帮助学习者形成语言习惯的重要的外部影响因素。

当然，行为主义学习理论也有很多不足之处，如它完全否认人类学习的内在心理机制，忽视了人类的主观能动性。尽管如此，行为主义心理学的研究对英语教学仍有着重大影响，这些影响主要体现在实际的英语教学实践中。例如，在外语教学的初级阶段，反复操练被看作语言学习的一个重要且有效的手段，并得到了广泛的应用。

（二）人本主义心理学

人本主义心理学是 20 世纪五六十年代在美国兴起的一种心理学思

潮，被称为"心理学的第三势力"。人本主义心理学起初并不形成于对学习和学习过程的研究，而是从临床心理学家、社会工作者和心理咨询工作者等一些对人类行为的基本原理和基本假设持有相似观点的心理学家的应用研究中产生的。人本主义心理学的主要发起者是美国心理学家马斯洛（Maslow），近年来影响较大的代表人物是美国心理学家罗杰斯（Rogers）。在他们的理论中，教育能够为学习者提供良好的心理环境，这个环境充满人情味，学习者在这个环境中得到辅导并将其固有潜能充分地发挥出来。

1. 学习动机论

人本主义心理学的动机论是以马斯洛的"需求层次理论"为基础的。马斯洛将人的需要从低级到高级分为五个等级：生理需求、安全需求、社交需求、尊重需求、自我实现需要。其中，自我实现需求指的是人类能把自身中的潜在东西变成现实的东西的基本倾向，是最高层次的需求。自我实现是对天赋、能力、潜力等的充分开拓和利用。这样的人能够实现自己的愿望，对力所能及的事总是尽力去完成。人具有"自我实现"的动机，有"自我实现需要"的人总是致力于他们认为重要的学习和工作。

以马斯洛的需求层次理论为基础，罗杰斯提出了"自我实现"的三个阶段。

（1）"映射"阶段。在这一阶段，人的自我发展是由外界要求的"映射"产生的。例如，学生说："我要努力学习，因为老师这样要求我们。"

（2）混乱阶段。当学生有一定的自我意识时，教师对学生的要求往往与学生自己的观点产生矛盾，结果造成学生无所适从，处于混乱阶段。

（3）自我实现阶段。当学生的自我意识占据主导地位并认识到自己的价值和能力时，学生便能独立地、创造性地做出判断和决定，从而实现自己的愿望。

针对如何使学生具备"自我实现"的学习动机问题的建议，主要有以下三点。①避开过去。学生在学习时，应将全部身心投入学习中，排除先前事件的影响。特别是对于后进生来说，如果他们总是持有"我以前学得不好"的观念，那么他们将会停滞不前，不能取得进步。②保持积极接受的态度。所谓积极接受的态度，是指学生在学习时，既要全神贯注、独立思考，又要虚心接受别人的意见。当人们以非干扰和安全接纳的方式与别人相处时，就能感受到更多东西。因此，同学之间的互帮互助十分重要。③防止两种心理障碍。一是"低俗化"，即自以为看透所有世俗，不相信神圣的、美好的东西。二是"约拿情结"，这是指那种畏惧美好和神圣事物的心理障碍。

2.学习类型论

（1）无意义学习。无意义学习只涉及心智，它不涉及人的感情或个人意义，与完整的人无关。无意义学习类似于无意义音节的学习。学生要记住这些无意义音节是很困难地，因为它们是枯燥乏味、无关紧要、很快就会忘记的东西。几乎每个学生都会发现，他们课程中有很大一部分内容对自己来说是无意义的。

（2）有意义学习。有意义学习不仅是一种增长知识的学习，还是一种与每个人各部分经验都融合在一起的学习，是一种使个体的行为、态度、个性以及未来选择行动方针时发生重大变化的学习。例如，一个5岁小孩迁居到另一个国家，在不进行任何语言教学的情况下，让他每天与新的小伙伴一起自由地玩耍，他在几个月内就会掌握一种新的语言，而且会习得当地的口音。原因就在于他是以一种对自己有意义的方式去学习新语言的，所以学习速度极快。倘若请一个专门的语言教师去教他，在教学过程中使用对教师有意义的材料，那么他的学习速度将会极其缓慢，甚至停滞不前。有意义学习能将逻辑与直觉、理智与情感、概念与经验、观念与意义等结合在一起。以这种方式学习时，就成了一个完整的人，即成了能够充分利用自己所有阳刚和阴柔方面的能力来学习的人。

有意义学习包括如下四个要素。

其一，学习具有个人参与的性质，即整个人的认知和情感都投入学习活动之中。

其二，学习是自我发起的，学生由于内在的愿望主动去探索、发现和了解事件的意义。

其三，学习是具有渗透性的，它会使学生的行为、态度乃至个性发生变化。

其四，学习是由学生自我评价的，学生自己评估自己的学习需求、学习目标是否完成等，因为只有学生最清楚某种学习是否满足自己的需要，是否有助于获取他想要知道的东西，是否明了自己原来不甚清楚的某些方面。

3. 学习实质论

人本主义心理学指出，学习的实质是形成与获得经验，学习的过程就是经验的形成与获得的过程。在人本主义心理学的基础上，人本主义学习理论从以下四个方面来解释学习的实质。

（1）学习即形成。在学习的过程中，对学习方法加以掌握，并从中获取相应的知识与经验，即人本主义学习理论。在学习实践中学习新知，这是该理论所强调的重点，并非所有知识都是从现有的理论知识中习得的，还有从具体的实践过程中习得的。学生在实践中发现自我、评价自我、创造自我，并从中获得更为有意义与价值的经验，以及学习的方法与途径。因此，学会学习的方法才是学习的关键。

（2）学习即理解。个人的学习从本质上说是一个心理过程，而非机械的刺激与反应联结的总和，是关于知觉的一种个人理解。对于同一件事，不同的人会产生不同的反应，究其原因，并非源于联结差异，而是在于个人的知觉差异，因此，他们对世界的认知与反应才会有所不同。

基于此，要想对某一学生的学习过程加以了解，就需要了解该学生对外部世界的刺激与情境的解释，而非仅仅了解外界刺激或者外界情境。

（3）学习即潜能的发挥。人类本身就是具有一定学习倾向或是内在的学习潜能的，学习的过程具有选择性、目的性与自发性的特点。所谓人本主义的学习观，是将学生视为一个具有一定目标与选择，并能从中进行自我塑造与自我满足的人。故此，为学生创设一个可以最大限度激发其潜能的学习情境，就是教师主要的教学任务。在教学过程中，教师应当让学生真正成为学习的主人，同时应当帮助学生提高发现自我、评价自我以及创造自我的能力。除此之外，该理论还认为学习本身应当是一个愉快的过程，因此，教师不应在教学过程中以惩罚、强迫等方式对学生的学习行为加以过多的干涉，而应当适度引导他们掌握正确的学习方法。

（4）学习是对学生有价值的学习。对学生更具意义与价值的知识或者经验是学习的内容。只有当学生意识到学习的重要性，发现学习的知识与经验可以帮助自己解决现实生活中的问题，他才会发自内心地愿意主动去学习，此时的学习才是最有效的。通常来说，有效的学习大多含有学生认为有用的且感兴趣的内容，而对于那些自身认为用处不大，距离现实生活太远的价值不大的学习，学生基本没有太大兴趣，学习效果也相对较差。因此，人本主义学习观注重对学生学习兴趣的激发与引导，对学生的实际需求给予充分尊重，体现在课堂内容的设置上，就是允许他们结合自身的爱好与兴趣，对学习内容加以选择，从而更好地实现自我需要。

（三）认知心理学

认知主义学习理论是通过研究人的认知过程来探索学习规律的学习理论。认知主义学习理论认为，学习就是面对当前的问题情境，在内心经过积极的组织，从而形成和发展认知结构的过程，强调刺激—反应之间的联系是以意识为中介的，强调认知过程的重要性。认知主义学习理论的代表人物有很多，其中瑞士心理学家皮亚杰（Piaget）最具代表性。

无论一个人的知识多么高深、复杂，都可以追溯到他的童年，甚至是胚胎时期。皮亚杰的理论试图以认知的历史、社会根源以及认知所依据的概念和"运算"的心理起源为依据来解释认知，尤其是科学认知。在皮亚杰看来，人出生以后如何形成认知、发展思维，受哪些因素制约，各种不同水平的智力及思维结构是如何先后出现的等问题都值得研究。因此，他的研究主要集中在两个方面：认知发展的阶段性问题和认知发展的机制。其中，认知发展的阶段理论具有广泛影响。

第二节　跨文化交际大学英语教学的构成因素

一、教师

教师是教学活动的组织者，也是影响教学效果的重要变量之一。教师的主导作用是在与学生的交往中实现的。教师在教学过程中，除了要充分发挥自身的主导作用，还要注重自身素质的提高。一名合格的英语教师应该具备以下三个方面的基本素质。

（一）专业素养

教师专业方面的素养包括如下六个方面。

1. 综合教学能力

综合教学能力是指教师在教学活动中形成并表现出来的，直接影响教育教学活动的成效和质量，决定教育教学活动的实践与完成的某些能力的结合。对教师的综合教学能力的要求如下：能写，即书写字迹工整规范；能唱，即能够结合学生学习的进程编写、教唱学生喜爱的英文歌曲；会画，即会画简笔画，并能运用于教学中；会制作，即能够设计制作适用于教学的各种教具，包括幻灯片、录像、电脑软件等；善表演，即能够充分利用体态语，以丰富的表情、协调的动作表达意义或情感，做到有声有色。

2. 系统的教学理论知识

系统的教学理论知识是英语教师必须掌握的。所谓系统的教学理论知识，是指教师除了要具备教育学、心理学理论，还要掌握英语教学理论知识，其主要包括现代语言知识、英语习得理论知识和英语教学法知识等。

3. 较高的语言水平

较高的语言水平是一名英语教师的基础，主要包括扎实的语言专业知识和较高的语言技能。教师不仅要具备系统的英语语音、语法知识，还要具备较大的词汇量，以及良好的听、说、读、写能力。较高的语言水平是开展教学活动的基本保障，教师只有具备较高的语言水平，才能全面地掌握教材，才能向学生传授英语语言知识，培养学生的英语语言技能。

4. 英语教学的组织能力

英语教学的组织能力主要指教师动员和组织学生集体进行学习的能力。这一能力主要表现在教师有效地掌握课堂、有效地动员学生积极参与学习等方面。在有效掌握课堂方面，教师要做到以下四点：注意教材内容、自己的言语和言语表达；注意学生理解和表达的正确性，包括语音、语法、词汇及思想表达等方面的内容；注意课堂纪律；注意吸引学生的注意力。只有做到以上四点，教师才可以使课堂教学井然有序。要想有效动员学生积极参与学习，教师需要具有一定的创造性。教师一进课堂就会进入一种创造性的境界，思维活跃，能够很容易地自由运用知识技能，从而使学生得到有力的感染，愿意全身心地投入教师引导的学习活动中。教师流利的英语本身就是动员学生的一种力量，教师发音要清晰、准确，内容易懂、明确。而且，教师还要能根据学生的语言水平来组织自己的语言，使用学生学习过的词汇和语法结构。

5. 传授和培养英语知识技能的能力

（1）教师要善于讲解。讲解是所有教师必须具备的最主要、最基本的工作能力。一名合格的教师要善于将复杂的教学内容变得通俗易懂，能够深入浅出地进行讲解。为此，教师不仅要充分了解学生的心理、生理特点以及学生的英语水平，还要认真细致地做好备课。此外，教师要根据不同的内容选择适当的讲授方法，在讲解的过程中还要做到重点突出。

（2）教师要善于示范。英语教学既要传授知识，又要培养技能。学生需要培养的语言技能包括倾听、书写、朗读、说话，这些都需要教师进行示范，然后学生对教师的示范进行模仿。教师要将示范和讲解相结合，用示范配合讲解，或者用讲解来突出示范中的重点，做到示范正确、标准。由于示范是为了让学生进行模仿，因此还要与学生的实践相结合。

（3）教师要善于提问启发。向学生提问是英语教学的重要手段，教师要善于使用这一手段。例如，在讲授新知识之前通过提问来让学生复习旧知识；用提问检查学生的知识掌握情况。教师在使用提问教学手段时要注意两点：提出的问题要适应学生的实际水平；提问要注意调动全班学生的积极性。

（4）教师要善于引导学生进行练习。语言技能的培养需要大量的语言实践，如语音练习、语法练习、口语表达练习、听力练习、阅读练习、写作练习等。教师要熟悉各种练习形式的作用，并在英语课堂教学中引导学生进行各种练习活动，有效培养学生的语言技能。

（5）教师要善于纠正学生言语中的错误。学生学习英语的过程是一个逐步进步的过程，在这个过程中难免会出现错误。有些错误是学生可以自行改正的，教师对此类错误不必纠正。而对于那些必须纠正的错误，教师应该有策略、有技巧地进行纠正。哪些错误需要纠正，哪些错误不需要纠正，在何时纠正，如何纠正，都反映着教师的教学实践素质。

6. 较强的科研能力

以往的英语教学只要求教师具备一定的语言水平和教学水平。但是随着时代的发展，教育对教师提出了新的要求，教师除了具备语言水平和教学水平，还要具备较强的教育科研意识和科研能力。

一名优秀的英语教师不仅是教学的实践者，还应该是科研的参与者，是英语教学与学习规律的研究者。长期以来，我国的英语教学在很大程度上是照搬国外的英语教学理论和教学方法。这在一定程度上促进了我国英语教学的发展。但是，由于这些理论和方法大多是针对第二语言学习者提出的，而且中国的英语教学具有自己独特的语言文化背景，中国的学习者具有自己独特的生理与心理特点，因此这些理论与方法并不一定适合我国的英语教学。为了提高我国英语教学的效果，我国不应满足于借鉴国外的教学理论与方法，还应充分考虑自身的特色，结合自身的教学实践，通过融合与创新，努力探索具有自身特色的英语教学之路。为此，教师应该结合自己的教学经验和教学实践，通过不断调查研究教学实践过程，分析总结经验，改进教学，并将其中成功的经验上升为新的理论，丰富我国的英语教学实践，促进我国英语教学的发展。

（二）师德素养

师德是教师较为重要的素养，也是教师从事教育教学活动的动力源泉。师德决定着教师对学生的热爱、对事业的忠诚、对教学执着的追求和对人格的塑造。同时，师德还直接影响着学生的成长。因此，英语教师必须具有坚定的理想信念，科学的世界观、人生观、价值观，忠于人民的教育事业，具有爱岗敬业精神，热爱学生。教师只有懂得奉献、具有责任感，才能言传身教。

（三）人格素养

人格素养是教师素养的综合体现。"学高为师，身正为范"概括了教师的职业特征和专业特征，也概括了对现代英语教师人格塑造的要求。一名优秀的英语教师应具有高尚的道德品行，令人愉快的个人性格，宽容、谦逊、好学的品质，正确的自我意识，良好的心理素质，幽默的语言表达，和谐的人际关系，端庄的仪表风度，较高的审美素质，积极耐心的工作态度以及丰富的知识经验等。这些方面并不是孤立的，而是相互联系、相互影响的。

二、学生

学生是英语课堂教学的主体和中心。每个学生都是独特的个体，他们之间存在着各种差异，这些差异主要体现在语言潜能、认知风格、学习动机、学习态度以及自身性格等方面，而且这些差异使他们理解和掌握新知识的速度和程度不尽相同。这里重点分析一下学生在各方面存在的差异。

（一）语言潜能差异

语言潜能是学习外语所需要的认知素质，或是学习外语的能力倾向，它是一种固定的天资。努力提高学生的外语素质就是要培养学生的综合语言运用能力，而语言潜能正是就学生的认知素质来预测其学习外语的潜在能力。外语学习能力应包括以下四种。

第一，语音编码、解码能力，即关于输入处理的能力。

第二，归纳性语言学习能力，它是有关语言材料的组织和操作能力。

第三，语法敏感性，它是从语言材料中推断语言规则的能力。

第四，联想记忆能力，它是关于新材料的吸收和同化能力。

不同学生的语言潜能存在着差异。在教学过程中，教师应了解学生的语言潜能，进而因材施教，使之针对不同的学习任务在不同场合发挥各自的长处，以收到事半功倍的效果。

（二）认知风格差异

认知风格是指人在信息加工（包括接收、储存、转化、提取和使用）过程中表现出来的认知组织和认知功能方面持久一贯的风格，它既包括个体知觉、记忆、思维等认知过程方面的差异，也包括个体态度、动机等人格形成和认知功能与认知能力方面的差异。不同的学习个体有不同的认知风格。不同的认知风格各有其优势和劣势，但这并不代表学生的学习成绩有差别。学生可以有各自偏爱的信息加工方式，在学习不同材料时也会各有所长。当学生的认知风格与教师的教学风格、学习环境中的其他因素相吻合时，其学习成绩会更好。因此，教师应了解并尊重学生不同的认知风格类型，针对不同的学习任务和学习环境因材施教，妥善引导，使自己的教学特点与学生的需要有机联系，进而取得良好的教学效果。

（三）情感因素差异

情感因素方面的差异主要出现在以下三个方面。

1.学习动机

学习动机是指激发个体进行学习活动，维持已引起的学习活动，并使行为朝向一定的学习目标的一种内在过程或内部心理状态，是直接推动学生进行英语学习的内部动力，是影响学生英语学习成绩的一个关键因素。学习动机来源于学习活动，也是学习活动得以发动、维持、完成的重要条件，并由此影响学习效果。

2. 性格

性格是指一个人对现实的态度和行为方式中比较稳定的、具有核心意义的个性心理特征，是学生的重要情感因素，也是决定其英语学习成功与否的关键因素之一。人的性格大体可以分为外向型和内向型两种。外向型的学生有利于交际方面的学习，因其喜欢交际，不怕出错，能积极参与英语学习活动，并在活动中寻求更多的学习机会；而内向型的学生在发展认知型学术语言能力上更占优势，因其善于利用沉静的性格从事阅读和写作活动。对教师来说，研究学生性格差异是为了充分了解学生的个体差异和不同的心理状态，发挥不同性格学生的优势，因材施教，以获得更理想的教学效果。

3. 态度

态度是指个体对待他人或事物的稳定的心理倾向或为达到某种目的而做出的一定努力，是影响英语学习的重要因素之一。态度包括三个方面：情感成分，即对某一个目标的好恶程度；认知成分，即对某一个目标的信念；意动成分，即对某一个目标的行动意向以及实际行动。一般来说，对异文化抱有好感，向往其生活方式，渴望了解其历史、文化和社会习俗的学生，对其文化与语言学习会持积极的态度，这样就可以获得良好的学习效果。反之，如果是对某外族文化抱有轻蔑、厌恶甚至仇视态度的学生，则很难认真了解该文化并学好该语言。此外，学生对学习材料、学习活动的组织形式及对教师的态度，都会影响他们英语学习的效果。

对学生个体差异的分析是为了使教师能够根据学生的个体差异制订教学计划，选择适合的教学材料和方法，具有重要的实践意义。

三、教学内容

教学内容是连接学生和教师的桥梁，也是教学实践中不可或缺的一个重要构成因素。所谓教学内容，就是指在教学活动中为实现教学目标，师生共同作用的知识、技巧、技能、思想、观点、信念、行为习惯的总和。教学内容是一种特殊的知识系统，既不同于语言知识本身，也不同于日常经历。教师在选择教学内容时既要考虑英语学科本身的知识体系，又要考虑学生的年龄特点和实际需求等。一般来说，教学内容包括以下五个方面。

（一）语言知识

基础英语语言知识是综合英语运用能力的有机组成部分，是语言学习和语言运用的重要内容之一。没有扎实的语言知识，就不可能具有较强的语言能力。

（二）语言技能

听、说、读、写是学习和运用语言必备的四项语言基本技能，是学生形成综合语言运用能力的重要基础和手段。听是分辨和理解话语的能力；说是运用口语表达思想、输出信息的能力；读是辨认和理解书面语言的能力；写是运用书面语表达思想、输出信息的能力。学生通过大量听、说、读、写的专项和综合性语言实践活动，形成这四种技能的综合运用能力，为真实语言交际奠定基础。

（三）情感态度

所谓情感态度，是指兴趣、动机、自信、意志和合作精神等影响学生学习过程和学习效果的相关因素，还有在学习过程中逐渐形成的祖国意识和国际视野。在教学中，教师应不断激发并强化学生的学习兴趣，引导他们逐渐将兴趣转化为稳定的学习动机，树立自信心，锻炼克服困难的意志，认识自身的优势与不足，乐于与他人合作，养成和谐和健康向上的品格。

（四）文化意识

在外语教学中，文化指所学语言国家的历史地理、风土人情、传统习俗、生活方式、文学艺术、行为规范、价值观念等。对学生来说，接触和了解英语国家文化有益于自身对英语的理解和使用，加深对本国文化的理解与认识，有利于提高人文素养，培养世界意识。因此，教师在教学中要主动向学生渗透文化意识，根据学生的年龄特点和认知能力，传授文化知识，培养其文化意识和世界意识。

（五）学习策略

笔者将学生为了有效地学习与发展而采取的各种步骤与行动，称之为学习策略。资源策略、交际策略、调控策略与认知策略等均属于英语学习的策略类型。要想促使学生有效学习英语，需要培养学生的学习策略，并为其终身学习奠定良好基础。通过有效的英语学习策略，一方面能够促使学生的学习方式得到改进，学习效果得到提升，另一方面还可以让学生掌握正确的学习方法，从而使其终身学习能力得以培养。故此，教师应当尽最大可能地帮助学生制定科学的学习策略，定期监控学生的学习效果，培养学生对学习策略加以调整的能力，鼓励他们学习他人的学习策略，并进行广泛学习与交流，勇于对不同的学习策略进行大胆尝试。

教学内容的重要载体是教材。在新课程改革中，教育教学中的重要因素之一便是教材。它是教师进行教学活动的材料，也是学生获取新知的材料。简单来说，教师的教与学生的学均有赖教材，它是课堂教学活动的必要元素。但是，随着学生群体的不断变化，仅仅依靠教材内容进行课堂讲授活动是远远不够的，需要对教师的教学水平与教学资料的选择提出更高的要求。若是教师仅仅是为了完成教学任务而对学生的反应有所忽略，仍旧按照原本的教学内容进行讲授，就难以充分激发学生的学习兴趣，从而对教学效果产生影响。故此，在教学过程中，教师应当对不同的教材进行灵活处理，通过询问学生的感受，及时对教学进度与方法进行科学调整。

四、教学方法

"教学有法，教无定法，贵在得法。"语言教学同样如此。纵观英语教学的历史演变过程，期间曾出现众多英语教学方法。举例说明，功能法、认知法、视听法、听说法、自觉对比法、直接法、翻译法，以及在此基础上派生出的交际法、暗示法、沉默法、自然法、全身反应法、口语法等。然而，经实践证明，截至目前，尚未出现一种完美无缺的教学方法，也尚未有一种教学方法是永远高效的。若是一个教师的教学方法始终没有任何改变，不能做到与时俱进，那么必然会促使学生感到厌烦。而且，对于不同的语言技能、语言知识，其教学重点是不同的，所采取的教学方法也会有所差别，因此，只有通过采取灵活的教学方法，才能有效地提高学生的英语能力，使其英语水平得到发展。

在英语教学的过程中，教师应当以学生的语言交际作为教学的出发点，选择较为适宜的教学方法，尽可能地使教学与实际生活紧密联系起来，激发学生的学习热情与兴趣，促使他们有目的地、有创造性地对所学语言材料加以合理运用，在新的生活场景中对语句进行再组织，从而使自己的情感得以表达。与此同时，教师应当对教学过程的交际加以强调，促使教学内容最大限度地贴近生活，根据不同年龄阶段的学生，采取与之相应的教学方法。

第三节　跨文化交际大学英语教学开展的原则

一、循序渐进原则

英语教学的循序渐进原则主要包括以下三层含义。第一，语言的学习应从口语开始，然后逐渐过渡到书面语。语言包括两种形式：口语和书面语，且口语早于书面语出现。与书面语相比，口语词汇通常较为常用，句子结构简单，学习起来比较容易。学生通过口语的学习可以尽快地获得交际技能，满足日常交际的需要，这样就达到了学用结合的目的。第二，就听、说、读、写等语言技能的培养而言，教师应该首先侧重培养学生的听说能力，然后逐渐过渡到读写技能的培养上。听、说、读、写是学好英语的四项基本技能，应该全面发展，但是在不同的阶段，侧重点应有所不同。听说教学能使学生掌握基础的语言知识，包括语音、词汇、句子结构等，这为读写能力的培养奠定了基础。因此，在英语学习的初级阶段，教师应加强听说教学，然后逐步向读写教学过渡。第三，语言技能以及使用语言的能力的提高是一个循序渐进的过程。英语学习过程是一个螺旋式发展的过程，需要反复循环，但这种循环并非单一的重复，每一次重复在难度和深度上都有所提高。此外，循环往复要求教学中要做到以旧带新，从已知到未知。因此，教师应以学生已有的语言知识和已熟悉的语言技能为出发点，传授新知识，培养新技能。

二、输入优先原则

英语教学要坚持输入优先原则。所谓输入和输出，是指学生通过听和读接触英语语言材料以及学生通过说和写来进行表达。语言输入的量越大、质量越好，语言输出的能力就越强。可见，输入是输出的基础。

英语教学中的语言输入要具有以下三个特点：第一，可理解性，即所输入的语言材料要容易理解；第二，趣味性和恰当性，要让学习者对所输入的语言材料感兴趣；第三，足够的输入量。足够的输入量在英语教学中至关重要，但目前英语教学对此点有所忽视。

囙事在英语教学中坚持输入优先原则要注意以下四个方面。第一，注重输入内容和输入形式的多样化。输入形式可以包括声音、图像、文字等，语言题材和体裁要内容广泛、来源多样。例如，教师利用在日常生活中每天都会接触的文具、衣服、道路标志、电器等就可以帮助学生在潜意识中学到许多英语词汇。第二，教师可以通过视听、听读等多种手段，尽可能多地让学生接触英语，多给学生提供可理解的语言输入。教师应该打破课内外的界限，利用贴近学生日常生活和学习、适合学生的英语水平、具有时代特色的读物等，扩大学生的语言接触面，增加学生的语言输入，以利于学生更好地学习英语。第三，着重强调学生的理解能力，为学生提供的语言材料要切合学生的实际情况，具有可理解性与趣味性。向学生输入的材料要符合学生的现有水平，只要求学生理解，不必刻意要求学生即刻输出。就教学方法而言，这坚持了先输入、后输出的原则。然而，仅依靠语言的输入不可能掌握英语并形成综合运用英语的能力，还需要适当的口头和笔头的表达来检验和促进语言的输入。第四，鼓励学生进行模仿。有效的模仿是模拟生活中的真实情景，注意语言结构所表达的内容。换句话说，模仿最好是让学生身临其境去使用所要模仿的语言。例如，在结对练习、小组练习的时候，让学生根据实际情况使用所学习的语言，学生才能把声音和语言的意义结合起来，才会在课外运用所学语言。模仿是在优先输入语言的基础上，对语言进行的有效练习和输出实践。

三、兴趣性原则

在英语教学中，教师应意识到兴趣的巨大作用，尽可能调动学生的内在动机，激发学生对英语学习的主观愿望，以获得更好的教学效果和学习效果。在英语教学中，教师可从以下三个方面入手来调动学生的学习兴趣。第一，尊重学生的主体性，充分了解学生的特点。教师必须清楚地认识到学生是英语课堂的主体，学生通过积极主动的尝试与创造，才能获得认知和语言能力的发展，教学活动才能达到预期的效果。教师要根据学生的心理和生理特点，采用多种教学方式，让学生通过体验和实践进行学习，从而形成语感，提高交流能力。第二，改变强调死记硬背、机械操练的教学方式以及传统的英语测试方式。英语学习需要一定的死记硬背和机械操练的活动，但是如果机械性操练太多，则很容易使学生降低甚至失去学习英语的兴趣。为此，教师应该以学生感兴趣的方式帮助学生获取知识，使他们在获得交际能力的同时，综合素质也得到相应提高。第三，对教材进行深度挖掘。教师在备课过程中，应认真地研究教材，挖掘教材中学生感兴趣的内容与话题，使每节课都有让学生感兴趣的内容和活动，以最大限度地调动学生的积极性。

四、系统性原则

系统性原则应当是英语教学需要遵循的原则之一。为了促使学生获得较为全面与系统的学习，教师应当在教学过程中注重新旧知识之间的联系，这样有助于学生对新知识的理解，以及知识系统的形成。具体来说，教师需要注意以下三个方面。

（一）系统安排教学工作

计划性应当是英语教学工作的特征之一。具体而言，教师要做到以下五点。第一，教师的备课应有计划性。具体来说，教师应头脑中对本学期的备课内容有一个全面的了解与认识，并列出整体与阶段性的备课计划，做到心中有数。第二，教师在传授知识时，应当做到循序渐进、由浅入深、条理清晰、突出重点，注重新旧知识的前后联系，从而帮助学生形成完整的知识体系。第三，教学的步骤与培养技能的方法需要与掌握语言的规律相适应。教师应当结合课程教学目标，由浅入深地、一步步地推进，从而在潜移默化中使学生的英语水平得到提高。第四，课后复习与练习应有计划性。一般情况下，练习分为两种，一种是训练性练习，一种是检查性练习。训练性练习是检查性练习的基础与前提。除此之外，教师应当注意将授课重点与家庭作业紧密联系在一起。作业的布置应当具有一定的目的性，教师需要进行全面考虑。第五，教师要对学生知识的掌握情况进行定期检查，并通过课上提问了解每一位学生的学习情况，从而起到一定的督促作用。对于学生的评价不能仅凭印象，应当以学生日常的书面作业与口头回答情况为参考。

（二）系统安排教学内容

教师在安排教学内容时应制定严密的计划。举例说明，针对低龄学生群体，应当安排浅显的教学内容，其教材内容设计应当符合该年龄阶段学生的理解程度与接受程度，切忌拔苗助长，将过于系统性的知识一股脑地讲给学生，一方面他们对知识的理解能力不够，另一方面还会使学生丧失学习的自信心。教师应当结合班级情况与教材特点，对教学内容进行合理安排，对知识重点加以强调。当某一生词出现时，教师不要将该词汇的所有词义全部教给学生，而应当结合教材课程内容一点点地讲授，从而便于学生对知识的吸收与消化。当教师讲授语法规则时，同样应当分步骤地将语法规则传授给学生。教师应当根据教学计划进行教学内容的安排。只有这样，才能将知识由浅入深、由易至难、由分散至系统地传授给学生。

（三）系统安排学生学习

教师应引导学生开展连贯性的学习活动。学习不应急于求成，应当循序渐进且坚持不懈地学习。故此，教师在日常教学中应当注重对学生学习毅力的培养，提醒他们在学习时切不可半途而废，否则之前的努力全都失去了意义，在每个学习节点，应当带领学生对知识加以复习与巩固。除此之外，教师还需要让学生意识到好的成绩来自日积月累的刻苦努力，因此，在平时进行学习训练时，应当严格要求自己，临时抱佛脚的行为是不可取的。教师在教学过程中要结合不同学生的实际情况，为他们选择适合自己的学习内容，真正做到有的放矢、因材施教。

五、真实性原则

在英语教学中，坚持真实性原则就是要在各个教学环节上做到真实，以培养学生的综合语言运用能力为总目标，以交际法和任务型教学为策略，在真实环境中获得语言能力。语用真实是真实性原则的重要内涵。

在英语教学中，教师要实现语用真实，应做到以下四个方面：把握真实语言运用的目的，采用语用真实的教学内容，设计组织语用真实的教学活动，设计语用真实的教学检测评估方案。

（一）把握真实语言运用的目的

英语教学的最终目的是培养学生的综合语言运用能力，这种能力实际上就是一种语用能力。这里的语用目的是指教学内容体现在语用能力方面的教学目的，主要表现在以下三个方面：①语句的语用功能目的；②对话语篇的语用功能目的；③短文语篇的语用功能目的。

（二）采用语用真实的教学内容

在教学开始之前，教师应从语用的角度对课文进行详细全面的分析，研究语句使用的真实语境，准确把握课文中所有语句的真实语用内涵，选用语用真实的例句与练习，这样可以在教学前就指向语用教学，从而保证学生能够获得语用真实的英语运用能力。

（三）设计组织语用真实的教学活动

对学生语用能力的培养应贯穿整个英语教学过程，因此教师应基于语用真实的指导思想来设计教学活动，将语用能力的培养与呈现、讲解、例释、训练、巩固等课堂教学活动紧密结合起来。

（四）设计语用真实的教学检测评估方案

教学检测评估对教与学都具有反拨作用。设计语用真实的教学检测评估方案，可以找出学生的语用能力存在的不足之处，从而对教学进行有针对性的调整与改进。此外，语用真实会引导学生在学习中更加自觉地把握学习内容的真实语用内涵，强化学生运用英语的自我意识。

六、课内外活动相结合原则

在教学实践中，要遵循课内外活动相结合原则，主要是因为两者之间存在互补性，具体体现在以下两个方面。

（一）课外活动具有自愿性和选择性

学生可以根据自己的兴趣爱好自愿选择参加感兴趣的活动。课内活动一般是非自愿的，也是无法自由选择的，课内活动必须按照教学大纲有序进行，一般具有固定的课程和课时，这样可以保证全班学生在相同的教育过程中保持相同的步调，既有利于培养学生个性的共同点，又有利于学生系统地习得语言知识。而课外活动基本上是以学生的兴趣为主，学生可自由选择。

（二）课外活动是真正以学生为中心

学生独立进行课外活动，教师只是在有需要的情况下提供适当的帮助，因此课外活动更能发挥学生的主动性和独立性，更能培养学生自主学习的能力。相对而言，课堂教学活动则具有一定的局限性。尽管一直提倡课堂教学要以学生为中心，但实践起来并非易事，往往会遇到各种各样的困难。

为了更好地将课堂教学与课外活动相结合，发挥它们的互补作用，教师要在优化课堂教学的同时，积极开展课外活动，具体可从以下两个方面着手。

1.激发学生在课堂活动中的主体积极性

课堂教学实际上是教师与学生以教学影响为中介的交互作用过程，这个过程能否发挥交互作用，很大程度上取决于学生的主体积极性。因此，如何激发学生的主体积极性就成为贯穿英语课堂教学始终的问题。

2.减少课堂教学时间，提高课堂教学效益

就目前我国的大学教学来看，课堂教学时间过多，课外活动时间过少是普遍现象。学生的潜能和优势得不到发挥，学生的创造性得不到锻炼，学生的综合素质怎能有效提高呢？因此，提倡大学应减少课堂教学时间，增加课外活动时间总量。与此同时，要提高课堂教学的效益。

七、合理使用母语原则

在英语教学中，教师应当提倡学生多说英语、多用英语，但这并不意味着不能使用母语。在英语课堂上可以合理使用母语，利用母语优势帮助学生理解其学习过程中的难点，这对提高教学效果有利无害。合理使用母语原则，包括在英语教学中利用母语的优势和避免母语的干扰两个方面。

（一）利用母语的优势

在英语教学中，教师应当充分利用母语的优势，通过汉语中关于复杂句子以及一些词义抽象的单词解释，对英语进行理解。英语学习应当基于对母语的熟练运用，例如，学生通过母语学习已经对空间、地点以及时间等概念有了清晰的认识，并明白如何通过一定的语言手段将这些概念表达出来，但是由于英语与汉语产生的文化背景等因素的差异，导致在语言使用与结构方面有所不同，给学生学习与掌握英语带来一定的困扰。故此，基于母语的解释，可以帮助学生在短时间内理解英语的相关概念。选择适合的时机通过母语进行英语教学，一方面可帮助学生了解英语与母语在使用规则与语言结构方面的差异，另一方面还有助于教师与学生之间的沟通，从而加深学生对英语知识点的理解，使得教学效果得到明显提升。

（二）避免母语的干扰

与第二语言相比，母语交际的学习要提前并且已经被学生熟练掌握。由于两种语言在使用规则与句式结构等方面存在差异，使得学生在英语学习中遇到不少问题。为了便于学生对英语的学习与理解，在教学过程中，教师可以适当地借助母语的力量，帮助学生对某些用法与句式结构加以理解。当然，这种借助也需要有一定的"度"，若是使用频率过高，不仅不利于学生的理解，反而会导致学生的英语学习受到一定的干扰。因此，在英语教学中，对母语的使用与控制需要注意以下三点。

首先，随着科学技术的发展、现代化教学手段的运用，以及教学模式的创新，母语在英语教学中发挥的作用日益减少。通过现代化教学手段的运用，帮助学生获得更加直观的学习体验。

其次，学生在学习英语的过程中，对词句的理解是相对的。词句理解不能局限于语言现象，还应该包括语言现象背后的本质。在学生刚接触英语时，不必强求学生对词句背后的本质加以理解，毕竟两种不同的语言代表着两种不同的文化，在词汇用法等方面都存在一定差异，部分语句运用母语的思维逻辑进行推理往往效果不佳。例如，看电视用 to watch television 来表示，看电影则需要用 to see a film 来表示。

最后，在英语教学的过程中，应当对母语的使用加以适当控制，不应过多地使用母语，尽量使用英语进行教学。此外，应当对教师的英语运用能力、学生的理解能力与接受程度加以充分考虑，在教学中，教师尽量使用英语进行教学，同时可以借助手势、表情、实物、图画等较为直观的手段，也可以通过板书的形式，让学生尽快地掌握英语的使用规则等，使其英语交际能力得到有效提高。

总而言之，从本质上看，英语教学过程就是一个有效控制母语使用频率，以及有目的地运用英语开展教学活动的过程，在此过程中，对母语合理运用的原则可以有效地对教学效果加以优化。

八、最优化原则

在英语教学中，最优化原则体现在某一方面知识内容的教学中，如在几种教学媒体都可用的情况下，选用教学效果最好的媒体；教法选择最优化；结构安排最优化；角色搭配最优化；具体运用最优化。针对在非母语环境下进行英语教学的现状，教师要努力营造轻松自然的语言氛围，促进学生习得语言。因此，多媒体软件和课件要便于学习者操作和控制。具体来说，课件的内容、布局、导航图标性能、菜单功能设计以及学习者的自由度，是影响学习者操作和控制课件的主要因素。为了提高学习效率，减少学习者的焦虑感，增强他们的学习兴趣和信心，课件应该从学习者的需要出发，尽可能地使其方便使用。

九、精讲多练原则

精讲多练原则既肯定了讲和练的作用，又明确了讲和练的地位。讲涉及的是语言知识，练涉及的是语言技能。下面进行具体分析。

（一）语言知识促进语言技能的培养

既然英语教学将交际能力作为培养目标，那么实践性就是英语教学的特点之一。在英语课上必须以语言实践为主，课堂上绝大部分时间要用于实践。但是适当地传授语言知识，可以帮助学生更好地进行实践，提高学习的效果。语言知识讲授的范围、深度、方法和时机，要由语言实践和教学的需要来决定。例如，大家都知道游泳的本领是在水里练出来的，不下水是学不会游泳的，但是在下水之前，教师讲一讲游泳的要领，分解一下游泳的动作，学生在水里练习时就可以进步更快。

在初级阶段的英语教学中，教材简单并且每课只包含有限的句型和单词，通过反复直接练习就能熟练掌握。本阶段的教学重点是引导学生养成运用英语的习惯和形成正确的学习方法。语言材料的有限性，使语言知识的讲授对学生的学习没有多大帮助。当英语教学向高级阶段推进，学生需要学习更多的句型和单词时，教师就需要使学生利用单词或句子间的关联来学习，并且从一些语言材料里总结出语法规则。在这一阶段，语言知识的讲授对学生才能发挥出应有的作用。然而，此时还是要注意精讲多练，不能喧宾夺主。

在英语教学的后期，语言知识的讲授有助于培养学生的自学能力。不是所有一切都在规则的统领之下，有时候最常用、最简单的单词，往往具有不合常规的词形变化和发音规则。这就要求学生多模仿教师，教师不要急于引导学生过多追问为什么。精讲多练是学习英语稳妥而有效的方法，但随着学习进程的推进和学习内容的复杂化，就很有必要通过适当讲授一些语言知识来发挥思维理解的作用。

（二）语言操练交际化

语言操练并不等于语言交际，前者关注的是语言形式，使学生在语言操练里掌握语言形式；后者关注的是语言内容，使双方达到相互了解的目的。例如，教师在课堂上举着书问"What's this?"，学生回答"It's a book."。这不是语言交际，而是语言操练。当教师介绍了 Abraham Lincoln 的故事后，问学生"What do you think about Abraham Lincoln? Why do you think so?"。这不只是语言操练，还是语言交际。

1. 语言操练是交际能力培养的手段

英语教学中的语言操练包括以下三种练习形式：机械练习，如句型操练等；有意义的操练，如围绕课文或情景所进行的模仿、问答、复述等；交际性操练，如联系自己的生活实际，利用课文里的词句叙述自己的思想、表达课文学习后的体会等。这三种练习形式在难度、与语言交际的接近程度方面都在递进，体现出由操练到交际的过程。英语教学的目的是培养学生的英语交际能力，而不是使学生掌握语言形式。但是培养学生的交际能力，必须借助语言操练这个手段。两者对于英语教学目的的实现都非常重要，缺一不可。语言操练和语言交际相互联系、相互区别，有时没有明显的分界线。教师每次讲授新材料时，首先要进行机械练习，其次要进行有意义的练习，再次要进行交际性练习，使学生最后能运用所学的新材料进行交际。教师不能把语言操练和语言交际对立起来，而是要看到它们之间的联系，一步一步地将语言操练推向语言交际。

2. 将交际场合迁入课堂练习

教师应尽量将交际场合迁入课堂练习，使课堂练习接近语言交际。教师应该创设一定的情境，多给学生一些用英语进行交际的机会，鼓励学生带着表情和肢体动作进行英语交际，要像演戏一样将生活中的交际场合搬进课堂练习。在这个过程的开始阶段，教师和学生可能觉得不好意思，但是随着练习的增多，他们会逐渐习惯这种情况并觉得很自然。教师借助适当的表情、肢体动作进行英语交际，不仅能增加说话的力量，还能够激发学生的兴趣，帮助学生记忆，从而提高教学效果。

3.将交际形式迁入课堂练习

教师应尽量将交际形式迁入课堂练习，使英语课堂教学模拟日常生活中的交际形式，为学生在日常生活中使用课堂上所学的英语知识创造条件。日常交际形式如下：问候、打招呼；会话；自言自语；讲故事；对人、物、画面的介绍；请求、命令；解释、说明事物或问题；演说、做报告；作文、写信。英语教学可以采用这些形式的课堂练习，课堂上将生活里常见的交际形式训练到自然的程度，学生的交际能力就会逐渐提高。

英语课堂的活动包括教师组织教学，讲解单词、课文和语法，布置作业，对学生进行评价和考核，学生请教师解答疑难问题等，所以教师和学生不缺乏用英语进行交际的机会。教师要努力将所学英语用到师生间的交际中去，积极扩大使用英语的阵地，这样学生运用英语的习惯才能养成。在注意课堂上用英语进行操练的同时，教师还要注意引导学生在课外活动和生活里使用英语。操练服务于使用，使用是对操练的检查和扩展。只有将操练和使用相结合，英语教学的目的才有可能实现。

第四章 大学英语教学模式创新

第一节 大学英语教学模式的概述

一、社会对大学英语教学模式的影响

（一）对教学内容的影响

1.教学内容要求信息化

人际、地区间、国家间的交往手段由于信息技术的突破，获得巨大的发展，资源共享的可能性日益提高，这不但改变了人们的生活方式和工作方式，而且使社会发展和人类活动的范围扩大。这是最令人们关注的当代世界的发展趋势：信息化和全球化。

"信息化"不是单纯的因为符号知识的量的积累，也不是单纯的因为出现了通信网络等能够迅速、高效处理符号数据的"信息技术"，更不是因为知识本身突然获得了某种神秘的力量而能取代以前的物质财富的地位，成了"先进经济最重要的资源。""信息化"本质上是由于生产力的进步，各种科学技术的普遍发展，是人类生产和社会组织程度越来越高的有序化的过程。

社会生产方式的信息化势必深深地影响大学英语教学课堂。现行大学英语教学内容文史类课文偏多，专业局限性强，练习配置走不出语言点的圈子，学生重复着中学时期的"背单词、抠语法"的老路。其所产生的效果不是使学生在大学时期的英语水平大幅度提升，而是仅增加了一些词汇量。因此，教师应对教学内容有所改革。

2. 教学内容要求多样化

社会经济的快速发展，促进整个社会生活方式发生巨大变革，信息快速、频繁传递给人们的思想观念带来极大变化，人们早已不满足于以前的田园牧歌式生活，追求新奇、感受刺激成为现代人尤其是现代年轻人的时尚。反映在大学课堂上就是课堂内容要求不断更新换代，抱着几年不变的教材"满堂灌"早已成为学生厌学的首要根源。

所以，为适应形势需要，既可以增加与当前世界经济社会发展有关的简短时事文章，以拓宽学生的知识面，也可相应增加一些可供背诵的经典短文，以陶冶学生的情操，使他们领会英文的真正魅力，还可增加现代报刊内容，增加科技英语内容，增加应用文题材内容，如商业广告、书信、电传、电报及合同等，使学生视野开阔，拉近与世界的距离，把握现代英语的发展趋势。学习英语是为了表达、沟通和交流，英语课堂教学，着力于学生主体语言能力的生成与发展，它是一个动态的、双向的语言信息交互过程。在传统教学中，教师把英语学习当成知识培训，而不是当成技能培训，讲解以语法、语言点和词汇为中心，过分强调死记硬背、满堂灌，在实际应用中很少强调英语的学以致用，这就造成大学英语学习只能停留在语言学习的最表层，结果大学生熟知英语的语法结构和词汇，却不知如何进行口头表达。

（二）对教学方式的影响

现代的青年学生成长于我国改革开放后，接受丰富多彩的现代文化熏陶，早已习惯于互动、色彩音像等现代信息传播模式。因此，课堂上教师手捧一本教科书，枯燥且乏味地从头讲到尾是不受欢迎的。

课堂教学模式应适应社会节奏快的形式，符合青年学生的活泼性格。教师应加强对学生的学习指导，引导学生多动脑，如指导学生怎样通过各种媒体学习，如何有效地使用各种工具书，如何用英语完成某些相关的任务等。教师还可以开展灵活多样的教学活动，如组织英语会话沙龙，举办英语小品会演，不定期邀请外教或外国留学生与学生交流，定期在校内影院放映英语原版经典影片，组织英语教学专家和外国专家开办英语讲座等。教师还可根据不同专业的特点，鼓励学生做一份现实的科技、商贸资料；举办模拟导游活动，模拟外事接待；让学生自办一期英文小报，搞社会调查并写一份英文报告；鼓励学生在因特网上参与某一热门话题的讨论，等等。这些不同的教学方式都可以激发学生学习英语的兴趣，开展视野，提高动手、动口能力。

（三）对教师的影响

教师作为英语教学中比较重要的一环，其教学思想和教学风格直接影响到学生学习英语的效果。在实际教学中，教师应从自己的教学特长出发，采用启发式、引导式和开放式等教学方式，引导学生成为课堂的主体。教师应改变注重语言知识教学、轻视语言表达能力培养的状况，加强有针对性、实践性、实用性、创造性的英语口语练习，可以开设听力会话课，针对精读或听力的内容进行口头问答或讨论交流，使听和说的能力同时得到提升。在教学中，教师还应尽可能增加国外交际常识、文化背景、民风民俗等方面知识的教学，扩大学生跨国文化的知识面，以消除交际中因文化差异而导致的语言障碍和失误。

既然目前的教育业已转向市场行业，那么教师应树立品牌意识，精心打造自己，使自己成为经受得起市场考验、受学生欢迎的名牌精品。如教学方法精益求精，学术追求创新，掌握信息技术。

二、微观角度透视当代中国大学英语教学模式

在求知的路上要多读哲学书籍，其有利于人们思想体系的丰富、完整。作为哲学分支的美学，也应受到人们的关注。而且，若利用得当，美学会对英语教学起着不可估量的作用。

文本是指与读者发生接触关系前的自在状态，是属于作者的东西，具有意义势能；在审美主体与作品发生鉴赏关系后，作品已由作者创造的对象，变成了由鉴赏者继续创造的对象，作品的意义势能已经转变为动能而做功。在英语教学中，教师不能要求学生做这样的纯美学的鉴赏主体，但对文本的基础意义绝不能断章取义。

（一）英语教学与美学在理论上的结合

1.师生互为审美主客体，英语为双方共同的审美客体

人类一切活动中最基本的活动便是人类的审美活动，人类最永恒的追求就是对美的追求。人类按照美的规律对世界加以改造，并且这种改造活动总是由不自觉向自觉进行转变。从本质上看，英语教学活动也是一种人类改造世界的活动。学生对英语的学习，由最初的一无所知，到掌握词汇、句式，再到能够正确地理解文字表意，直至最后英语灵活自如地运用，从而实现改造世界的目的。此类活动需要经过一个漫长且艰辛的过程，期间也会遇到挫折与困苦。若是教师与学生无法在英语教学中发现英语作为语言的美的规律，那么势必会影响英语教学的最终效果。

审美主体是自由进行审美活动、情感活动、精神活动的主体，是审美行为的承担者；审美客体是能够满足审美主体真实需要的客体，具有一定的审美价值。在英语教学过程中，教师和学生审美的主体与客体，而教师与学生共同的审美客体，即教学课堂上作为目的性语言的英语。在课堂上，如果教师具有较高的专业素养，以及灵活运用英语的能力，便会通过多种教学方式，活跃课堂气氛，使学生领略英语的语言魅力，

真切体会到英语的语言美，充分调动学生的学习积极性，从而使得教学效果得到有效提高。与此同时，由于学生对英语学习的兴趣得到激发，促使他们能够积极地参与到英语教学活动中，能够更加高效地掌握英语的使用方法与规则，在这一过程中，教师可以作为审美主体，对学生在学习语言过程中的语言运用之美加以充分欣赏。

当人们讨论某物是美的，这在一定程度上是对某一事物给予充分的肯定态度，并且这一事物能够带给人某种美好的情感，使人产生轻松愉悦的感觉。由于英语是教学课堂中教师与学生共同的审美客体，因此，它在某种程度上具有一定的合规律性与合目的性。首先，随着全球经济一体化趋势加剧，英语作为目前全世界使用频率最高的语言日益受到大家的重视，在进行全球范围内的经贸合作时，人们在没有翻译的情况下，能够熟练地通过英语的使用，进行彼此之间谈判以及对话等往来。因此，对于我国大学生而言，英语已经成为社会生存的必备技能之一。由此可见，学习英语既可顺应时代发展需求，又可满足学生参与改造社会行动这一愿望，具有一定的合目的性。其次，人们将事物属性因素的有规律组合，视为美学中的"合规律性"。例如，节奏韵律、比例匀称、均衡对称、调和对比、整齐一律等。对语言学拥有足够认知的人都知道英语语言学涉及修辞学、语义学、音位学与音韵学等，是对修辞的多样统一、语法的整齐一律、词形转换的均衡对称以及英语语音的韵律等进行的专门研究。这一切都是对英语内在规律性的表明。因此，从一定程度上看，英语是与美学规范相符的，关键的是要透过表象对其内在美的规律进行挖掘与发现。

2. 学习话语，培养审美兴趣

形象、生动、凝练、富于音乐性是文学话语的普遍特点。人们一般把话语分为普通话语和文学话语。普通话语是外指的，即指向语言符号以外的世界，普通话语必须符合生活逻辑，经得起客观真理的检验。而文学话语是内指的，即指向文本中的艺术世界，有时它可不必完全符合生活逻辑，只要与整个艺术世界氛围相统一就可以了。杜甫的"感时花溅泪，恨别鸟惊心"明显地违背了现实生活逻辑，也正因为这样，才成为千古佳句。培养审美兴趣就是要深入体会这些内指话语的蕴含性，尽量把握住心理内涵。例如，"感时花溅泪，恨别鸟惊心"中的"花"和"鸟"已被伤感、悲戚的心绪所浸染。

3. 交际法中美学的存在

人类的审美需要，本质上是一种"乐生"的需要，而所谓审美活动，实际上就是一种人通过自身的生命活动而获得快乐的活动。"乐教"之所以为古代教育家特别重视，是因为它不是一种强制性的教育手段，而是一种寓教于乐的、以心灵感化为特征的教育方式。

综观西方英语教学史，在历经语法翻译法、直接法、听说法等后，交际法一直受到普遍关注，近年来在我国此种教学法也颇流行。交际法要求教师知道学习者的需要和兴趣，而且能设想出各种方法去利用这种了解选择语言输入，创造比较现实的练习语言的活动。教师既要组织以教师为中心的、有控制的课堂教学，又要组织比较自由的、控制不严格的练习，提高学生的语言流利程度，还要营造良好的、互相配合的课堂气氛。

在采用交际法进行英语教学时，若教师能有意识地应用美学思想，正确地引导学生发现英语的美，那么学生在学习的过程中会产生轻松与愉悦之感。这也符合自然教学法中的"情感筛选"原则：情感筛选严格的学习者没有学习动力，使用第二语言时感到紧张与尴尬，所以能够习得的语言输入是很少的；有信心的、热情的学习者，情感筛选不太严格，他们会寻求尽可能多的语言输入，而且其中大部分会被吸收。

（二）英语教学与美学在实践中结合的尝试

1. 在听力训练中欣赏语音美

听力在学习语言过程中是比较重要的。人类先天就能对语言有所感应。而这种感应在后天 90% 是通过听来验证的。小孩子在蒙昧中听周围的说话声便学会了说某种语言，因而听力在学习英语中的重要性可想而知。我国学生在学英语时听力条件不佳，没有足够地道的英语电视、广播，没有足够的外籍教师，因而只能因陋就简，在两星期一次的听力课上引导学生领略纯正英语的音律美。英语不像中国的方块字，读起来字字铿锵，掷地有声。它是一种流线型的文字，高低起伏，似绵延丘陵，又似涂涂小溪，里面的重音及升降调，似峰回路转，又激起千层浪。再加上连读、爆破、弱读等语音形式，使得英语听起来颇有余音绕梁之感。但绝大多数学生都是为听而听，为了考试过关只求做题准确，非常疲劳。这时，教师应遵循美学原理中人类"乐生""乐教"的审美原则，耐心指导学生，使其放松心情，揣摩英语特有的韵律，而不妄求准确率与速度，并推荐其他教材，使其细细品味、体验，还可教学生用听写方式记录下磁带内容，标出音调变化，然后让学生模仿纯正流利的语音语调，读出节奏，读出高低起伏，达到在听力训练中感受英语语音美的目的。

2. 在课文讲解中展示英语的意蕴美

在美学原理中，主体审美尺度里的形式意蕴尺度指根源于人的社会文化心理结构和作为社会生命体的活动规律，它侧重于形式所蕴含的社会意义。这也正是给学生讲解精读课文时的重点所在。因为学习一种语言，不仅要学它的词汇、读音、语法，还要学习语言形式所承载的社会文化信息，欣赏它展示给学习者的意蕴美。意蕴是指文本所蕴含的思想、情感等更深层次的东西，它所表现的内容可以归根于历史、现实社会或哲学范畴。

第二节　大学英语教学模式的改革

一、重视确立新型的大学英语教学模式

为了适应国家和社会发展需要，教育部提出要创新人才培养模式，创新教育教学方法，倡导启发式、探究式、讨论式、参与式教学，激发学生好奇心，发挥学生主动精神，鼓励学生进行创造性思维，改变单纯灌输式的教育方法。而且，要在大学英语教学中采用新的教学模式。新的教学模式应以现代信息技术，特别是网络技术为支撑，使英语的教与学可以在一定程度上不受时间和地点的限制，朝着个性化和自主学习的方向发展，改进以教师讲授为主的单一教学模式。这种新的教学模式应体现英语教学实用性、知识性和趣味性相结合的原则，有利于调动教师和学生两个方面的积极性，尤其要体现学生在教学过程中的主体地位和教师在教学过程中的主导作用。在充分利用现代信息技术的同时，要合理继承传统教学模式中的优秀部分，发挥传统课堂教学的优势。

由于计算机、多媒体和互联网的普及，可获得的教学资源愈来愈丰富，现代信息技术应用在教育和教学领域的重要性日益为人们所认识。目前，随着多媒体和互联网技术的迅猛发展，建构主义的学习理论与教学理论在其他国家日渐风行。建构主义学习理论主张以学生为中心，强调学生是信息加工的主体，是知识意义的主动建构者；认为知识不是由教师灌输的，而是由学习者在一定的情境下通过协作、讨论、交流、互

助等学习方式，并借助必要的信息资源主动建构的。在建构主义学习环境中，"探索式""发现式""合作式"的学习过程是学生掌握学科内容的基本途径，也是以学生为中心教学模式中的基本教学形式。

二、重视大学英语教材体系的研究和开发

教材是实现英语课程教学目标的重要材料和工具。教材为学生提供的语言材料是学生学习语言知识和发展语言技能的重要来源，教材中的语言实践活动和练习是学生学习语言知识和发展语言技能的重要途径和过程。选择和使用合适的教材是完成教学内容和实现教学目标的前提条件，高水平、高质量的教材对教师、学生、教学过程和教学结果都起到积极的作用。

目前，随着大学英语教学改革的深入和推进，大学英语教材体系也发生了翻天覆地的变化。英语教材在内容和形式上更新颖、更先进，而丰富多样的英语教材在推动大学英语课程改革方面发挥了重要作用。与此同时，英语教育界的学者和一线教师对教材的认识也发生了显著的变化。在大学英语改革的过程中，对教材研究重视和感兴趣的学者和教师越来越多。例如，复旦大学在改革传统的大学英语教学内容、实施学术英语教学和专业英语教学的过程中，特别重视对于新课程体系下的英语教材的设计和开发，目前已经出版了一套"高等学校专门用途英语（ESP）系列教材"，对基于其他类型的课程而设计和编写的系列教材也在进行中。而清华大学结合课程的教学，编写和出版了一套适用于本校教学需要的学术英语系列教材。很多大学还通过与相关出版社合作的形式，共同完成对新教材的编写和出版工作。

大学英语教学改革使得教材格局逐步向开放和自由的方向发展，教师和学校在教材的编写、选择、使用等方面拥有更多的自主权。新的教材制度和格局对广大英语教师和英语教学研究者来说既是机遇又是挑战。

为了把握机遇，应对挑战，学校应该积极开展有关英语教材的编写、选择、使用和评价等方面的理论和实践研究，挖掘自身潜力，为将来能够在英语教材编写、选择、使用的过程中发挥应有的作用而创造条件。

三、注重改革和完善大学英语测试与评价体系

大学英语教学改革在英语教学理念、课程设置、课程教材、教学方法、教学手段等方面深入进行的同时，很多学校认识到对大学英语测试和教学评价方式的改革也势在必行。大学英语测试与评价体系的配套改革问题，对整个大学英语教学改革的成败有重要影响。

从大学英语教学整个过程来看，健全和完善的大学英语测试与评价体系应该包括起始性、形成性和终结性评价。但是，传统的大学英语教学往往只关注和普遍接受终结性评价所传递的信息，而这种信息往往偏离教学的实际情况，不能全面而客观地反映教学中存在的问题。目前，很多大学已经意识到终结性评价的不完整性，如忽视学生的学习过程以及他们日常的学习表现。由于终结性评价方式是以考试成绩作为最终评价标准，这无疑在某种程度上强化了分数的作用，使得相当一部分学生学习英语的动机和目的就是升学或考试。这种工具型的学习动机，显然不易激发学生学习英语的积极性和持久性。同时，这种评价方式也挫伤和遏制了英语教师对语言教学内容和方式进行改革和探索的积极性、能动性和创造性。

很多大学由此认识到，除非改变大学英语测试和教学评价的方式，否则就不可能根本改变教学的方法与过程。为了适应大学英语教学改革的需要，不少大学专门成立了测试团队，负责本校的英语测试与评价体系的改革工作。

四、重视大学英语师资队伍的建设

教育教学改革的重要媒介是教师，他对改革的成败起到至关重要的作用。在英语学习环境下培养优质的英语人才，其根本条件便是有优秀的英语教师。只有教师具有较高的职业素养，才能进行课程改革、教材更新、教法调整，学生才能够取得显著进步。若是教师不具备较高的职业素养，即便教育理念再先进，也无法有效地推进教育改革。教学的本质，最终决定了教师在教学中发挥的作用。

随着我国大学英语教学改革的全面推进，各个大学对教师队伍专业水平的要求越来越高。在教师聘任制体制下，各个大学对教师候选人的专业水平日益重视，仅仅具备一定的教学能力已经远远不够。与此同时，当下各个大学也开始对教师的团队合作精神与研究能力加以重视，这对建立一支科研与教学能力俱佳的师资队伍极为有利。在教师管理方面，对教师教学与科学研究的现实条件与目标验收更加重视，希望教师能够通过各种学术交流活动与各类培训，使得自身的视野得到开阔，并能及时了解专业领域的前沿信息。除此之外，还应当积极鼓励教师进行研究课题的申请，参与到高水平的研究团队中，成为专业学术研究主流中的一员。

五、大学英语教学的个性化和特色化日益凸显

时代在发展，社会在进步，英语教学也应当顺应时代发展需求不断进行改革。在大学英语教学改革的过程中，绝大多数学校都在保持原有教学风格与方法的基础上，积极地进行创新与大胆尝试，从而形成一种全新的教学模式，从而更好地适应时代对于人才需求的改变，即培养业务熟练且精通英语的复合型人才。大部分学校认为特色化与个性化应当成为未来大学英语教学的发展方向。因为每个大学的人才培养目标都不同，所以大学应当结合自身特点，充分发挥自身优势。例如，我国一些

实力较强的综合类大学已经逐渐形成了极具特色的人才培养模式。这些大学在明确人才培养目标的基础上，结合本校实际情况与特点，制定与之相适应的英语培养目标，以及进行了与之相关的一系列配套改革。比如，中国政法大学、清华大学、复旦大学等学校，它们结合自身研究型大学的定位，将学术英语作为大学英语教学的主要内容，而教学的目标设定为国际学术交流能力的增强，并通过分级教学模式，帮助不同层次的学生实现英语能力的提高。在大学英语教学中，此类教育模式的课时往往少于某一种专业＋英语的教学模式，即便如此，大学也能够确保此类教学模式的连贯性，并在一定程度上帮助学生逐步提高其英语水平。目前，我国部分综合类大学仍然沿用传统的英语教学模式，课程设置单一，英语课时偏少，英语教学目标不够明确，学生普遍对此类教学模式感到不满。由此可见，我国目前的大学英语教学仍处在不断改革变化的阶段，该时期各大学校的英语教学已经逐渐出现了分流与分化，其中不乏一些具有鲜明特色与个性英语教学模式的大学涌现出来。

第三节　大学英语教学模式之课程建设

一、大学英语教材建设

（一）大学英语校本教材开发

1.大学英语必修课教材开发

在普通大学中，一般只开设一门英语课程，将听、说、读、写的内容放在一起，根据总课时安排教学内容，期末考试综合考查听力、口语、阅读、写作等内容。这种课程设置方法会导致听和说的教学比例偏低。对于非英语专业学生而言，要提高其语言应用能力，特别是口头交际能力，必须单独设置"大学英语听力"或"大学英语口语"课程。相比于综合英语课程，单独设置听说课程更有利于学生口头交际能力的培养。这种课程设置方法可以增加听说教学的比例，让学生更加注重口语和听力训练，提高学生的听说能力。同时，其能帮助学生更好地理解英语语音和语调，提高他们的听力理解能力。

2. 大学英语选修课教材开发

对不少大学来说，大学英语选修课是在近几年出现的。由于教材的编写与出版需要一定的时间，所以，不少大学英语选修课目前使用了英语专业教材。由此可以看出大学英语选修课教材开发的市场潜力很大。学校的办学特色、专业差异、学生差异等决定了校与校之间的选修课设置既有普遍性，也有独特性，即每个学校除了开设"英文电影赏析""中级口译""实用英语写作"这样大家都可能开设的选修课，还可能开设一些适合本校学生的、其他学校不会开设的选修课。在进行教材建设时，如果没有充足的教师资源和教材资源，应首先考虑开发特色课程的教材，为学校的特色人才培养创造条件。

3. 大学英语辅助性教材开发

针对非英语专业学生的大学英语教学存在一个不容忽视的问题：学生的英语水平相差较大。对此，教师应让学生个性化学习，要尽可能给学生创造自主学习的机会，使他们既掌握语言知识，又增强应试能力。此外，学校要编写大学英语辅助性教材，以此提高学生的学习水平。

4. 专业英语和双语课程教材开发

一般学校把专业英语和双语课程放在二级学院，学校对它们的课程教学大纲、学分和学时、授课方式、考核方式不进行统一的规定，由二级学院自己安排。从长远来看，应该改变这种状况，把所有的专业英语和双语课程归到学校统一管理，纳入大学课程体系中。目前，大学英语教师多半只能以参与者的身份参加专业英语和双语课程的教材建设。随着经济全球化和区域化的不断深入，世界各国和地区间的经济联系日益加强。同时，社会对各类人才的英语要求也越来越高，各学校在逐步加强专业英语和双语课程建设。

（二）大学英语教材的编写原则

1. 多样性

首先，题材多样化，涵盖社会生活的各个方面。随着全球经济一体化的趋势加速和科技的发展，学生需要接触各种信息，接触对外政策、法律、宗教、文化、教育、艺术体育、科技、能源交通、环境保护、城市建设、市场经济、金融外贸、旅游、医疗卫生、民族政策、家庭婚姻、青少年问题等不同领域的信息，以提高学生的认知能力和词汇量。其次，体裁多样化。除了说明文，还应包括记叙文、散文、议论文等不同的体裁，以满足学生在不同场景下的应用需求。最后，语域多样化。教材应该包含学术文体、新闻报道、典雅美文、戏剧小说等不同的语域，以增加学生的语感和口语表达能力，特别是要重视口语体文章的引入。

2. 真实性

在编写教材时，要本着词汇控制法原则与结构控制法原则，对原材料进行处理，即先对原材料进行删减，使其长度和难度适合教材，再对原材料进行修改，如把难句改写得简单一点，把难词用较简单的同义词或近义词替换，使之不要超纲。教师应当看到这样一个事实，现在有许多学完大学英语课程、通过国家四级考试的学生，在阅读英语报刊、书籍、文件时，仍存在相当大的困难。他们反映所读的文章生词量大，结构难，毕业后读到的语言和以前书本上学到的语言好像不一样。其原因就在于他们从课文中学习的语言不少是经过调整或修改过的，难句已改写，长句已缩短，难词已替换，非正规的表达法已改为正规的表达法，因而这种语言和外部世界的真实语言有明显的区别。

3. 人本性

人本性是教材编写中的一项重要原则，它关注的是服务对象（学生和教师）的利益。在编写教材的过程中，应该考虑学生和教师的实际需求，为他们提供最大化的帮助和支持。例如，教材的定价应该考虑学生的经济承受能力，不能过高而使得学生难以购买，也不能过低而导致教材质量下降。此外，教材的装帧应该考虑学生和教师的使用需求，既要美观，也要耐用，方便教师和学生长期使用。总之，人本性原则强调的是以服务对象为中心，为他们提供更好的学习体验和学习效果。

二、大学英语课程资源建设

（一）课程资源的内涵及其分类

课程资源是基于课程而来的一个概念。课程是按照一定的教育目的，在教育者有计划、有组织的指导下，受教育与教育情境相互作用而获得有益于身心发展的全部教育。对于大多数人而言，教育资源、学习资源都可以理解为课程资源。教育资源指的是基于人类长期以来的教育实践与文明演变中所创造与积累的教育领域内外人际关系、教育设施、教育人格、教育理念、教育制度、教育品牌、教育费用、教育资产、教育技能、教育知识、教育经验的总和，是人类社会资源之一。学习资源指的是在学习系统与教学系统所创建的学习环境中，学习者能够在学习过程中利用的所有的隐性与显性资源。据此，可将大学英语课程资源定义为大学英语课程设计、实施和评价等整个课程编制过程中可利用的一切人力、物力以及自然资源的总和。

按照空间标准对课程资源进行分类，大致可以分为校内课程资源与校外课程资源两大类型。其中，学校内部的课程资源被称为校内课程资源，包括座谈讨论、第二课堂活动这些与教学活动相关的活动资源，校园文明建设这些人文资源，以及自主学习中心与图书馆此类教育设施与场所资源。所谓校外课程资源，主要指的是在整个社会、社区以及学生家庭中，一切可用于教育教学活动的条件与设施以及自然资源。校内课程资源是校外课程资源开发与利用的先决条件，也是课程资源开发与利用的前提与基础。随着互联网的横空出世，课程资源的二分法已经不合时宜，海量的网络信息既不归于校外课程资源，也不属于校内课程资源，因此，只能将其单独分离出来。

按照存在形式对课程资源进行分类，大致可以分为显性课程资源与隐性课程资源两大类型。其中，那些看得见、摸得着的课程资源，人们称之为显性课程资源，如语音实验室、图书馆、大学英语教学光盘等；而那些以潜在方式在教育教学活动中进行服务的课程资源，人们称之为隐性课程资源，如校风校纪、和谐的学习氛围等。通常来说，显性课程资源对教育教学活动起到直接作用，也易于开发与利用，而隐性课程资源对教育教学活动起到间接作用，对其的开发与利用需要投入一定的时间与精力。

按照功能对课程资源进行分类，大致可以分为素材性课程资源与条件性课程资源两大类型。其中，培养目标、价值观、情感态度、活动方式与方法、经验、技能以及知识等方面的因素，均属于素材性课程资源。而对于课程的认识状况、对课程实施范围与水平起直接作用的环境、设施、媒介、场地、时间、财力、物力以及人力等方面的因素，均属于条件性课程资源。

（二）大学英语课程资源建设的意义

1. 有利于促进教师教育观念的更新

广义的课程资源概念带来了全新的课程理念，教材不再是整个教学活动的中心，教师对学生的评价也不再以学生是否掌握了书本内容为准，而是基于整个教学活动的课程目标完成情况。全新的教学模式和评价标准不管对教师还是学生都是一种挑战。对教师而言，整个教学设计过程和实施都围绕教学活动是否有助于课程目标的完成，除了关注是否完成了教材上的教学内容，还要思考如何高效开发大学英语课程资源，培养学生的自主学习能力，引导学生完成课程目标。

2. 有利于教师专业成长

接受新课程资源观熏陶的大学英语教师，不再日复一日地重复使用相同的教材、教案和教学课件，他们会紧跟时代发展的要求，更新自己的知识结构，不断加强对教学内容、教学活动设计、课堂组织模式、课堂评价方式等进行反思，以改进自己的教学。同时，大学英语课程资源的不断丰富，使得学生的自主学习成为可能，兴趣和爱好驱动着他们对教材进行深度加工的同时，不断扩大自己的知识面，利用不同方式将课堂上学到的知识应用于实践之中，使得自己的英语语言应用能力得到提高。同时，学生英语学习的成功迫使教师加大投入，去深挖教材，研究语言学习规律，强化语言教学策略，以提升自己的综合素质，更好地服务于教学。

3. 有利于提高学生的综合素质

传统的大学英语教材旨在帮助学生强化英语基本功，不管是文章的体裁、选材的主题、选材的长度，还是课文的难度，都是面向大众化学生，不会关注学校与学校间学生的英语水平差异、同一学校间学生的专业差异、学生个体的学习需求等因素。丰富的、个性化的课程资源的开发和利用不但是对原有教材内容的补充，而且构成了第二课堂，与第一课堂开展联动，形成了较好的学习氛围，开阔了学生的视野，激发了学生的学习兴趣，最终促进学生思想、品德、行为、知识、能力和人格等的全面发展。

4.有利于大学英语课程开发

大学英语课程资源种类繁多，形式多样，开发和利用过程中必须进行有序化管理。而且，系统的大学英语课程资源建设工作量大，不是一两天能完成的，短则几个星期，长则一两年，因此需要分工协作。由于该项工作能推进大学英语教师的专业化发展，教师的付出不仅能提高教学质量，随着时间的推移，还会产生浓厚的兴趣，不断地去深化这项工作，最终积累的资料越来越多，将这些课程资源进行整理、加工、补充和完善，就形成了一门新的公共选修课程的雏形。

5.有利于培养学生的自主学习能力

大学英语课程资源的开发与利用，主要以课程目标的达成为根本出发点，以学生身心的完整和谐发展为终极目的。传统的教学将学生局限在课堂这一特定的场所，课程资源以教材为主，没有充分唤起学生的学习积极性、主动性和创造性。在新课程资源下的大学英语学习模式中，学生学习的时空范围得以扩展，可随意选择丰富多彩、形声具备、图文并茂的课程资源。学生成了学习的主体，他们自己决定英语学习的内容、时间、场所、进度、节奏以及进行学习质量的监控。

（三）大学英语课程资源建设的原则

1."学生为中心"原则

所有大学英语课程资源的建设都是围绕学生的英语学习动机和兴趣而开展，为学生营造良好的学习氛围，为学生努力学好英语铺路搭桥。因此，不管是课程资源建设的决策和规划阶段，还是实施、检查和改进阶段，都要以学生的实际需求为出发点，不但要关注他们的知识类资源，而且要关注他们的情绪类资源、问题类资源、差异类资源和兴趣类资源，尽可能让他们成为学习的主人，成为知识意义的主动建构者，确保教材所提供的知识不再是教师传授的内容，而是学生主动建构意义的对象，媒体也不再是帮助教师传授知识的手段与工具，而是用来创设情境、进行协作学习和会话交流，即作为学生主动学习、协作式探索的认知工具。

2. 开放性原则

大学英语课程资源建设是一项长期的、系统的工作，随着教学改革的不断深入、社会的不断进步和教师专业化发展，已有的课程资源得以更新，新的课程资源得以增多，确保了课程的正常运转。在课程资源建设过程中，建设者要以开放的心态对待人类创造的所有文明成果，以开放的目光审视周围的事物。开放性原则包括类型的开放性和空间的开放性。类型的开放性指不管课程资源以什么类型存在，只要有利于教育教学，就可以开发和利用；空间的开放性指课程资源的地域性差异，不管它们在校内或校外、国内或国外，只要有益于学生知识积累、能力发展、技能提高，就可以开发和利用。

3. 前瞻性原则

大学英语课程资源的开发和利用是与学生需求紧密相连的，受现有的课程和现实社会的实际需求推动。从发展的角度来看，课程资源建设还要与未来社会的发展联系起来。只有这样，才能够帮助学生更好地把握未来社会的一些发展趋势。因此，建设者要具有前瞻性思维，密切关注社会的发展动态，注意吸收当前重要的、有影响力的、处于科技前沿的一些素材，在此基础上开发出对学生来说真正有用的课程资源，对学生加以引导，让他们逐步接受这些新东西，为学生以后的终身学习与可持续发展打下坚实的基础。

4.适应性原则

内容丰富、形式多样的网络资源为大学英语课程资源建设提供便利的同时，也给开发和利用带来了一定的难度，迫使人们思考开发什么、以什么形式开发、开发到什么程度等问题。建设大学英语课程资源是为了更好地服务于大学英语教学，无论是在内容上还是在功能上都要充分考虑教育的需求，要遵循适应性原则，使教师、学生和其他教育工作者能方便及时地获取所需信息，实现资源的利用价值。因此，在筛选资源时，建设者必须了解用户需求，进行需求分析，即结合实际情况，从更加专业的角度对用户提供的需求信息进行科学的分析，确定用户的需求热点和需求方向，做到量身定做或按需供货。适应性原则在大学英语教学中体现为，要依据学生语言水平确定语言内容，依据学生年龄特征确定资源形式，依据学生认知基础选择资源范围，依据教学与学习需要确定开发主题。

（四）大学英语课程资源建设的策略

1.教材取向的课程资源建设策略

目前，出版大学英语通用教材的一般都是国内知名出版社，像高等教育出版社、英语教学与研究出版社、上海外语教育出版社、清华大学出版社、复旦大学出版社。这些出版社具有多年大学英语通用教材的出版经验，拥有强大的教材编写队伍，除了推出纸质版学生教材，还推出了配套的教师用书、学生练习册及答案、教师教学光盘，可以说对教师教学帮助较大。由于这些通用教材面向全国学生发行，不可能适合于所有学校、所有学生，因此，尽管这些知名出版社推出的教材本身已是经过筛选的课程资源，但是教师实施教学前还要充分调研本校学生的英语水平、学习动机、学习策略、学习方式、学习目标、学习计划，在此基础上对教材进行二次加工，透彻把握教材的重点、难点，将教材内容变为有利于学生发展的教学内容，寻找书本知识与现实生活和学生实际的联系，使教材的价值在教师的创造性使用过程中得到体现。

2. 学生取向的课程资源建设策略

（1）关注学生的"知识类资源"。教学实践证明，开展教学活动应当以学生的实际水平为基础，充分认识到学生对新知识的理解与消化与其现有水平有着密切联系。无论是教学目标设计、教学内容选择，还是教学活动安排、教学方法实施以及教学评估手段的采取，都要以学生的实际水平为基础，并基于此，将教学目标设定在学生稍微努力便可达到的水平，从而最大限度地挖掘学生的潜能，激发他们的学习积极性与主动性。

（2）关注学生的"情绪类资源"。通常来说，学生学习的习惯、个性、情感、信心、态度、动机、爱好、兴趣等均是学生学习的动力系统，属于学生的情绪类资源。此类资源虽然不直接参与学生对知识的认知与构建，但是它却在某种程度上对学生的学习活动产生一定的强化、维持、导向以及启动作用，对学习活动的效果具有重要的影响。

（3）关注学生的"问题类资源"。学生获取新知识与新技能是教学的目的，为了促使这一目的达成，教师与学生需要反复经历一系列的环节，具体包括问题的引发、问题的提出、问题的解决、新问题的引发、新问题的提出以及新问题的解决。对于好奇心与求知欲较强的学生来说，这可以帮助他们迅速完成知识的积累与技能的提升，并且通过学生的提问，教师可以对自己的教学内容进行完善与补充。可以说，课程资源开发的源泉就是对教学活动中问题的重新组织，而解决对策是创新思维的结晶与教学经验的积累。教师与学生在问题的发现与解决过程中不断互动，促使他们对文本的理解逐渐加深。

（4）关注学生的"差异类资源"。在英语教学过程中，既需要良好融洽的学习氛围，又需要人与人之间的和谐共处。这就需要大家趋向

"同"。当然，在此过程中，也可能出现一些"异"。总之，发展的基础是"同"，而发展的动力是"异"。大学生来自全国各地，每一位学生的家庭背景、成长经历、知识基础均存在一定的差异。为了使绝大多数学生能够趋于"同"，减少彼此之间的争论，每一位学生都应当学会换位思考，换个角度思考问题，许多问题便可以迎刃而解，这也是学生之间能够和谐相处的关键所在。

3. 教学过程取向的课程资源建设策略

人们将教师根据学生身心发展规律与社会发展需求，借助一定的教学条件，对学生加以指导，促使他们通过知识的学习，从而实现对客观世界的认知，并基于此学会自我发现、自我评价与自我反思，进而不断进行自我完善的过程称为教学活动。从本质上看，它是一个促进学生身心发展的过程，也是一个较为特殊的认识过程。在这一过程中，教师有计划、有目的地对学生的认识活动加以引导，促使学生可以对自己的情感与志趣进行适当的调节，并对科学文化知识与基本技能加以掌握，从而促使自身得到全方位的发展。具体的教学过程可以分为三大类，即课前、课中与课后。

课前教师备课时，要充分研究教材，根据教材确定每个课时的教学目标和准备采用的教学模式、评价方式等。在准备过程中，教师不能全凭经验，必须查阅大量的材料，寻找大量的辅助材料，对教材进行扩展，以帮助学生深度理解课文内容。同时，教师要充分挖掘学生的潜力，发挥学生的自主学习能力，增加主题相关、难度适中、阅读性强的扩展材料，供学生在课后学习，以开阔他们的视野。教师精心准备的教学内容是否会被学生接受，接受多少；在教师营造的教学环境里，师生互动、生生互动、学生与教学材料互动的情况如何，这些都是课堂教学生成的动态性课程资源。课后学生要进行大量的语言实践练习，巩固课堂教学内容。

三、精品课程建设的探索与实践

（一）制订大学英语精品课程建设计划

大学英语精品课程建设是根据大学教育的培养目标以及大学英语教学的目的，培养学生掌握必需的、实用的英语语言知识与语言技能，具有阅读和翻译与本专业有关的英文资料的初步能力，并为进一步提高英语的应用能力打下一定的基础。大学英语教学内容要以应用为目的，以够用为度，英语教学的过程中要突出语言的实际应用，加强语言技能培养。

为了实现大学教育目标，提高学生英语应用能力，并响应教育部"高等学校本科教学质量与教学改革工程"，有的大学成立了大学英语精品课改革课题组（以下简称"课题组"），开始对课程进行一系列的改革。精品课程建设不仅对课程进行了改革和调整，还使教师队伍、教学管理、教学理念、教学内容等各个方面得到了建设。

课题组本着基础课原则，在课程建设中注重英语基础理论、基本知识与基本技能的学习，为学生今后掌握专业知识、学习科学技术、发展他们有关的能力打下宽厚的英语基础，努力把大学英语基础课程建设成为独具特色的精品课。

（二）大学英语精品课程教师队伍建设

教师是教学改革的保证。首先，根据精品课程建设的内容要求，组建一支结构合理、整体素质较高的大学英语精品课程教师梯队。课程主要负责人与主讲教师是具有丰富教学经验的高级教师，并亲自主持、设计和指导实践教学；同时以英语教师为课题组成员，形成了一支职称（学历、年龄）结构合理、人员稳定、教学水平高、教学效果好的教师梯队。英语教师的综合素质是影响教学活动的一个重要的决定性因素，课题组教师要转变观念，认清形势，即英语教学应以应用为目的，以学生为中心。在精品课程建设中，从大纲及教材的编写、电子教案的制作、多媒体课件的开发与应用、试题库的建设到课程的改革，都十分注重调动教师的积极性，使他们参与到以上各项研究和改革中。其次，从能力目标和知识结构来考虑，有意识、有目的、有方案、有步骤地根据教师各自特长选出课程负责人，逐项进行课程建设。

实施课程建设的主体是教师，也是促使课程改革得以顺利推进的关键因素。要想建设精品课程，离不开新型教师。在精品课程的建设过程中，无论是在教师队伍综合素质与教育教学能力方面，还是在整体教学水平方面。都能得到有效提高。

（三）大学英语精品课程教学内容和课程体系建设

大学英语精品课程本质上属于公共基础课程，此类课程应当具有准确的方向、扎实的基础、适中的难度，以及课内外的互动，通常内容较为精练，实用性较强。可以说，大学英语精品课程是体现大学英语一流的教学水平与教育特色的示范性课程，其内涵具体如下。

首先，精品课程建设符合教育教学的普遍规律，具有一定的实用性、系统性、创新性、先进性以及科学性，将现代教育思想充分体现出来；其次，理论教学将以"必须、够用"为度，以应用为目的充分体现出来；最后，实践教学与理论教学大纲系统完整，能够将教学研究与改革的成果充分体现出来，并能精准地对指导思想加以把握。

在考核重点上，基于"三基"考核，应当对分析问题与解决问题的能力加以重点考核，从而更加客观全面地将大学生应用能力的培养水平反映出来；在教学效果上，对考核方式进行大胆创新与尝试，使其具有一定的多样性、灵活性与科学性，注重知识传授与能力培养两者间的恰当处理，将学生的应用能力作为重点加以培养；在教学方法上，将能够最大限度激发学生主观能动性的传统教学手段与现代教育技术有机结合，使其关系得到恰当处理，并促使教学方法得到有效改进；在教学条件上，应当具有一定的实训条件，能够充分体现大学英语教学特色的教辅材料、课程简介，以及与大学教育要求相符的大学英语系列教材等。

对于建设中的大学英语课程，大学应当定期组织教师进行观摩教学，从中总结各种经验，对教学方法加以改进，并基于课程建设中的工作与采取的措施，积累相关的评估经验；注重课程建设管理，建立一整套教学管理体系，使每一位教师都有属于自己的教学小结、教学计划以及实施表等文件，帮助他们的工作走上正轨，从而促使大学英语教学管理的制度化得以实现；对课题项目进行分工，课题组的每一位成员都有着具体的工作，如制作精品课教学演示课件、标准化电子教案以及组织集体备课与观摩教学；校从硬件设备方面下功夫，建立一个人机互动、可供学生自主学习的多媒体教学实验中心，促使多媒体计算机辅助教学模式得以建立，从而为现代化教学的实施奠定坚实基础。

（四）大学英语精品教材建设

在教学过程中，教材是联系教师和学生的中介。教材与教育思想、教学原则、教学方法、学习理论和实践有着直接的关系，是各种教学理论、方法和手段的综合体现。精品教材应着重培养学生综合运用能力和大学英语实用能力，遵循英语教学基本规律，吸收国内外先进教学理念，充分体现大学特色，力求提高学生英语素质，突出实际交际能力，强化听、说、读、写等基础技能。在编写教材过程中本着以学生为本、师生互动、自主学习的指导思想，将其编写成一体化设计、多种媒体有机结合的立体化教材。

第四节　大学英语教学模式的创新

一、现代型教学模式

（一）教学观的转变

现代教学观是以教师为主导、以学生为主体、以就业为导向的教学理念，它以计算机、多媒体和远程通信技术为基础，对教学内容和组织形式进行彻底变革，开发学生的智力，培养其自主学习和探索新知识的能力。同时，它将教学、科研和应用有机结合，以现代信息技术为依托，以科研促进教学和应用，开拓新知识，增强科研意识，提高师生的实践创新能力。其中，研究带动应用是实现教学、科研和应用有机结合的重要环节，需要探索问题、研究解决问题和成果应用三个环节相协调与配合。在这个过程中，前者必须具有应用意识，后者则必须具有相应的实践技能。因此，现代型教学是培养实践技能所必需的教学模式。

开放性是时代赋予现代型教学的一大特征，基于现代化的信息技术，使得教学、应用与科研融为一体，通过教学研究活动推动科学研究的发展，通过科学研究带动教学研究与应用的发展，其具体特点体现在如下四个方面。

1.教学方法的直观性和科学性

教师在教学过程中不仅使用传统教具，还广泛应用现代化信息技术，这样能够将原本抽象的概念和理论知识变得更加具体和形象化，使得学生更容易接受和理解。教师通过使用这种方法，能够拉近与学生之间的距离，最大限度地调动学生的听觉和视觉，从而提高他们的知识掌握能力。同时，这种教学方法具有科学性，能够充分利用现代化信息技术的优势，将教学内容、组织形式和评价方法进行科学化的设计，实现教学目标和培养规格的有效对接。

2. 教学内容的互补性和实用性

现代型教学在大学教育教学中体现为研究与应用、理论教学与实验教学、系统教学与专题研究相结合，顺应社会发展需求选取教学内容，在整个教育教学过程中始终以技术应用能力的培养作为主线，重点突出实用性，注重培养学生发现问题、分析问题、解决问题的能力。

3. 教学观念的创新性和前瞻性

现代型教学在教学思想方面对现状的把握与前瞻，知识的开拓性、前沿性以及专题性比较重视，基于现代化信息技术，将注意力集中在实践教学方面，以培养顺应社会发展需求的应用型人才为教学目标，以创新为目的。

4. 教学模式的职业定向性

通常来说，现代型教学大多以社会需求为培养目标，以某一岗位所需的能力为具体教学目标，注重对学生职业能力的培养，这是现代型教学的一大特征，因此具有一定的职业定向性。

（二）现代课程观

现代课程观强调教学内容和课程体系的改革应遵循多个基本原则。首先，要反映当前社会的生产力水平及科技新成果，以利于推动生产力的发展和提高人们的生活水平。其次，要反映人才培养目标和规格需要，以确保培养出符合社会需求的高素质人才。再次，要体现近代文化和科技创新的特点，使学生能够适应快速变化的社会环境。最后，要根据学生的实际情况精选教学内容，因材施教，以利于学生能力的培养和可持续发展。

在课程设置和内容选取方面，现代课程观主张以社会需求为目标，以培养学生的应用能力为主线，设计相应的培养方案和课程体系；基础理论课程也应以应用为目的，实践教学应占有较大的比例，以培养学生的实际操作和解决实际问题的能力；课程内容应当紧密联系社会实践和职业发展，注重培养学生的综合素质和创新能力，使其能够适应不断变化的职场环境，成为具有竞争力的优秀人才。

（三）教学方法的转变

第一，由封闭式向开放式转变。现代型教学以现代化信息技术为依托，将以学校为主的传统封闭式教学转变为开放式教学，通过校园内外的网络开设多媒体教学、空中课堂、网上教学，使学生及时获得新的知识。信息高速公路的实现必将成为最理想的开放式教学手段。

第二，由理论教学向实践教学转变。传统教学着重于课堂教学，并强调理论的系统性和完整性。现代型教学则着重于实践课教学，使学生拥有充足的时间进行实训，以掌握技术要领，从而提高自身的实践能力。

第三，由传统方式向互动式转变。传统教学把重点放在"什么是什么"的事实类知识的传授上，学生只能处于被动接受的状态，并过分依赖教师的讲授，缺乏对知识结构的深入探讨。互动式教学是以动态问题为主，启发学生主动思考、积极参与，教师进行针对性指导，以期获得良好的教学效果。

（四）现代型教学的实践模式

在高等教育领域，国际上比较成功的现代型教学实践模式有德国的双元制教学模式，即企业与学校合作进行职业教育的模式。受训者既是企业的学徒，又是学校的学生，一身二属，故称"双元制"。受训者接受理论课和实训课两门课，理论课与实训课学时之比为 3：7，理论课在学校进行，实训课在企业进行，注重受训者的实践技能、技巧的培训。

另一种是北美较为流行的能力本位教学模式。能力本位教学模式以全面分析职业角色为出发点，以培训对象所需要的能力为基本原则，强调学员在学习过程中的主导地位，其核心是如何使学员具备从事某一职业所必需的能力。它是以从事某一具体职业所必须具备的能力为出发点来确定培养目标、设计教学内容、评估教学效果的一种教学思想与实践模式。

还有一种是我国习而学的教学模式。这种模式提倡的是边做边学，理论联系实际，学以致用，以达到学习水平和业务水平相互促进、共同提高的目的，培养出来的人才更能适应工作岗位的要求。

（五）更新教师知识

现代型教学比传统型教学更有效，其中包括以应用为主的多种形式。要奠定现代型教学的基础，教师知识的更新是关键。教师要树立继续学习、终身学习的思想。教师不能只满足于现有的知识水平，而应不断学习，更新知识结构，使自己处于学科的前沿。教师应承担一些具有创新性的研究课题。通过对课题的研究和探索，丰富自己的专业知识，力争成为本学科的学术骨干。教师也应当深入生产实践，走产、学、研相结合的道路，在生产实践中获得足够的经验，力争成为"双师型"教师。

二、大学英语教学模式发展的新趋势

（一）从单一教学模式向多样化教学模式发展

大学英语教学模式正朝着多样化的方向发展。自从德国教育学家赫尔巴特提出"四段论"教学模式以来，经过不断实践和发展，以教师为中心的传统教学模式成为 19 世纪以至 20 世纪教学模式的主导。然而，随着教育思想的不断更新和科技革命的发展，有关教学模式的研究一直在"传统"与"反传统"之间来回摆动，教学模式呈现出多样化的趋势。现代教学模式以学生为中心，注重学生的自主学习和合作学习，同时强调教学方法的多样性和灵活性。此外，现代教学模式还倡导跨学科和跨文化教学，注重知识的整合和综合应用，培养学生的综合素质和创新能力。因此，现代大学英语教学模式呈现出多元化的趋势。现代交互式教学、合作学习教学、项目式教学、案例教学、游戏化教学等教学模式不仅有利于提高学生的学习效果和兴趣，还能够满足不同学生的学习需求，帮助他们更好地掌握英语知识和技能。

（二）由以"教"为主向以"学"为主的教学模式发展

在现代教育中，越来越多的教育者意识到以"教"为主的教学模式的局限性，开始转向以"学"为主的教学模式。这种转变是从以教师为中心的传统教学模式开始的，在传统教学过程中，教师发挥着主导作用，而学生只是被动地接受知识。然而，"反传统"教学模式的出现引领教育者认识到学生应该是学习的主体，学生积极参与是提高教学效果的关键。近年来，建构主义等以学生为中心的教学理论的发展，使得教育者更加注重学生在教学过程中的作用和地位，并且致力于创造性地设计各种教学活动，鼓励学生积极参与和发挥主动性，从而实现自主性、探索性、创造性学习。这种以"学"为主的教学模式，强调了学生的主体性和积极性，使得教育者更加关注学生的需求和兴趣，营造出更加有趣和富有挑战性的教学环境，从而激发学生的学习热情和创造力。

（三）由归纳型向演绎型教学模式发展

归纳型教学模式重视从经验中进行总结和归纳。它的起点是经验，形成思维的过程是归纳。演绎型教学模式指的是从一种科学理论假设出发，推演出一种教学模式，然后用严密的实验来验证其效用。它的起点是理论假设，形成思维的过程是演绎。归纳型教学模式来自教学实践，因而具有不确定性，有些地方不能自圆其说。而演绎型教学模式有一定的理论基础，形成了较为完备的体系，它更加强调教学模式的科学理论基础。这为人们以科学理论为指导，主动设计和建构特定的教学模式，以达到预期的教学目的提供了可能。目前，演绎法成为教学模式生成的重要方法。

（四）教学模式的技术手段日益现代化

随着科技的不断进步，教学模式的技术手段日益现代化，如使用智能化设备等，进一步提高教学效果。同时，现代教学模式注重在线学习和远程教育的发展，充分利用网络和互联网技术，使学生可以随时随地进行学习，并且可以与全球各地的人进行交流和互动。此外，教学模式的科学性也得到了越来越多人的重视，如在教学过程中引入数据分析技术，从而更加科学地评估和改进教学模式。

第五章 英语信息化教学模式

第一节 信息化教学模式概述

一、信息化教学

（一）信息化教学概念界定

信息化教学是指在教学过程中，教育者和学习者以信息化教学理念为指导，以信息化教学思维为手段，以现代信息网络、信息方法、信息资源以及现代化教育媒体为依托开展双边活动，增强教学效果的过程，也被称为"电化教学"。"信息化教学"这一词汇的关键词是"教学"，而"信息化"只是关键词的定语，所以，在信息化教学过程中，师生不但要合理利用现代教育媒体技术开展教学活动，而且要借助先进信息技术实现互动交流。在此基础上，许多专家赋予了信息化教学一个比较精准的定义：信息化教学是指以现代化的教学理念为支撑，以信息技术手段为媒介，运用现代化的教学方法的教学活动的。学术界许多专家、学者都对此定义表示认同。当然，还要部分专家也提出了自己的观点，即信息化教学是一种融合信息技术、现代教学理念、现代教学方法、学科知识，促进师生共同发展的教学方式。

（二）英语信息化教学概念界定

英语信息化教学其实可以视为英语教学的信息化，指的是将现代教育理念、信息化教育技术充分、合理地融入英语教学活动当中，促使英语教学紧跟时代发展的脚步，实现英语学科和信息技术完美融合的过程。

（三）英语信息化教学的意义

从本质上讲，所谓的信息化教学，其实就是借助先进的信息技术开展教学活动的一种充满现代化气息的教学方式。英语信息化教学的意义主要体现在以下三个方面。第一，英语信息化教学可以改变传统英语教学模式，实现教学模式的创新，而且其能使用图片、视频、音频等信息，丰富英语教学内容，从多个角度提高学生的学习兴趣。第二，英语信息化教学能为学生创造更适合英语学习的教学情境，使学生在情境中学习，提升学生应用英语语言的能力。比如，在英语课堂教学过程中，根据学生的认知和喜好播放符合教学要求和目标的影像资料，让学生清楚英语国家在生活中是如何使用英语的，同时为学生构建模拟真实场景的学习环境，增强学习效果。第三，英语信息化教学能通过现代教育技术实现图片、视频等内容的高效融合，且资源丰富，大大节约教师的板书时间，还能对教学的重点、难点进行强化，提高教学效率。

二、计算机辅助教学

（一）计算机辅助教学的内涵

计算机辅助教学（computer aided instruction，简称 CAI）指的是教师在教学过程中通过合理应用计算机的各项功能加快教学进度，提升教学效果的过程。从某种意义上讲，所谓的计算机辅助教学，其实就是计算机应用到教育领域所形成的一种全新的带有教育技术性质的教学方法，这里的计算机技术包罗万象，如知识库技术、动画模拟技术、程序设计技术、多媒体技术等。通过这些计算机技术能让学生在良好的学习环境当中学习，避免因片面、单一的教学方式产生较低的教学效果。总的来讲，CAI 能让学生在有限的时间内获得更多的知识，不仅能大大节约学生课上和课下所花费的学习时间，还能取得较高的教学效果。根据当前教学的实际情况可知，"计算机辅助教学"的内涵并不局限于英语教学的CAI 本义当中，其概念早已发生改变并不断外延。如今，只要在教学过程或教育管理当中的某个环节应用过计算机辅助功能，就可以称之为计算机辅助教学。

（二）计算机辅助语言教学（CALL）

计算机辅助语言教学（computer-assisted language learning，简称CALL）指的是在课堂教学或课外练习过程中，计算机根据教师设定的语言教学计划以及安排的具体教学内容辅助学生学习。美国是这种教学理念的发源地，并且无论是教学研究还是教学成果，都处于世界领先地位。计算机辅助语言教学的发展主要分为三个阶段：第一阶段是 20 世纪70 年代到 80 年代，属于行为主义计算机辅助语言教学阶段；第二阶段是 20 世纪 80 年代到 90 年代，属于交际计算机辅助语言教学阶段；第三阶段是 21 世纪之后，属于综合性计算机辅助语言教学阶段。

（三）计算机辅助教学的实践意义

从本质上讲，传统的课堂教学其实就是一个传递信息的过程，即教师用语言的形式将自己掌握的信息书写在黑板上，学生通过看黑板、听教师讲课接收信息，如此形成一个完整的信息输入和输出过程。在此过程中，无论是教师发问还是学生发问，只要对方回答提问，就实现了信息的交互传输。计算机辅助教学是以计算机为教学媒介开展教学活动的过程，即教师将自己掌握的信息输入计算机，学生通过计算机接收信息，实现信息的交互运输。

计算机辅助教学的大规模应用，能弥补大学教学力量不足的缺陷，能增加教师队伍以及生源的数量；计算机辅助教学能让学生在有限时间内完成更多任务，课堂教学质量和效率都有显著提升。在课堂教学当中，无论是教师还是学生，都处于输出信息、输入信息的循环当中，实现了信息的交互传输。此外，计算机辅助教学作为一种新型的、个性化的教学形式，以激发学生的主观能动性为主要内容，让学生自己掌控学习进度，通过不断思考来回答计算机提出的问题，充分掌握学习内容。这种教学方法与传统的课堂教学模式相比，无论是教师的教学进度还是学生的效果反馈，都有进步，而且学生不会在短时间内就对学习产生倦怠，能更好地巩固所学内容。

（四）计算机辅助教学在人才培养中的作用

从 20 世纪末开始，计算机技术、通信技术等信息技术的发展速度逐步加快，尤其是以互联网技术为代表的信息基础设施开始在全球范围内大规模建设，标志着人类逐步迈入信息化社会。早在 20 世纪 90 年代，计算机辅助教学就成了高等教育领域的重点关注内容，尤其是对其在人才培养过程中的重要作用有比较清楚的认知。近几年，我国许多高等院校开始在教育教学过程中大规模地应用、开展计算机辅助教学，因为其与我国如今推行的以素质教育为先，拒绝高分低能的教育理念相吻合，而且计算机辅助教学不仅能让学生掌握更先进的信息技术，还能全面提升学生的综合素养。计算机辅助教学在应用型本科人才培养中的作用具体体现在以下三个方面。

1. 计算机辅助教学是应用型本科院校教学的重要组成部分

根据计算机辅助教学的内涵和实践意义可知，计算机辅助教学的关键在于保证教师、学生与计算机之间的信息交互传输。首先，在计算机辅助教学过程中，教师通过计算机独有的"随机提问""电子举手"等辅助功能与学生实现教学互动，增强教学效果。其次，教师可以通过计算机将生动、形象、直观的教学内容完整地呈现在学生面前，激发学生的学习兴趣，扩展教学内容，节约教学时间，提高教学效率。而且，教师可以凭借自身丰富的教学经验以及良好的专业素养来确保教学内容的规范、有序。最后，教师可以将自己的授课内容或者课外的补充内容放到计算机某平台上，并将观看方法教授给学生，让学生可以在课下根据需求自行学习，还可以自行从网络中获取有用的学习资源。因此，计算机辅助教学在应用型本科教学中占据较为重要的位置。

2.计算机辅助教学是应用型本科院校培养人才的重要环节

应用型本科院校主要培养的是具有丰富理论知识、高超专业技能、超强环境适应能力、高尚思想品德，以推动经济和社会发展为导向的实用型、复合型人才。这就要求本科院校要"两只手"并重，一只手主抓理论教学，另一只手主抓学生实践操作能力。计算机辅助教学与本科院校的相关要求刚好吻合，是恰当的教学方式，它不仅能丰富学生的理论知识，还能锻炼学生的实践操作能力，从而全方位地提升学生的综合素养。这样培养出的学生符合现代社会劳动力市场的相关需求，会受到社会就业市场的热烈欢迎，更适应社会的发展。

3.计算机辅助教学是应用型本科院校培养创新型人才的有效途径

计算机辅助教学其实就是学生将理论知识和信息操作能力融合在一起的过程。这种教学形式与传统的被动学习完全不同，它是学生主动学习的过程，是学生应用计算机技术反复学习课堂知识、认真思考、吸收并应用的过程。这种教学方法不仅能拓宽学生的认知领域，还能刺激学生勇于学习各个方面的知识。在计算机辅助教学过程中，学生通过计算机接收教师传输的信息，在接收信息的同时还有足够的时间进行深入的思考，这样做不仅能让学生轻松掌握教学内容，还能让学生满足自己的好奇心和求知欲，促使学生不断思考、钻研解决问题的思路，激发学生的内在潜能，开阔学生的视野，提高学生的学习积极性和创新能力。

三、信息技术与课程整合

信息技术与课程整合是指以现代教育理论为指导，在掌握一定的整合思想、理念的前提下，将信息资源、信息技术与课程教学有机结合，促进有效完成课堂教学任务的一种新型教学方式。整合更侧重于理念上的整合，是一种极具文化特征的集素养、知识和技能于一体的信息技术与学科课程的融合，是一种以现代信息技术为媒介的教学模式。这样的教学模式不仅有利于有效发挥教师的主导作用，还能充分合理体现学生的主体地位，从根本上创新传统的教学观、教学理念以及理念指导下的学习目标、教学目标、教学方法和评价方式，为学生创造良好的学习环境，使其无论处于何种学习阶段都能选择有效的信息技术手段去获取、分析、综合对比信息，学习相应的学科专业知识，培养相应的实践应用能力。

信息技术与学科课程的整合实质上是为教学营造新型环境，以更好地发挥教师的主导作用、体现学生的主体地位。通过采用以"自主、探究、合作"为主要特征的教学方式，将信息技术与学科教学过程有效融合，如充分发挥学生的主观能动性，革新以教师为中心的传统课堂教学模式，为充分发扬学生创新精神和提高实践能力保驾护航。整合主要包括三个基本属性：营造新型教学环境，实现现代化的教与学方式，变革固有的教学结构。三者环环相扣，逐步递进——营造新型教学环境是为实现现代化教与学方式提供平台，实现现代化教与学方式是为了变革固有的教学结构，变革固有的教学结构则是为了最终实现创新精神与实践能力培养的目标。三个基本属性是一脉相承的，尤其是以改变传统教学结构为切入点去理解整合的内涵，进而真正领会并把握信息技术与课程整合的内在实质。

第二节 信息化教学存在的问题及原因

一、应用型本科院校英语信息化教学存在的主要问题

随着时代的发展，社会逐渐步入信息化时代。在这种背景下，应用型本科院校需要抓住发展的契机，实现飞速发展，切实提升毕业生质量，为国家、为世界、为未来提供更专业、更优秀、高水平的应用型人才。应用型本科院校英语信息化教学存在的主要问题如下。

（一）学生信息素养偏低，自主学习能力有待提升

1. 学生信息素养偏低，实践应用能力不足

近些年，各行各业都在应用信息技术，高等教育领域也不例外。随着信息技术的大规模应用和普及，高等教育信息化建设的步伐逐步加快，趋于完善，应用型本科院校学生的信息意识虽然也在逐步增强，但还达不到信息时代对学生的素养和能力要求。出现这种情况的原因主要有两方面，一方面是应用型本科院校学生的英语基础比较薄弱，自身的英语素质以及学习能力参差不齐，甚至学生的英语起点各不相同，再加上没有使用英语的相关情境，使得学生自己根本没有兴趣学习英语；另一方面，作为初入大学的新生，想要真正实现英语学科学习和信息技术的完美融合，还需要很长的适应期和调整期。大学的课程与义务教育阶段的课程有很大区别，学生在最初学习英语学科时会存在一定的好奇心和新鲜感，但由于学生本身不具备较高的信息素养水平，自然无法对英语信

息化教学产生兴趣，甚至一直停留在对其有简单了解的层面上，自然也不会形成信息意识，更重要的是学生中只有少部分会使用计算机等多媒体设备来学习英语学科内容，大部分学生不具备应用信息技术学习英语的能力。此外，新入学的学生并没有接受过专业化、系统化的信息化理论知识教导和技术培训，整体信息素养偏低，实践应用能力亟待提高。

2. 学生学习目标含糊，自主学习能力不足

如今，大部分应用型本科院校已经清楚自己的主流发展方向，但随着时代的进一步发展，特别是"互联网＋"时代的到来，其英语信息化教学依然存在很多疏漏之处。笔者对许多学生进行了私下的采访，并实施了实地调研，发现当前学校的学生存在一个很严重的共性问题，即没有明确的学习目标，且自主学习能力不足。换言之，有很多学生都具备应用计算机和网络技术的能力，但其中有接近一半的人将其用在了与学习无关的方面，再加上学生自主学习能力不足，基本没有动力去主动学习，在上网时用于学习英语的时间只有很少的一部分。此外，学生对自己的真实需求不够了解，没有明确的目标，自然无法应用网络实现高效学习。

（二）教师信息素养不足，信息技术应用能力亟待加强

1. 教师接受信息化教学理论培训力度不足

如今，社会早已步入信息时代，无论是信息技术、信息资源还是信息化硬件设备的更新速度都超出想象，自然会对应用型本科院校的发展提出更高要求。世界上的所有国家对普及信息技术教育、培养初级和中级信息化专业技术人才十分重视，而对现有教师进行信息化理论和技术的培训更是重中之重。但是，如今许多应用型本科院校教师并没有接受过全方位、大力度的信息化理论培训，主要原因是当前高等教育领域并未形成完整的信息化教学理论培训与服务体系，使得应用型本科院校的

师资队伍还没有形成完整的信息化意识，还没有掌握系统的信息理论知识和技能，而自己掌握的信息技术应用能力距离教育信息化时代的发展要求还有一段距离。此外，应用型本科院校教师可能并不重视信息技术和课程融合，没有对其进行深入的了解和研究，两者的融合程度并不高，实践创新应用能力不足，只是将信息技术与学科教学内容进行了简单的拼接就应用在教学过程当中，既浪费了教学资源，又降低了教学设备的使用率，无法有效开展信息化教学。

2. 现代信息技术实际应用流于形式

从总体上看，应用型本科院校的教师队伍本身具备的信息技术应用能力和信息素养就比较低，将其应用在教学过程当中对教学效果的帮助也不大。这是因为应用型本科院校的许多教师对于信息化教学理论的了解以及技能的掌握都是自己摸索出来的，并没有接受过专业的培训，所以无论是中年教师还是青年教师，都缺乏系统化、专业化的信息化理论和技能培训；教师由于对理论知识以及技术不了解，使得其在制作教学课件以及操作计算机技术上存在明显不足，信息素养偏低，无法在英语教学过程中发挥辅助作用，不能在课堂上充分发挥"师生学习共同体"作用，对教师的教学质量以及学生的学习效果都有严重影响。此外，根据应用型本科院校学生的反馈，英语教师使用计算机、多媒体辅助教学的次数并不多，使用信息设备的情况也不太理想，由此可见，许多教师应用信息技术教学时流于形成，不利于学生在课堂教学中通过信息交互传输学到的知识，因此英语教师应用信息技术的能力还需进一步加强。

（三）英语信息化教学模式创新不足，教学方法欠佳

1. 英语信息化教学模式陈旧

应用型本科院校主要培养的是面向未来、走向国际的应用型人才，为了实现这个目标，必须坚持以课堂教学为核心，提升课堂教学效果。对应

用型本科院校英语信息化教学的研究应以信息化教学模式以及教学方法的创新为重点，改变传统的"以教师为中心"的灌输式教学模式，使用"以学生为主体、教师为主导"以及以信息技术手段为媒介的新型英语课堂教学模式，这样不仅能培养学生的自主学习能力，还能为学生熟练应用英语，提升学生语用能力打下坚实基础。如今，很多应用型本科院校已经开始在英语教学过程中应用多媒体技术充当辅工具助，但是并没有将两者进行有效的整合，只是单纯地用大屏幕显示自己制作的教学课件而已，这样做减少了学生与教师进行交流和互动的次数。还有的教师为了保证教学计划的完成度，用信息设备显示大量的教学内容，完全不考虑学生的个人情况，忽略学生无法在课堂上长时间保持注意力集中的缺点，使得很多学生无法紧跟课堂教学节奏。长此以往，学生不仅不会主动学习，甚至会厌恶学习，使得学习效率降低，教学质量更是堪忧。

2. 英语信息化教学方法欠佳

身处大学转型背景下的应用型本科院校开展信息化教学最关键的一点就是以课堂教学为核心，改变教师的教学方法。如今，超过半数的学生认为在英语课堂教学过程中应用信息技术手段有很多优点，如激发学生兴趣、提升教学效率、节约板书时间等，但这种教学方法也存在一定的不足，如教师开展英语信息化教学时使用的方法并不完善，学生虽然学习到一定的英语知识，但与工作所需还有一定差距。当然，这种不足在教学的其他方面也有明显体现，如信息化教学虽然能激发学生兴趣，但如果教师无法准确掌握学生的认知、兴趣以及群体特征，效果定会大打折扣；虽然能节约板书时间，提升教学效率，但教师很容易将多媒体、计算机等信息设备变成另一块"黑板"，课堂教学中师生的角色并没有发生改变，反而更忽视师生之间的交流和互动，使得信息技术辅助英语教学流于形式，无法真正提升教学质量和教学效率，推动英语信息化教学发展。

（四）英语信息化教学内容结构有待完善

在教育发展过程中，信息技术的应用有着不容忽视的革命性作用，因此，在制定国家教育信息化发展战略时应考虑将其纳入进来，同时为其提供丰富的优质教育资源，对传统的教学内容、方法进行改革，实现教育现代化。如今，应用型本科院校为了顺应信息化时代的发展趋势，以提升办学质量为先决条件，借助先进的信息技术不断优化教育教学理念，深化教育教学改革，稳步实现优质教育资源共享，推进英语信息化教学进程。但是，应用型本科院校的英语信息化教学仍然存在很多问题。笔者通过实际调研发现，学生迫切希望提升自己在英语口语、阅读以及听力等方面的能力，只为更好地完成英语学习；学生很喜欢英文电影和歌曲，这些内容不仅能激发学生的学习兴趣，还能让学生学习英语的文化背景，但英语教师在信息化教学过程中却无法利用恰当的教学方式来使用这些内容。一方面，由于缺乏优质的学科教学资源，导致教学内容无法扩展、教学进度受限；另一方面，英语教师无法精准把握学生的兴趣、爱好、学习需求以及认知特征，无法将声音、动画、图形、文本等学习内容与学生的兴趣点形成内在联系，实现信息的交互传输。高等教育信息化背景下应用型本科院校英语教学其实是非线性的、动态变化的，英语信息化教学也没有找到与时代背景完美融合的切入点，无法用恰当的方式来展现开放、海量、强时效的教学内容，只是简单地将信息技术和传统课堂教学内容进行了拼接，缺乏集成性、整合性、多元性。

（五）应用型本科院校信息化教学资源、基础设施仍不能满足发展之需

1. 应用型本科院校领导的信息化教学意识淡薄

许多应用型本科院校的领导并没有形成较强的信息化教学意识，也不重视应用信息技术辅助英语教学。站在学生的立场，院校应坚持"以

学生为本"的教学理念，大力扶持院校信息化教学建设，为信息化教学提供足够的教学资源、便利的教学条件，但是因为院校领导的信息化教学意识淡薄，教学资源、教学设施的支持力度不足，使得院校的信息化教学无法有序开展，更无法实现飞速发展。

2. 软硬件资源、设施投资失衡

应用型本科院校并没有在信息化教学的软硬件资源和设施建设上提供过多的资金支持，如作为院校师生获取信息重要渠道的图书馆，网络课程资源和数字文献资料的数量不尽如人意，使得教师和学生为了学习只能自行通过搜索引擎从网络中寻找免费的教学资源，这些资源根本无法满足教学双边活动的需求。此外，院校虽然建设了一些带有计算机、多媒体等信息设备的教室和实验室，但根本无法满足日常教学需求，再加上资源利用率不高，院校资源共享率低下，校园网络不完善，使得资源或信息产生"孤岛现象"，进而导致学生对院校硬件终端设备使用的满意度较低。

二、应用型本科院校英语信息化教学存在问题的原因分析

（一）学生素质和学习能力良莠不齐

应用型本科院校所有学生当中有很大一部分是参加高考的普通高中毕业生，但因为院校的录取分数线并不高，所以被录取学生只能说是具备一定的英语基础，整体水平不佳。其他学生主要来源于专科院校、高职院校，这些学生由于学习英语的时间较短，基础稍显薄弱。院校所有学生当中，有很多从农村来的学生，他们相比城镇学生很少接触到信息化教学形式的课堂教学，无论是理论知识还是技术手段都略显生涩，这对其学习兴趣、学习主动性和积极性都有很大影响。此外，大学生活与高中生活有很大区别，教师不再对学生严格要求，学校也没有严格的管

理制度，所以很多大学生感觉进入大学后轻松许多，再加上"互联网+"背景下现代信息技术的快速发展，可以让本科学生看到各式各样的网络内容，生活变得多姿多彩，学生即使掌握了应用信息技术的方法。也很难把握娱乐和学习的分界线，甚至无法正确地筛选、分析、应用网络上存在的海量资源，更不要谈利用信息技术学习、找寻有价值的信息。

（二）教师对信息化教学认识和使用度不够

一方面，长久以来，应用型本科院校教师遵循的是传统教育观，使用的是传统教育模式，这些传统理念和模式对院校教师认识信息化教学有很大影响；另一方面，笔者在对院校英语教师和辅导员进行调研后得出，如今院校教师队伍中具有丰富教学经验的教师大多生于 20 世纪六七十年代，当时的英语教学是纯文科语言类教学，主要教学内容是英美语言文学等，因此，他们对信息技术理念的了解不多，应用信息技术辅助教学的能力也不强，想要真正熟练掌握并应用信息技术能力的难度超出想象，更有甚者，如果强行将信息技术和英语课堂教学融合在一起，不仅不会推动教学发展，还会产生反作用。在这种情况下，虽然教学需要他们重新学习一定的信息技术理论知识和实践技能，但受到其年龄偏大、接受能力下降等多种因素的影响，这个学习过程很难继续下去。如果是年轻教师，自然可以有效避免这些因素的影响，他们花费较短的时间就可以掌握信息技术的理论知识和实践技能，但想要在英语教学过程中正式应用，还需要经过反复的练习，增强应用能力。此外，还有一点至关重要，就是许多年轻的英语教师都不是师范类院校毕业的，他们没有接受过专业、系统的师范教育，甚至基本没有接触过教育技术学的相关课程。

笔者通过对教师进行私下采访得知，应用型本科院校并没有对青年教师开展过系统化的信息技术理论知识、技术实践以及信息素养的培训，甚至单纯的理论培训、技术培训都很少，这就导致院校教师没有形成较强的现代教育技术意识，无法在课堂教学以及课外教学当中应用信息技术。院校的大部分英语教师对现代教育技术的了解至今仍然是以应用计算机、多媒体等信息化设备为主，对信息化教学理念和信息素养等方面的了解甚少。显然，院校教师并没有认真对待英语信息化教学这项工作，只是对其简单进行了了解，且更注重技术工具的应用，忽视了整体优化的重要性。

对应用型本科院校的许多老教师来讲，长时间的传统教育理念熏陶以及所处的教育环境都对教师重新学习、开展信息化教学有着严重影响，无法在短时间内实现传统教学模式的创新。无论是教师还是学生，都需要直面这种困难。一方面，教师已经应用传统教学理念和教学方法教学很多年了，一时难以扭转；另一方面，学生通过这种方式接受英语教学已经很多年了，同样需要时间转变。因此，为了保证课堂教学模式的有效转变，师生都需要一定的时间来适应其变化。根据如今的信息化教学情况可知，教师在课堂教学当中扮演的角色并未发生明显改变，仍以主宰者为主，设计者、组织者为辅。换言之，虽然在课堂教学当中应用了多媒体、计算机等信息设备，但教学模式的变化并不大，学生学习英语的兴趣也没有提高，只不过不再使用黑板而已。

（三）英语信息化教学内容和结构单一

目前的英语信息化教学受传统英语课堂教学的影响仍然很大，如教师在应用信息技术设计英语教学过程时很容易继续沿用传统的教学模式、教学方法和教学内容，设计缺乏创新。首先，根据对应用型本科院校学生的调研结果可知，大部分学生都意识到自己在英语口语、听力以及阅读等方面存在的不足，迫切希望提升自己的能力。这是因为传统的英语教学以教授英语知识为主，对口语、听力、阅读等方面都不太重视，在现代信息化教学当中，三者自然成为学生的薄弱之处，提升迫在眉睫。如今的英语教学模式虽然从传统教学模式转变为信息化教学模式，但教学内容并未与信息技术完美融合，也没有发生创新，英语教师仍然以提高学生应试技巧为目标教授英语知识，如着重锻炼学生写作和翻译的能力等。其次，英语信息化教学内容和结构单一的根本原因是教师虽然开始应用信息技术辅助英语教学，但对院校学生的兴趣、爱好、学习需求、认知以及群体特征并没有完全掌握，只是一味地将教学内容和信息技术进行交叉式的拼接，无法形成健康的、完整的信息交互传输系统。在这种情况下开展的信息化教学活动虽然称之为信息化教学，但教学内容和信息技术仍然是分开运用的，这也就导致教师在教授口语、听力、阅读等方面的内容时与传统教学并无二致，以至于学生给出三者教学明显不足的反馈。最后，教师在设计教学过程以及进行课前准备时没有发现能将学生的兴趣和教学内容紧密结合的关键点，也没有选择最恰当的教学方法，使得教学内容和结构单一。所以，教师在英语信息化教学过程中，必须抓住学生的群体特征，促使英语学科知识和信息资源优化整合，完善英语信息化教学内容和结构。

（四）英语信息化教学基础设施建设不足和基础条件较为薄弱

应用型本科院校领导并不重视信息化教学建设，没有投入足够的资金，无论是软件还是硬件设施都不完善，甚至缺乏优质的多媒体网络课程、专业的教学软件和教材等。此外，由于院校领导没有树立正确的信息化教学建设理念，因而建设过程中出现了各种各样的问题，如院校开展英语信息化教学的规章制度不明确，管理机制不健全，校园互联网搭建相对滞后，教育信息资源不能及时更新等，这些问题都会造成英语信息化教学基础设施建设不足和基础条件薄弱。

第三节　信息化教学优化对策

一、加强学生信息意识教育，提升学生信息素养水平

（一）加强学生信息意识教育

加强学生信息意识教育，提升学生信息素养水平对于促进英语信息化教学发展来说至关重要。20 世纪 70 年代至今，信息素养这一概念经历多重的批判而逐渐成熟，虽然国内学者并未给出权威、确切的定义，但人们知道信息素养指的是一种复合品质、综合能力。当学生在面对大量信息时能够有目的地捕捉、选择、储存、处理和利用信息。对于学生个人来说，增强信息意识则是提升信息素养的第一步，因此，加强学生信息意识教育尤为重要，其核心在于倡导学生坚持终身学习，只有通过不断学习，进而不断地丰富自己的知识库存，才能学会利用已有的知识去创造新的属于自己的财富。漫长的人生学习之路不可避免会遇到各种各样的问题，这需要永葆学习的激情与热情，思想不能滑坡，学会搜集、筛选、加工并合理利用信息，从而提高自己的信息素养水平。

（二）培养学生自主学习能力

1. 坚持学生的主体地位

学生是开展信息化教学的主体，在促进英语信息化教学发展过程中，注重信息技术与英语教学融合的同时，还应坚持"以生为本"的理念，

注重学生个体发展，挖掘学生的潜能和智慧，提高学生英语学习的主动性和积极性，培养他们的自主探究能力，以便教师可以更好地根据不同学生的特质有针对性地教学，进而丰富教师的教学方式，同时为学生构建良好的英语学习环境。在面对英语基础参差不齐的学生时，教师应让学生根据自身的接受能力选择适合自己的学习方法和学习资料，学校应为学生构建课前、课上、课后三位一体的全天候网络学习平台，让学生的英语学习能够打破时空的局限，在促进英语学习的同时自主学习信息技术，形成以学生为主体的学习模式。在这样的学习环境下，有利于促进学生个体发展，为学生的语言学习营造良好氛围。

2. 强化学生自主学习能力培养

在强化学生自主学习能力的培养方面，学生首先应该意识到自己是学习过程中的主动学习者，这样强烈的自主意识会促进学生的语言学习；其次，教师应引导并强化学生自主、主动学习的意识，鼓励学生根据个人学习需求、英语水平、学习能力等制订符合自己的学习计划，计划应该具有较强的实际可操作性，并且包含明确细致的学习时限和内容；最后，在教学过程中，教师应该给予学生更多的鼓励、空间和自由，培养学生独立思考和学习的能力，让学生意识到英语信息化学习的价值。这一过程旨在培养学生的自我管理、自我约束和自我决策的能力，以期加强学生的自主学习能力。

（三）提升学生信息技术应用能力

1. 提升学生信息获取意识

学生信息素养水平的提高不是在传统的教学方式下，而是教师在新型教学环境下为学生营造出良好的学习环境和氛围，构建以学生为主体、教师为主导的"双主体"教学方式，将优质的信息资源、熟练灵活的信息技术与课堂教学有效结合，进而使学生信息素养水平得以提升。教师在讲授课程内容的同时，向学生渗透并展示一定的信息资源和信息技术，学生通过长期的观察来获得，进而提高自身的信息技术应用水平并丰富信息资源。长此以往，学生不仅掌握了英语专业知识，还能更好地将信息技术与英语语言学习有效融合。举例来说，当英语教师上课时讲到关于拿破仑（Napoleon）的课程时，可提前布置任务并让学生以小组方式上网搜集关于拿破仑的生平事迹及人物故事，上课时用英语在课堂上进行简单复述，教师予以打分。这样一来，既可以让学生对英语学习产生别样的兴趣，又可以让他们提高对搜集的与课程相关的信息进行获取、筛选、分析和加工的能力，以期提升学生的信息获取意识，提高信息素养水平。

2. 提升学生信息获取技巧

在英语课程的讲授过程中，教师向学生传授学科专业知识的同时，还可指导学生如何正确高效地利用合适的搜索引擎获取信息，并引导学生使用关键词、逻辑词、英文双引号和限制搜索标准的特定文件，为学生提供听力、口语、阅读、写作等英语学习的有效网站，以帮助学生找到在线英语学习资源。学生也可以根据自己的英语语言层次和需求，自由选择学习材料进行自主学习，从而掌握更多获取信息的技巧，进而提高信息技术应用能力。

二、强化培训，不断提升教师信息化教学水平

该部分主要针对教师在英语信息化教学过程中出现的问题，提出了系统、全面的对策建议，主要从加强对教师信息化教学意识的培养、重视教师信息化教学技术的培训与实践和提升教师信息技术应用能力三个角度进行阐述。

（一）加强对教师信息化教学意识的培养

英语教师的信息素养提升首先应该体现在具有强烈的信息化教学意识上，而信息意识也不应该只是局限在多媒体、计算机设备的应用上，这对英语信息化教学只是一般性了解，并没有认识到从整体上以信息化教学意识进行教学的重要性，而只停留在技术工具上。加强对教师信息化教学意识的培养，主要在于倡导英语教师转变教学理念，提高自身对于信息的敏锐度，从而增强应用信息技术的自觉性和主动性，提升信息素养水平。

同学生信息素养一样，教师的信息素养尚未给出确切的定义。美国图书馆协会于 1989 年在曾发表的关于信息素养的报告中提出，信息素养是人们在获取、评估和有效利用所需信息时的一种强有力的意识能力。提高教师信息素养主要从提高教师信息意识和信息能力入手，其中，树立信息意识需从自身认识、观念和需求出发，而提升信息能力也不仅仅是简单的操作能力提升，而是整体提升对于信息的获取、评价、处理、管理、整合和交流等能力。英语教师应具备一定的信息素养和专业素质，要善于合理并灵活地运用信息技术手段辅助英语教学。大学英语教师要合理利用现代信息技术辅助大学英语教学，具备一定的信息素养是 21 世纪中国高等教育发展这一时代背景下教师完善教学必备的关键因素，它决定着课堂教学效果，决定着学生对于英语学习的满意度。因此，无论是从应用型本科院校毕业生人才培养质量提升和英语信息化教学健康发展的角度来说，还是从教师自身专业素养提升的角度来说，信息化时代背景下的英语教师具备一定的信息素养和强烈的信息化教学意识都是至关重要的。

另外，信息技术的迅猛发展、网络资源的丰富虽为教师备课课件选择提供了便利，但教师也要明确自己的教学风格，根据自身的教学风格选择合适的教学课件，要慎用网络课件模板，因为其不一定适合自己。

教师可以根据自身的教学风格创新教学课件，融入适合自己学生的元素，或者根据网络上丰富的教学课件筛选出与自己教学风格较为相近的课件，取长补短，坚持课件风格与教学风格的一致性，有利于强化课堂信息化教学，有利于学生更好地接收课堂知识，获得更好的课堂教学反馈，教师授课也可以如鱼得水。

（二）重视教师信息化教学技术的培训与实践

1. 强化教师信息化教学技术培训

师资队伍建设是推进信息化教学的基本保障。加强对英语教师、管理人员的信息理论与技术培训是加快教育信息化进程的关键。首先，学校应该分批次对不同层次教师进行信息理论于技术培训，为教师能够掌握完善系统的信息技术理论与操作技能创造外部条件，进而提升教师的信息素养水平。其次，学校应注重学习并吸收专家倡导的网络教研，使教师能够熟练运用各种信息技术搜集、筛选和处理信息化教学资源，提高教师信息化教学的有效性和针对性，为改进教育方法与模式提供保障。最后，学校在优化师资队伍的前提下，还应专门培养具有信息技术操作能力的人员，并对其进行定期培训。

2. 重视教师信息化教学技术的实践

加强教师信息化教学意识的培养、重视培训的同时，对信息化教学技术的实践也格外重要，因为实践出真知。英语教师只有勇于尝试，善于学习，并能做到学用结合，以用促学，学以致用，才能在利用信息技术辅助英语教学上不断提升自我的信息素养，真正做到利用互联网思维改进教育教学理念、创新教育教学方法，促进信息技术与英语学科课程的深度融合，并合理优化资源配置，发挥"信息化教学与英语学科课程结合"的"革命性力量"，服务于高等教育人才培养，营造高等教育新生态。

另外，英语教师还应该时常与学生保持互动交流。在将信息技术应用于英语教与学的实践方面，学生作为高等教育信息化时代背景下的新宠，他们对信息技术领域充满了好奇并尤为敏感，因此英语教师应主动积极与学生交流沟通，真正做到教学相长。

3. 注重信息技术考核

信息技术考核是对教师信息技术培训和实践的检验。为提高英语教师的信息素养，校方、院系可以将教师的信息素养纳入考核范围内，定期召开会议或举行关于信息素养方面的知识竞赛。笔者在对应用型本科院校工作人员、英语教师进行访谈后得知，教师因个体差异，包括性别、年龄、教育观念等因素的限定，信息意识显然存在一定的差异，因此，加强英语教师信息素养体现在实践上就是对师资队伍进行理论与实践相结合的培训，培训可分阶段、分批次进行，应体现普遍性，并注重对教师的培训结果进行考核。

（三）提升教师信息技术应用能力

英语教师信息技术应用能力的提升仅靠教师个人是远远不够的，离不开教师、团体与学校等多方面的共同努力。

1. 提升教师个人信息技术水平

英语教师应该自觉、主动地了解教育信息化时代背景下高等教育的巨大变化，要有为实现英语教育教学全面变革并促进高等教育信息化发展的积极主动意识和使命感，积极响应高等教育政策以及学校要求，参与校内外各种交流与培训活动，树立终身学习的理念，以乐观的学习态度在实践中积极学习、互相交流。教师还应定期观看将信息技术应用于教学的相关视频教程，注重亲身实践，提升个人信息技术水平。

2. 加强团体信息技术应用协作能力

提升教师信息技术应用能力需要加强教师团体之间的合作、交流与学习。应用型本科院校的英语教师基本身兼数职，而跨学科专业知识不足已然成为英语教学发展的一大阻碍因素，当然也严重影响着信息技术与英语课程的有效融合，影响着教师利用互联网思维指导学生更新学习理念。因此，院校应构建英语教师发展共同体，通过教师之间的学术交流与教学研讨，互相切磋英语教学，促进专业知识与信息技术相整合，从而培养彼此的跨学科知识学习能力、研究能力和信息技术应用能力。另外，英语信息化教学对英语教师提出的要求还体现在"翻转课堂""MOOC""微课"等混合式教学方式上，较之传统的"灌输式""填鸭式"的课堂教学模式而言，教师之间的团队协作就显得格外重要，教师不再像以往那样简单地依靠教学资料等教辅用书进行简单备课。

随着教育信息化进程的加快，基础的信息技术操作能力应用已无法满足信息化时代背景下丰富的教学资源和信息不断涌现的教学需求。在虚拟教学环境中，教师需要通过研发课件内容、开发远程教学方式、创建学习型社区等途径组织教学。英语教师在广泛而有意义的合作中实现自我提升和发展。在这样的大数据时代，学习者通过协作完成知识意义的建构是非常重要的。例如，教师积极发挥团队优势，构建以教师为主体的"专业学习共同体"，相互分工制作微视频，旨在促进协作交流、共同进步，提升教学水平。以教师为主体的"专业学习共同体"建设不仅有助于专业知识的相互交流，还有助于信息技术应用能力的相互提高，更有利于营造团结友爱、积极向上的教学氛围。当遇到专业性极强的技术问题时，可邀请专业的教育技术学教师进行现场指导与帮助。在教学准备活动完成后，英语教师应积极进行教学反思，以便及时完善英语教学，并提升自身信息技术应用能力。

3.加大学校对信息技术应用的支持力度

提升英语教师信息技术应用能力，学校的支持与帮助必不可少。各应用型本科院校应多途径帮助英语教师提升信息技术应用能力，如经常举办关于信息技术应用能力提升方面的专题讲座，鼓励教师认真聆听并做好记录；分批次对教师进行培训；提供内部交流学习的机会；提供学校与学校间的教研探讨和交流学习机会；组织多样化的微课视频竞赛；提供出国交流学习的机会等。值得重视的是，提升教师的信息技术应用能力不能忽视了年龄等差异，普遍培训的同时还应对症下药，为每位教师制定针对其信息技术水平的分级量表，为教师提供提升建议，从而真正做到有针对性的培训。

三、兼收并蓄，全面倡导英语教学模式和方法改革

笔者针对在英语信息化教学过程中教学模式和方法欠佳导致相关问题的出现，提出了有针对性的对策建议，主要从转变传统的英语教学模式和不断改进英语教学方法两方面展开阐述。

（一）转变传统的英语教学模式

1. 转传统英语教学为主导式自主学习模式

坚持主导式自主学习原则可以说是坚持"以生为本"的延伸，当学生开始确定自己在英语课堂上的角色时，学生会惯性地将自己从以往那个知识的被动接受者转变成如今知识的主动建构者。与此同时，教师也会因此转变自己的课堂角色，从以往的课堂主导者转变成促进学生学习的组织者、监督者。

2. 转传统英语教学为多元化互动教学模式

多元化互动教学模式强调的是，在现代教育技术环境下，师生关系从以往的双向互动转变成多项互动，这是一种更加细致的、全方位的互动教学机制，注重语言的输入、接收与输出过程，并强调师生、生生与人机的互动关系和协同作用。信息技术环境为学生的英语学习提供开放式、人性化的语言交流平台，使学生能更清楚地明确自身的语言需求和

目标计划。目前，英国在信息技术与教学实践相融合方面已相对成熟。因此，应用型本科院校英语信息化教学可借鉴英国的成功经验，亦可学习其基础教育整合的理念和方式，扬长避短。多元化互动教学可借助微信公众平台、在线课程、移动设备等培养学生交际能力、激发学生英语学习兴趣。

（二）不断改进英语教学方法

在教学方法层面，教师应该适时地转变师生角色，改变以往"一言堂"的教学方式；教师应该在充分掌握学生英语学习情况的前提下，多反思教学，进而找到真正适合学生的教学方法。

此外，教师需掌握好课堂教学时的节奏，需要提前设计好课堂活动，让学生在课堂学习的过程中能收放自如。教师在英语课堂教学时应引导学生发挥主体作用，强化与学生的互动，进而有效把握学生英语学习薄弱项，对症下药，促进课堂教学效率提高。教师可基于不同程度的学生在不同内容上的掌握程度，将学生分成若干小组，给每一小组安排不同的学习任务，课堂上以小组的形式用英语与大家分享；教师也可让学生利用微信群、QQ 群或者在 BBS 上分享与教学主题相关的内容并展开激烈的讨论，使学生收获更多的知识。有目标、有任务的学习也不失为一种促进英语教学发展的好方法，这样既能激发学生英语学习的兴趣，又能强化学生自主学习能力，提升信息素养水平。教师还应该多探讨更适宜学生英语全方位发展的教学方法，做到因材施教。另外，教师要注重对学生进行评价，以信息技术应用能力与语言专业熟练度为标准，力争激发学生更好、更快地提升自己，弥补短板，发扬优势。

四、整合资源，切实完善英语信息化教学内容

（一）加大优质信息资源与学科整合力度

优质信息资源与英语教学的整合，有利于促进教学资源的共享，有效降低资源的高闲置率。信息资源、技术与英语教学的整合不仅仅局限在现代信息技术与学科教学的简单融合，更是一种理念的更新、融合。要想加大优质信息资源与学科的整合力度，一是要多方面搜集信息化教学资源，并引导教师群体共同建设信息资源；二是要注重审核、认证信息化教学资源，倡导教师转变教学观念，强化教师在整合方面的培训，促进教师信息素养和信息技术水平的提升；三是应加强校际信息资源共享力度，扬长避短，集中优质信息资源为我所用，构建面向高等教育教学服务的信息资源共享中心，根据各学校需求加大优质信息资源与学科的整合力度，进而为完善信息化教学内容奠定基础。

（二）优化英语信息化教学内容结构

应用型本科院校的英语信息化教学内容主要集中在专业性的听、说、读、写、译五个方面，并且，学生更加希望应用现代信息技术手段教学听力、口语和阅读，由此可以看出，学生较为重视的技能内容是听力、口语和阅读，这也表明听、说、读是大多数学生的薄弱环节，学生对这三方面的学习要求较高。信息化教学较以往传统的教学方式来说，在课堂上融入了更多的元素，但如果教学内容相同，那么对于学习者而言提升空间并不大，而对于英语教学来说，教学效果也许并没有预期的那么理想。因此，优化英语信息化教学的内容结构，对于改善应用型本科院校的英语教学方式显得格外重要。那么，应用型本科院校如何充分利用信息化教学手段优化英语教学内容呢？

1. 将热点新闻、杂志、报纸内容引入英语课堂教学

在信息化时代背景下，语言学习贯穿日常生活，国内外重大新闻、名人轶事、常发生在自己身边的大小事情，都是社会热点，也是值得师生共同关注的焦点问题。通过将热点新闻、杂志、报纸内容引入英语课堂教学，以信息技术手段为依托，学生可以更加方便、快捷地掌握更多地道的英文表达，同时可以开阔自己的视野，便于扩充专业之外的英语词汇量。这一举措极大地提升了应用型本科院校学生的英语学习兴趣，让他们对英语学习充满热情。同时，好奇心与兴趣会驱使学生自觉主动地动手搜集资料，从而锻炼并提升自己的信息技术应用能力，这无疑对优化应用型本科院校英语信息化教学内容来说大有裨益。

2. 将影视、旅游、文化介绍与课堂教学相结合

基于信息化视角探讨应用型本科院校的英语教学，将影视、旅游、文化介绍与课堂教学相结合，这无疑是将信息化教学的成效展现的不二选择。经典的影视作品展示、传统与外来文化介绍和旅游文化感染可以充裕学生的谈资，树立学生自信心，增强学生自身的学习兴趣，培养他们的人文情怀，也将成为学生今后工作与生活所引以为傲的精神食粮。教师将这些丰富形象的动态资料与英语课堂相结合，在教学过程中让学生获得其中的信息获取技巧，激发他们的好奇心，刺激其主动搜索并学习相关操作，这样可以了解到不同国家的特色文化，强化英文表达能力，从而真正实现信息技术与英语教学的深度融合，真正让应用型本科院校英语学习者打破课堂学习的局限，实现从传统的学习到语言学的学习再到技术的学习、文化的学习。

五、创新理念，优化学校英语信息化教学环境

（一）强化学校领导英语信息化教学建设意识

从学校领导方面来说，学校领导应以身作则，多学习他校甚至国外名校的办学理念，创新英语信息化教学理念，加大对本校开展英语信息化教学的宣传力度；注重对教师的信息化教学能力进行培养和提升，注重强调教师对学生综合素质的提升，旨在全面培养适应社会发展的复合型、应用型人才。为此，学校领导应该在统筹并增强现代教育技术意识的前提下积极鼓励学校加大资金投入，筹建优秀教学案例库、教学观摩平台、微格教室、多功能语言实验室等，为优化以现代信息技术及资源为依托的教学环境提供物质支撑。

（二）加大英语信息化教学软硬件资源建设与升级力度

教学软硬件资源的健全是教师信息技术应用能力提升的物质前提，是支撑英语信息化教学稳健发展的基石。

就硬件设施来说，学校应配备先进的教学设备、完善多功能语言实验室、及时更新老旧的机器设备，构建网络保修平台，对于有问题的部件，做到及时报修、及时更换。

就软件资源来说，学校应该大力提倡并鼓励英语教师集体协作、主动研发英语教学课件，而不仅仅是借助现有的模板，否则会限制英语教师的思维，而且很难在教学上有所突破和创新。因为现阶段学生英语学习基本配备了相关教辅资源，但真正适合应用型本科院校学生的少之又少。因此，教师完全可以在了解、掌握学生英语程度的前提下，制作适合他们的真正能对学生英语学习起到帮助作用的教学软件，这样教学效果会事半功倍。另外，学校可以购置名校优秀的英语信息化教学软件并下派给各二级学院，以供教师参考，并借鉴其中适合本校学生使用的部分。再者，学校可召开研讨会，相互交流意见与经验；亦可举办说课竞

赛，以课件的可操作性和质量为评比标准，以此激发教师自主制作特色鲜明的课件的热情。

（三）完善英语信息化教学考评机制

在优化英语信息化教学内容、改进教学方法和模式的同时，应用型本科院校还应经常或不定期对学生进行满意度调查，进而真正贯彻"以生为本"的教育理念。其中，满意度调查内容包括学生对教师信息化教学内容、节奏、方式等方面的评价。对学生进行满意度调查，是检验信息化教学成效的途径之一，这样也有利于改善英语信息化教学方式，有效转变师生角色。

另外，学校可大力支持二级学院为英语教师定期组织说课竞赛，评委有教育技术学专业的教师以及部分学生代表，充分体现公平性。与此同时，设置分级评估参考标准，健全信息化教学成效奖励机制，对在英语信息化教学过程中取得突出成绩的教师给予实质性的奖励，激发教师的教学热情。

第六章 英语 MOOC 教学模式

第一节 MOOC 教学模式概述

一、MOOC 教学模式的概念及特点

（一）MOOC 教学模式的概念

当今世界上，越来越多的学生倾向于使用在线课程和资源，这种趋势逐渐扩大。在这个背景下，MOOC（大规模开放在线课程）这种新型的教学模式应运而生。该教学模式是一种基于互联网的在线教育方式，它允许任何人在任何时间、任何地点通过互联网学习大规模课程，而且这些课程大多数是免费的。MOOC 于 2008 年兴起，它利用网络技术和在线教育平台来创造一种新的教学模式，打破了传统教育的时间和空间限制，提供了更加开放、灵活和多样化的学习方式。

MOOC 教学模式可以分为两种类型：基于视频的 MOOC 和基于任务的 MOOC。基于视频的 MOOC 通常由一组录制好的视频课程组成，学生可以按照自己的进度和时间表来学习这些课程。基于任务的 MOOC 通常由一系列的任务和项目组成，这些任务和项目可以帮助学生更好地

理解和掌握课程内容。

MOOC 在一定程度上颠覆了传统的以教师为中心的学习模式，将学生置于学习过程的核心地位，支持学生积极、主动性的发挥及个性化学习路径的选择。在校大学生可以通过 MOOC 补充课堂提供的有限教学资源；教育研究者可以通过 MOOC 获取本领域的最新信息，开阔视野；教师可以通过 MOOC 促进其专业领域的知识更新与职业发展；求职者可以通过 MOOC 学习新知识、新技术，培养新技能。利用 MOOC 学习有助于解决重点学校与普通学校教育资源配置和发展不均衡的问题，也符合MOOC 的初始目的，实现教育资源的公开化，更好地实现教育公平，让世界上每个人都能享受到最好的大学教育。尤其是全球化浪潮的猛烈来袭，让英语变得越来越重要，MOOC 教学模式在英语课堂中的运用，将会为大学生的英语学习带来全新的面貌。

（二）MOOC 教学模式的特点

1. 大规模性

MOOC 教学模式之所以具有大规模性，是因为它采用了互联网技术来实现在线教育。相比传统教学模式，MOOC 教学模式在教学资源的获取和传递上更加高效、灵活和便捷。教师可以将教学内容以视频、文本、音频、图像等多种形式上传到 MOOC 平台上，并将其共享给全球范围内的学生。而学生可以根据自己的兴趣和需求，选择适合自己的课程和学习内容。由于这种在线教育模式不受时间和空间限制，因此可以同时服务数以万计的学生，实现大规模的教育资源和课程共享。

同时，MOOC 教学模式的大规模性也为学生和教师提供了更多的机会和挑战。学生可以选择来自全球各地的教学资源和课程，获得更多的知识和技能。而教师也可以将自己的教学内容和课程推广到全球，吸引更多的学生和受众。此外，由于 MOOC 教学模式的大规模性，学生可以通过平台上的互动和社交学习功能，交流和分享彼此的学习经验和成果，以此提升学习质量和效果。

2. 开放性

MOOC 教学模式的开放性是指其教育资源和课程的内容、形式、参与方式、教学方法等方面都具有较高的开放性和灵活性，不受时间、空间等因素的影响。具体来说，MOOC 教学模式的开放性表现在开放的内容、开放的形式、开放的参与方式、开放的教学资源等方面。

第一，开放的内容。MOOC 内容多样化，涵盖了不同学科领域的知识和技能，包括但不限于计算机科学、人文社会科学、商业管理、医学、工程学等。教师可以根据自己的专业背景和兴趣，创造性地设计和开发课程内容，满足学生的不同需求。

第二，开放的形式。MOOC形式多样化，包括视频课程、在线讨论、在线测试、编程项目等。教师可以根据不同的学习目标和需求，选择适合的课程形式和教学方法，以提高学生的学习兴趣和学习效果。

第三，开放的参与方式。MOOC 参与方式非常灵活，学生可以根据自己的时间和进度，自由选择课程和参与方式。MOOC 平台提供了不同的课程类型，包括自主学习型、互动型和项目型课程，学生可以根据自己的学习风格和需求，选择适合自己的课程类型和参与方式。

第四，开放的教学资源。MOOC 的教学资源丰富、免费、易获取，为全球学生提供了一定的学习机会。MOOC 平台通常提供免费的教学资源，学生可以在任何时间、任何地点、任何设备上获取和学习这些资源。同时，教师也可以将自己的教学资源共享到平台上，为全球学生提供更多的学习机会。

3. 自主学习

自主学习是 MOOC 教学模式的一个重要特点，它为学生提供了更加灵活的学习方式和更大的学习自主权。在传统教育中，学生必须按照教师的教学进度和要求进行学习，而在 MOOC 教学模式中，学生可以自由地选择学习的内容、时间和进度。

首先，学生可以选择适合自己的课程。MOOC 种类非常丰富，涵盖了各种领域的知识和技能，学生可以选择符合自己兴趣和需求的课程进行学习。这种自由选择课程的方式可以提高学生的学习动机和兴趣，使其积极地进行学习。其次，学生可以按照自己的时间表进行学习。在传统教育中，学生必须按照固定的课程表进行学习，而在 MOOC 教学模式中，学生可以根据自己的时间安排来学习课程，不必受到时间和地点的限制。这样可以让学生更好地平衡生活和学习的关系，减轻学习压力，提高学习效率。最后，学生可以按照自己的进度进行学习。在传统教育中，教师必须按照固定的教学进度进行教学，而在 MOOC 教学模式中，学生可以根据自己的理解和掌握情况来决定学习进度，可以反复学习和复习自己不熟悉的内容，以提高自己的学习效果。

4. 个性化

MOOC 教学模式可以让学生根据自己的兴趣和需求来选择学习内容和进度，为学生提供了个性化学习的机会。MOOC 平台可以通过学生的学习数据和行为来提供个性化的学习资源，可以根据学生的学习情况和表现来推荐适合学生的课程和学习资料，帮助学生更好地掌握知识和技能。例如，如果学生对某一部分的学习表现较好，MOOC 平台可以向其推荐更深入和高级的课程。如果学生对某一部分的学习表现较差，MOOC 平台可以推荐更基础和易懂的课程，帮助学生强化对基础知识的掌握。

二、MOOC 教学模式的优势及影响

（一）MOOC 教学模式的优势

1. 教育对象增多

MOOC 的基本思想是现代教育的"开放性"，MOOC 这一新型教育手段的运用使教育对象数量增多，这是传统课程无法比拟的一种优势。

教育者意识到学校教育只是社会教育的一部分，如果想实现终身教育的"大教育观"，必须拓展教育的广度和深度，使越来越多的教育对象有机会享有优质的教育资源。MOOC 从本质上说是一种网络教育，其教育对象可以拓展到课堂之外的其他群体。只要学生具备网上学习的条件，足不出户就可享受顶尖高等学府推出的优质课程。教育对象由传统课堂中的学生，拓展为全国乃至全世界有志于提高自己、充实自己的人。MOOC 作为一种开放资源，让"大教育观"在某种程度上变为现实，从而提升了教育的普及性和公平性。而大学英语类 MOOC 的开发满足了很多对英语感兴趣、想在某些方面提高自己或者渴望接受更加优质、专业的英语课程的学生。

中国大学 MOOC 平台拥有五十余万用户群体，主要分为三类，即在校学生、都市白领阶层以及具有终身学习意愿的人。在中国大学 MOOC 平台中，极具好评的"大学英语（口语）"MOOC 的教育对象呈现出"全龄化"趋势，只要有提高英语学习水平意愿的学生，都可以加入其中，有不少学生学习的目的并不在于拿到证书，而是为了提高自身英语水平。

2. 教学内容丰富

MOOC 内容都是来自世界顶尖学校的优秀教师团队开发的优质课程，其教学内容与传统课堂教学的教学内容相比更丰富。在不同学校里，教师对同一门课程的理解不尽相同，在不背离教学大纲的前提下，教学内容的安排、教学方法的设计也各有侧重。以往学校想推出一门新的课程，

通常前期在人力、物力方面要有很多投入。而在 MOOC 教学模式中，同一门课程可以在很多学校分享。这样，同一课程的教学内容总量就会成倍增加。

MOOC 具有与时俱进的特点，其更新速度紧跟时代步伐，这样 MOOC 在网络平台更新的速度也随之加快。与传统大学英语课堂的教学内容死板、教学方法落后相比，MOOC 有更大的优越性。而且，MOOC 的学时分配大大少于传统课程。

MOOC 内容的呈现方式模块化，以知识的内在联系作为知识模块串联的依据。在相对短暂的教学时段里，教师的主要任务是展示教学的重难点与精华内容，以吸引学生的注意力、激发学生的学习兴趣，使学生有动力完成相关课程的学习，以此保证教学质量。

MOOC 是一种生成式课程，课程所包含的知识随着课程的进展而不断增加。在整个学习的过程中，教师与学生分享优质的学习资源，因此，与传统课堂的教学内容相比，其教学内容更加丰富。

3. 教学环境改变

MOOC 打破了时空的限制，极大地发挥了多媒体网络在交互方面的优势，使得知识的传授不再拘泥于传统的课堂教学形式。教师在网络环境下思考如何更有效地传授英语知识、培养语言技能，同时引导学生根据自己的需求选择适合自己的学习内容。教学环境由传统教学环境转变为在线教学环境。这种新型教学手段，将网络平台的功能与课程的设计和课件的开发制作紧密结合，为师生提供交互性很强的学习体验。

在线教学环境的发展，为教师自主开发建设在线课程提供了丰富的资源，也适应了不同教学目的的管理需求。MOOC 不但支持教师的个性化课程建设，而且支持学生根据自身的特点和兴趣进行自主选择性学习，使社区学习得以实现。MOOC 可以让学生通过网络不受时间和环境的制约进行课程学习，这种学习要求学生具有较强的自律性，自觉抵制周围环境的干扰和诱惑，以保证更好地完成学习任务。

（二）MOOC 教学模式带来的影响

1.MOOC 促进我国大学教学管理制度改革

2013 年，MOOC 开始传入我国，我国开始摸索 MOOC 建设。我国许多学校采取行动，有的主动参与到世界 MOOC 平台建设当中，有的开始构建我国本土的 MOOC 品牌，后来，由国家主导的 MOOC 平台以及许多大学自主研发的 MOOC 平台先后投入使用，同一区域或不同区域的多所大学开始组建大学联盟，MOOC 平台的成果超出想象，我国的 MOOC 发展呈现出蓬勃之势。毫无疑问，这一系列行动使我国优质的教育资源产生循环流动和共享之态，引发了大学之间的良性竞争，推动我国高等教育创新性发展。但是，在此过程中也产生了很多问题，最主要的问题就是大学的教学管理制度与 MOOC 平台的不匹配，尤其是 MOOC 还涉及课程体系构建、学分认证等方面的内容。上海交通大学推出的"好大学在线"MOOC 平台共涉及 33 所大学，这些大学组成的大学联盟已经在尝试学分互认的可行性路径。无论大学生属于大学联盟中的哪所大学，只要应用学校名称、学号以及真实姓名等信息完成平台认证，完成某项课程的所有学习任务，并顺利通过该课程的"线上考试"和"线下考试"，MOOC 平台都会将学生的成绩反馈给对应学校的相关部门，该部门经过审核后就会赋予学生对应的学分。MOOC 平台的出现消除了不同学校之间存在的有形壁垒，学生不仅能自由选择想学的课程，还丰富了学习资源。大学联盟推行学分互认制有很大优势，但也产生了很多问题，最直观的问题就是课程体系的问题，如 MOOC 平台中的课程和本校其他课程之间的关系不协调。因此可以说，MOOC 正促进我国大学教学管理制度改革。

2. 对高等教育课堂教学模式产生冲击

MOOC 其实是在传统课程基础上形成的一种全新的课程，它并不是对传统课程的简单复制，具有传统课程不具备的新特性。MOOC 以互联网为依托，将世界上无数优质大学的优质课程资源整合在一起，并向所有学生开放，较之传统课程，不仅数量多，成本还不高，对高等教育课堂教学模式产生强大冲击。学生在 MOOC 平台上不仅可以找到最优质的课程资源，还能认识幽默且知识渊博的教师，更可以从论坛中结交到志同道合的朋友，无论对学习还是交际都有很大帮助。因此，相比传统课堂教学模式，MOOC 教学这种由学生自由选择所学课程的模式自然更受学生的喜爱。

MOOC 教学最重要的特点就是将学习的主动权真正交给了学生，其他如优质的师资资源、课程资源等都只是学习的附加品。在 MOOC 平台，学生可以根据自己的兴趣、爱好自主选择授课教师以及课程内容，而且可以自由选择学习时间和地点。有的学生甚至调侃道："唯一的限制也就仅仅在于学生是否有一台能够连接上网的移动终端而已。"MOOC 的发展离不开网络技术的支持，先进的网络技术能让原本面对面的课堂教学成为以虚拟平台为媒介的虚拟教学，原本只能向少数人开放的课程变成了对所有有需要人开放的课程；也正因为有了网络技术的支持，传统教学中无法实现的事情可以在 MOOC 教学当中实现。比如，通过学生在平台上的浏览记录、点击频率、论坛讨论等知晓学生的学习轨迹、学习兴趣以及学习习惯等。课程研究者通过分析这些实时且具体的数据，可以对现有课程结构进行优化，从而推出更符合学生的课程；而且，通过分析数据能清楚掌控学生的学习状况，在适合的情况下为学生提供学习指导，或者让学生自行调整学习步伐，从而形成更适合自己的学习习惯。

如今的 MOOC 虽然是面对所有学生开放的学习平台，平台上也收集了许多课程，但有很大一部分课程在授课过程中都带有一丝科普的味道，而真正讲述专业性知识的课程的数量并不多，想要学习这些课程，还有很多的限制条件，如专业、背景等。在这一点上，高等教育传统课程并没有比 MOOC 课程好多少。许多在职教师会在 MOOC 平台上开班授课，他们表示即使是讲述相同的课程，线上课程和线下课程也是有明显区别的，但也有很多共同之处，如需要备课、与学生进行交流和互动。教师通过对 MOOC 的深入研究可以更详细地了解学生的兴趣、思维方式以及学习习惯，从而选择更恰当的方式与学生进行沟通和交流。此外，线上课程遇到的问题也可能出现在线下课程当中，从线上课程得出的经验同样可以为线下课程提供借鉴和参考，而且在学校课堂上应用这些灵活的想法，很可能会得到意想不到的收获。

传统的高等教育一直采用单一的教学方式，MOOC 的出现就好比鲇鱼效应当中放入的那几条鲇鱼，直接打破了这种局面。为了实现这个目标，需要一些教师充当先行者，充分利用网络和 MOOC 的优势为传统高等教育注入新鲜活力。当然，许多 MOOC 研究者对 MOOC 这种单纯依靠学生自主学习、自我控制完成的学习方式能否取得效果持怀疑态度，但这也只是 MOOC 自身有待进一步改善的新研究方向。

3. 促进大学的合作与竞争

传统的高等教育以大学教育为主，而我国众多大学分属不同的省份和地区，一般情况下都是各自为政，几乎不会对外开放，带有国际化特性的只有与国外大学互派交换生、参加跨国人才交流会以及与国外机构开展科研合作等。

2012 年，MOOC 平台开始创立，并主动与世界上众多顶级大学达成战略合作，如 Coursera 平台与超过 100 所大学和研究机构达成合作意向，edX 平台更是与世界多所顶级大学以及研究机构展开深度合作，共同开发课程，同时借助平台收集各种数据进行相应的研究。在 MOOC 风潮的推动下，不仅平台与大学合作，一些大学也开始与其他学校加强合作，组建地区 MOOC 联盟，实现共同发展。这一系列行为使得大学周边真实存在的地理界限不断被弱化，甚至直接打破，众多大学依托互联网在虚拟世界中构建了一个虚拟校园，即"线上校园"，这个校园包含了许多大学优质的教学资源、学习资源，还有各种实时更新的课程，增强了各大学的开放性，加快了高等教育国际化进程。

MOOC 教学模式的出现使我国众多大学开始与世界接轨，开始与世界上的所有大学展开竞争，这种局面是由一部分先行者的主动选择以及另一部分剩余者的被动迎战所导致的。当然，无论是主动选择参与竞争还是被动接受当前状况，都打破了高等教育原本各自为政的局面，对高等教育体系后续的发展有很大帮助。大学只有身处这样的环境，才能认真思考，发现独属于自己的开放式战略和国际化战略。第一种选择是与现有的、具有一定经验的平台进行合作，共同开发课程，共同分享平台上的资源，借此来提升本校的知名度；第二种选择是不与现有平台合作，而是在政府或权威机构的帮助下创建一个具有本土化性质的平台，开发具有当地特色或适合当地学生的课程，阻碍外来文化抢占本地区的学生市场。平台的创建和依托虽然重要，但它只是学校与学生沟通的桥梁，是承载学校教学课程的载体，学校真正注重的应该是提升本校的课程质量，并在保证讲师质量和内容质量的基础上，从独到的视角、用特殊的方式来讲述课程，吸引更多学生，同时将在 MOOC 课程中积累的经验选择性地应用到实际教学当中，实现线上教学和线下教学的有机融合。

免费的 MOOC 平台可以帮助学校提升知名度，也可以充当学校实验新方法的场地。MOOC 平台与大学合作是为了实现更好的发展，扩大服务范围，这时就需要推行一些需要大学支持的项目。Coursera 等 MOOC 平台一直致力于推动教育公平和民主化，许多学生通过 MOOC 平台学到了很多非本校的课程，很多学生通过 MOOC 平台学到了自己想学的课程。这成为某些以获得名校学历为梦想的学生实现自己梦想的新路径。通过 MOOC 平台进行学习，不仅大大缩减了学生获得学位的时间，还使将来各个大学实行学分互认成为可能。此外，Coursera 平台还致力于推进世界前沿学科领域的专项认证项目，到今天为止，已经与 10 所大学达成了合作意向，如复旦大学等。学生通过这个项目不仅能学到世界顶尖大学在某一前沿学科领域的众多课程，还能获得在该学科领域更深层的学习体验。

4.促使高等教育为终身教育服务

终身教育是一种面向所有人的、包含所有内容的教育，既可以视作正规教育的延续，也可以视作正规教育的补充。因此，终身教育贯穿人类一生。从某种意义上讲，终身教育并没有固定范围，它包罗万象，只要对人的发展有帮助，都属于终身教育的一分子。如今，MOOC 教育作为依托网络开展的免费的、大规模的教育形式，几乎满足了高等教育为终身教育服务的各种要求。

从学习对象分析，MOOC 面对的是所有人，即任何人都是 MOOC 的学习对象，只要学生想要学习，拥有一台可以连接互联网的电脑，且会使用电脑，就能通过 MOOC 平台进行学习、接受教育，不限年龄、不限性别、不限能力水平。与远程教育和继续教育相比，MOOC 教育没有门槛，没有高昂的学费，让更多人有了接受教育的机会，拉进了教育与人之间的距离。

从课程教学模式分析，MOOC 远比传统教育的专业化、系统化的教学课程简单得多，而且课程的时长基本在 20 分钟内，并不会占用学生太多的时间。这种片段式的教学不仅能让学生更合理地利用时间，还能缓解学习疲劳，更方便控制学习进度，可以满足大多数学生的学习要求。而且，MOOC 属于统一教学，还设有专用于交流讨论的互动社区，让志同道合的学生畅所欲言，这一点很多大学都做不到，甚至大部分教育机构都做不到。

从未来发展趋势分析，MOOC平台依托互联网有着无限的虚拟空间，可以容纳海量的教育资源，具有多样性、包容性的特征。学生通过MOOC平台学习并不是为了获取一纸文凭，可能是为了丰富自己的知识面、充实自己的兴趣爱好、提高自己的业务能力，也可能是为了消磨时光。无论学生以哪种理由使用MOOC平台学习，都能获得自己想要的，MOOC实现了真正意义上的"提供一切给所有人"。

MOOC的诞生对坚持采用传统教育的高等教育机构产生强大的冲击，最直观的体现就是它试图"用另一种标准替换本来应该按标准化存在的东西"。从另一个角度讲，MOOC的出现为高等教育实现伟大的教育理想提供了新的路径，"更加强化了大学的社会组织与社会服务职能"。因此可以说，MOOC与高等教育之间是互相成就、互相促进的。

三、MOOC教学模式对英语教学的促进作用

（一）改进英语教学模式

英语教学的改革目标不仅仅在于参与MOOC，而是要借助MOOC改进英语教学模式，提高英语教学质量。从模式视角来看，MOOC表征着精心创设出来的新颖流程。它接纳了人本思路，选用建构流程，接纳程序模式。MOOC变更了传统的单一模式，创设交互思路，在设计课堂教学以及后续评价中，都凸显了巨大改变。

MOOC本身并非万能，高等教育的发展趋势应是形成MOOC与课堂研讨相结合的混合教学方式。这种混合式教学方式现已渗透到英语教学之中，在混合式教学活动中，教师引导学生有序进行自主学习、小组讨论和相互评价，从而提升学生的自主学习能力、思辨能力和创新能力。

在MOOC教学模式中，教师对相关知识进行分析与讲解，指导学生自我发现与探索学习。在MOOC教学模式中，教师可巧妙设计课堂内

容，并以视频片段的方式呈现给学生，其中穿插阶段性的小测试，使学生的课堂注意力高度集中。以新视野大学英语精读课为例，教师提炼出课文主题思想与知识重难点，将其制作成视频片段，同时教师会围绕阅读材料的主题设置并提出问题，以此调动学生的学习兴趣和积极性。在整个学习过程中，教师鼓励学生通过小组合作来解决学习中遇到的问题，并负责回答学生所关心的或者共同存在的问题。教师还可以通过超级链接的方式，把与课文相关的背景知识展示给学生，并且设置对比式或连问式的提问，启发学生的思维；通过观看视频和师生问答，把教学重难点充分地展示给学生，从而提高学生的听说能力；通过师生之间、学生与网络资源之间的互动，激发学生探索知识的兴趣；通过多媒体网络，开展合作学习（如鼓励学生进行自由讨论、小组合作、角色扮演等），营造开放、自由的合作学习氛围，充分提升学生自主学习的能力和熟练运用语言的能力。

（二）提供良好的学习资源

在以往的学习经历中，学习资源通常是以教科书及学习资料的形式呈现给学生的。在 MOOC 学习过程中，学习资源的种类和形式要比普通学习过程丰富许多。MOOC 平台提供的学习资源就相当于学生上课用的教科书或者课后用的学习资料，而且为了帮助学生更好地掌握课程的内容和特点，较好地完成课程学习，除文字教材之外，还有录音教材、视频教材以及其他学习资源。这样，教师不仅可以将 MOOC 等网络资源作为教学素材，扩充微视频的数量，还能让学生在学习过程中感受英美文化、待人接物方式、语言表达习惯等，这对学生的口语表达、听力理解等有着非常大的帮助。

在 MOOC 快速发展的形势下，越来越多的 MO0C 平台被创建，越来越多的大学课程被开发并开放，MOOC 的发展拓宽了学生学习英语的渠道，这对于学生来说是好事。但是，面对网络上五花八门的学习资源，教师应该指导学生学会甄别适合自己学习需求的学习资源，而不是盲目地选择和学习。

（三）提高学生学习兴趣和自主学习能力

有些学生为了考研或者毕业求职，花费大量的时间攻克全国大学英语四六级考试，被动应试，从而缺少英语学习方面的兴趣。但基于MOOC教育平台的英语教学，实现了学生自主学习能力的发掘和学生学习积极性的培养。MOOC能够积极地引导师生间去互动，因为它本身具有学习时长短、学时少的特点，这样便解决了传统课堂冗长烦闷及学生注意力不集中的问题。同时，MOOC还设有学生讨论区，鼓励学生针对教师布置的作业题目参与讨论，大大提高了学生的主人翁意识，使他们积极参与到学习过程中。因此，MOOC使学生从单调乏味的传统课堂中解放出来，提高学生学习兴趣，从"要我学"转变成"我要学"，增强学习主动性，提高学习内驱力。

此外，MOOC资源的个性化学习使学生的角色也发生了变化，在传统课堂中，学生是知识被动接受者，而在MOOC模式下，学生是知识的生产者。学生根据教师的指导和要求，自主安排学习的内容、速度、时间和空间。MOOC给学生提供很多课外语言学习的机会，开阔了学生的视野并拓宽了知识面，调动了学生的学习积极性。在MOOC学习过程中，学习效果良好的学生可以转变为教师身份，帮助其他同学共同进步。

（四）提高学生语言应用能力

以国防科技大学开设的"大学英语（口语）"MOOC为例，该课程以口语技能为主线，从纵横两个维度提高学生的英语口语应用能力和水平。该课程内容丰富，广泛涵盖日常生活以及出国留学培训所涉及的主要话题。该课程以雅思考试的口语能力要求为标准，使学生可以有条理地组织语言，有能力参与生活话题的讨论与思辨，并在此基础上发表自己的观点，渐进性地提高学生的口语输出能力，培养学生自觉使用交际策略的能力，同时为有留学深造要求的学生提前做好应试准备。

实践证明，MOOC 教学模式可以大大提高学生的语言应用能力。MOOC 平台提供大量的英文版本专业课程，学生可以自主选择和自己专业相关的课程来学习，不管是学习大学英语课程，还是学习本专业课程，都是通过英文交流来实现的，这样潜移默化地在实践中加大了英语听说练习的比重。MOOC 将学生语言应用能力的培养渗透到教学过程之中，学生不仅学习到英语知识文化，还可以锻炼和提高语言表达、合作、抗压等各方面的能力。

（五）推进优质教育资源的开发和共享

MOOC 是基于在线网络平台针对大规模不确定受众的学习平台，具有课程受众面广、参与自主性强、课程资源丰富化、课程知识碎片化、课程服务个性化等优点。MOOC 平台展示了国内外优质教育资源，打破了传统高等教育中优质教育资源的垄断地位，激发了大学间良性的教育竞争，进而提升高等教育的水平和质量。MOOC 营造了以互联网为主要载体的学习环境，将传统的教室变成学生自主学习或协作学习的场所，学生可以自主选择学习内容，自主安排考试测验，自由复习课程知识点，传统的大班授课逐渐被小组学习与讨论所替代。

优质教育资源的共享为学生提供了英语学习环境，在这个环境中，学习内容与活动不断丰富且学习资源质量不断提升。信息技术的发展与普及给英语教学注入新鲜血液。MOOC 教学模式发挥了大学的资源辐射作用，目前各大 MOOC 平台上提供的部分教育课程，已经形成了一个小的市场，大学和教师是企业，课程是产品，学生是顾客，学生获得选择课程的权利，大学和教师面临被学生选择的压力。

随着课程市场的形成、市场竞争的加剧，教育资源将被优化重组，教育质量将会获得极大提高。国内一流大学秉承着"开放、吸收、共建、共享"的指导理念，自觉主动地开放优质教育资源，以提高优质教育资源的利用率，从而发挥本校优质教育资源的价值与优势，旨在让优质教育资源能够普惠更多的人。

此外，大学间合作方式的创新也可以推进地方大学参与优质教育资源的共享和建设。与此同时，地方大学需结合本校特色，通过大学联盟的方式构建新型合作关系，力争全面实现资源的共享和互补。只有明确大学联盟利益分配机制，才能实现大学个体利益与联盟集体利益的最大化，并在此基础上实现资源同享，推动联盟持续深入发展。除了共享实验仪器、图书文献等硬件资源，及优秀师资、办学经验等软件资源，还可以共同参与优势专业学科建设、共同开展高水平项目研究等，体现联盟内大学共同发展的宗旨。

第二节 MOOC 资源与英语课程教学的"整合"

一、"整合"的目标

MOOC 资源与英语课程教学整合指的是把 MOOC 相关理论、核心技术、主要资源等与英语课程内容有机结合，构建多媒体、多样化、多层次的英语课程体系，创设有利于英语听、说、读、写、译教学的信息化语言教学环境，以及围绕这些课程开展的课下自主学习和课上翻转课堂的英语混合教学实践，以促进学生英语学习态度和方式的转变，满足个性化的英语学习需求，促进学生自主学习和可持续英语学习能力的培养。MOOC 资源与英语课程教学整合的目标要求包括以下三个方面。

（一）构建多媒体、多样化、多层次的英语课程体系

随着国家政治、经济和文化的发展，国家外语能力和个人外语能力需求不断提升，单一的英语课程体系显然不能满足国家和社会对外语人才培养的要求。而当前国际 MOOC 主要以英语为主要授课语言，具有大规模、开放、在线的特征，将 M0OC 资源与英语课程教学整合就是要致力于多媒体、多样化、多层次的英语课程体系的构建，以满足多样化人才培养的需求。

多媒体的英语课程体系可以采用图片、音频、视频等多种形式，帮助学生更好地理解英语课程。图片可以用于展示单词或者生动形象地表现语言中的含义。音频可以帮助学生听懂发音，加深理解。视频则可以展示各种语言环境，帮助学生更好地了解英语文化。

多样化的英语课程体系可以通过分类设置，实现针对不同学生需求的定制化教学。比如，将英语课程分为商务英语、旅游英语、学术英语等不同类别，以便学生能够针对自己的需求进行选课和学习。

多层次的英语课程体系可以根据学生的英语水平和学习需求进行分级设置。不同层次的课程可以满足不同水平的学生需求，从而帮助他们更好地学习英语，提高英语能力。

（二）创设有利于英语听、说、读、写、译教学的信息化语言教学环境

创设有利于英语听、说、读、写、译教学的信息化语言教学环境，促进"课下自主学习＋课上翻转课堂"的英语混合教学实践的顺利开展。当前我国英语教学存在"目的语环境缺失，不利于外语能力的培养"的困境，而 MOOC 资源与英语课程教学整合，使得信息化外语教学和学习环境的创设成为可能。首先，MOOC 是由大量的微视频组成的，这些微视频能够提供声音、动画、图像等多种语言信息，有助于学生更好地

吸收语言信息。而且，这些微视频具有时间短、讲解精、可重复等特点，更符合信息化时代学生碎片化学习的需求。其次，MOOC平台的学习讨论区能够为教师和学生、学生与学生的在线沟通、交流、协作提供空间，拓宽了大学英语的学习场域。最后，原本在课上讲解的语言知识部分，学生通过自主学习完成，这样课堂上能够腾出更多的时间来进行基于问题、项目或任务的教学和开展自主、合作、探究式的新型教学活动，使得学生自主学习与翻转课堂教学相辅相成、互为促进。

（三）培养学生自主学习和可持续英语学习的能力

培养学生自主学习和可持续英语学习的能力，使英语教学朝着个性化教学的方向发展。首先，MOOC作为信息技术在教育领域中应用的最新形式，其"微而全""开放而多样"等特征有利于学生根据自身的学习进度、学习时间、学习地点，选择合适的学习方式进行自主学习；其次，进度跟踪模块一方面能够帮助学生对自身的学习情况进行记录和分析，另一方面也有助于教师对学生学情的了解与掌握，以便向学生推送合适的学习资源，调整教学进度与内容，使教学体现"以人为本"的特点。

二、"整合"的内容

MOOC资源与英语课程教学的整合即MOOC资源、英语课程、英语教学三方面的内容整合，但是这三方面不是简单相加，而是要强调三者之间的交互作用，使三部分功能之和大于整体功能之和。而且，这种整合是在现代教育理论（行为主义学习理论、认知主义学习理论、建构主义学习理论、人本主义学习理论、语言生态理论、关联主义学习理论、混合学习理论）的指导下的，是以技术为手段，以课程为立足点的整合。因此，MOOC资源与英语课程教学的整合形成了四方面内容，即多元化英语MOOC课程（MC）、基于MOOC资源的翻转课堂教学（MT）、传统英语课程教学（CT）、基于MOOC资源的英语混合教学（MCT），如

图 6-1 所示。以下将对这四方面内容进行简要论述。

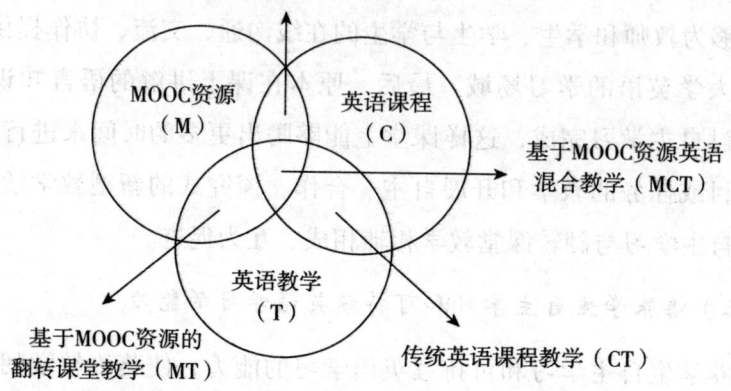

图 6-1　MOOC 资源与英语课程教学的整合内容框架

多元化英语 MOOC 课程（MC）主要是指 MOOC 资源与大学英语学科内容的整合，包括国际 MOOC 校本化和英语 MOOC 化。

基于 MOOC 资源的翻转课堂教学（MT）主要是指 MOOC 资源与英语教学方式方法的整合，重点强调如何利用 MOOC 资源开展大学英语翻转课堂教学实践。

传统英语课程教学（CT）主要是指传统英语课程教学的内容和方法。笔者认为，基于 MOOC 资源的英语课程教学与传统英语课程教学不是对立的关系，而是互为补充、相互促进的关系。因此，在开展新的教学实践的同时，要吸收传统英语课程教学的优势，取长补短，协同发展。

基于 MOOC 资源的英语混合教学（MCT）：基于 MOOC 资源的翻转课堂教学（MT）是基于 MOOC 资源的英语混合教学（MCT）的重要组成部分。

三、"整合"的方式

在对 MOOC 资源与英语课程教学整合的目标和内容进行论述之后，

还需要知道整合的方式。英语教学是一项与时俱进的、教书育人的系统工程，而社会要求的不断提升、信息技术的不断发展、教学对象的不断变化、教学媒体的更新换代使得英语教学更加复杂而任务艰巨。在此背景下，无法用单一、具体的方法来实现 MOOC 资源与英语课程教学整合，而是要用全面的、动态的、发展的眼光来看待它。对此，相关人员需要思考以下五个方面。

（一）学习理念的整合

行为主义学习理论、认知主义学习理论、建构主义学习理论、人本主义学习理论、混合学习理论等学习理论展示了不同的学习理论所蕴含的学习理念对英语课程教学的不同方面产生的影响。例如，建构主义强调了知识是学生在情境中进行有意义的建构而产生的，而 MOOC 教学一方面能够创设良好的英语学习情境，另一方面又能够通过学习讨论区、扩展资料区等模块促进学生进行有意义的知识建构。因此，建构主义能够指导整合之后的英语课程教学。再如，混合学习理论强调了学生课下的自主学习和课上的翻转课堂教学以及线上和线下相结合的学习方式，因此这种学习理论也能够用于指导整合之后的英语课程教学。作为教师，其应该用整体的观点来看待现实问题，要学会分辨不同学习理论对整合之后英语课程教学的影响，在教学中要学会利用合适的学习理论来指导教学。

（二）教学方法的整合

传统大学英语课堂教学方法是以"教师为中心"的，强调教师的知识传授和对学生的启发、监督和引导，而基于 MOOC 的大学英语翻转课堂教学方法旨在强调在特定的语言情境中，围绕基于问题的教学、基于任务的教学来培养学生自主学习、合作学习、探究学习的意识和能力，重视"教师为主导，学生为主体"的教学。在教学过程中，教师是组织者、管理者和协调者，而学生是项目的实施者和任务的完成者，教师既要关注学生对大学英语知识的认知，又要关注学生在大学英语学习中的情感体验。

（三）教学媒体的整合

MOOC 是云计算存储、大数据挖掘技术发展到一定阶段的产物，MOOC 资源与英语课程教学的整合，既要充分发挥网络、多媒体、移动终端在 MOOC 视频资源的呈现、存储、传输的作用，也要利用传统教学媒体的优势，优化整合，取长补短，使之最大限度地服务于教学，服务于学生的能力培养。

（四）教学时空的整合

传统的英语课程教学主要强调课堂教学，而 MOOC 资源与英语课程教学整合之后，教学的时空将无限地延展，课堂教学向课下延伸，学生可以选择合适的时间、地点、方式进行自主学习，然后通过 MOOC 平台学习社区进行在线交流，接着通过翻转课堂进行讨论、陈述、汇报，以锻炼自身的英语综合应用能力。整合之后的英语课程教学将可能实现"线上＋线下""课上＋课下"教学。

（五）教学资源的整合

传统课本、MOOC 资源、其他扩展性学习资源均可以作为英语课程教学的资源，各式各样的资源犹如超市中的商品般陈列着。对此，教师可以根据学生的学习情况提供菜单式的学习资源清单，由学生根据自身兴趣和实际情况进行选择性学习。同时，学生也可以通过投票方式，选出自己喜欢的学习资源内容和形式，提交给教师，通过后台处理呈现在 MOOC 平台上，实现"资源共献、资源共享"。

第三节　基于 MOOC 资源的英语课程教学实践

一、英语 MOOC 校本化开发

基于 MOOC 资源，结合学校实际的英语 MOOC 校本化开发是对 MOOC 资源的"引进、消化、吸收、再创新"的过程。接下来，笔者将以国内最早以 MOOC 资源为指导而自行开发校本英语 MOOC 的电子科技大学和清华大学为例，论述这两所大学是如何进行英语 MOOC 校本化开发的，并在此基础上总结出大学进行英语 MOOC 校本化开发的经验。

电子科技大学和清华大学都是国家 985 重点大学，在对 MOOC 资源的利用方面反应迅速，这跟两个大学都是以理工类专业为主的校情有很大关系。第一，从两个大学的英语 MOOC 校本化开发的背景上看，电子科技大学主要是由于日常教学中，大学英语课堂教学效果不佳，教学质量也不理想，因此该校外国语学院的教师自发组成 8 人团队来进行校本化 MOOC 的开发；而清华大学除了面临大学英语教学效果不佳、教学质量不理想的问题，还在于社会对于这所大学学习资源强大的需求以及大学对社会应该履行的责任上。此外，清华大学理工科课程已经开始进行 MOOC 的校本化开发，在此背景下，该校外文学院的 4 名英语教师、5 名助教、50 名各国学生组成了一个庞大的团队，开始进行校本化 MOOC 的开发。第二，从 MOOC 开发的过程上看，电子科技大学是以该校的校本教材《新大学英语综合教程》为主要内容而进行配套的校本 MOOC 开发的，课程名称为"高级英语读写课"，上线时间为2014年9月1日；清华大学是以该校的"基础英语听说课"为主要内容进行配套的校本MOOC开发的，课程名称为"宇宙中心的英语听说课"，课程上线时间为2014年9月24日。第三，在对校本MOOC的未来设想方面，电子科技大学更重视对MOOC平台功能的优化，以便为学生的大学英语学习提供更好的学习支持服务，而清华大学既重视校本MOOC对在校学生的学习支持服务，也重视其对校外教育扶贫、师资培训等大学对社会应履行的责任，如表6-1所示。

表6-1 电子科技大学和清华大学的校本化MOOC开发过程对比分析

类别	学校	
	电子科技大学	清华大学
背景	日常教学中校园内的需求	日常教学中校园内、外的需求；暑期教育扶贫
课程名称	高级英语读写课	宇宙中心的英语听说课
上线时间	2014年9月1日	2014年9月24日
技术支持	本校计算机软件学院	学堂在线团队，清华大学在线教育办公室
平台	学校自建平台	edX
未来设想	完善MOOC平台，为本校学生提供更好的学习支持	完善MOOC平台，为本校学生服务的同时，履行在社会服务方面的使命和责任

以上两个大学在英语校本MOOC的开发过程中既存在一定程度的差异，也存在一些相似之处。

（一）英语校本MOOC开发注意事项

清华大学李曼丽教授曾提出MOOC设计的"五大原则"，包括人本化教育原则、掌握学习原则、建构主义原则、程序教学原则、有意义学习原则。人本化教育原则强调要为学生的学习提供开放的、难易适中的学习资源，使得学生能够按照自己的学习兴趣、需求自行选择学习资源，同时要为学生的学习营造良好的学习氛围，如清华大学的英语校本MOOC就是由8个主题、32个场景、140组对话构成的，所有的主题和场景都来源于生活；掌握学习原则强调要允许学生自主选择学习的时间，为学生提供尽可能多的练习机会，对学生进行及时的评价和反馈，如清华大学的英语校本MOOC就布置了80次练习和272次小测验；建构主义原则强调学生通过沟通、协作和互动而建构起新旧知识之间的联系，如清华大学的5名教师、5名助教、50位各国学生倾力合作，构建比较真实的情境，而学生可以在学习讨论区中进行互动、讨论，锻炼自身的交际能力；程序教学原则强调教学的小步调和对学生积极地、及时地反馈，电子科技大学和清华大学的英语校本MOOC都由微视频构成，平台具有自动批改功能，能及时对学生的测验和作业进行反馈；有意义学习原则强调要使学生明确教学的要求和学习的目的，使学生形成对课程的基本认知，激发学生的学习欲望和动机。电子科技大学和清华大学的英语校本MOOC平台都会提供课程的相关信息，如教学大纲、每周学习任务和活动安排、测试时间、作业提交时间等，帮助学生形成对整门课程的认知结构。

如果说以上原则是开发MOOC普遍需要遵循的原则，那么英语校本MOOC除了要遵循以上原则，还要考虑学校的办学情况、建设MOOC的目标、学生的语言能力情况、学生的具体需求等。此外，所开发的英语校本MOOC要致力于真实语言学习语境的构建、丰富多元的英语资源库的建立、趣味性英语交互活动的设计等，以培养学生的跨文化交际意识和锻炼学生的英语综合应用能力，如表6-2所示。

表6-2　大学英语校本 MOOC 开发注意事项

注意事项		学校	
		电子科技大学	清华大学
基本原则	人本化教育原则	5 个单元、15 个场景	8 个主题、32 个生活化场景
	掌握学习原则	50 次练习和 48 次小测验	80 次练习和 272 次小测验
	建构主义原则	由 8 名教师亲自录制视频，并插入英文原版视频，构建情境	由 5 名教师、5 名助教、50 位各国学生构建真实情境
	程序教学原则	102 个微视频	140 个微视频
	有意义学习原则	课程公告、教学大纲、作业和测试通知等信息及时发布	课程公告、教学大纲、作业和测试通知等信息及时发布
校本情况	学校层面	支持建设，但支持力度不够，资金和人员配置等有欠缺	支持建设，支持力度大，资金、人员配置、建设硬件等比较好
	学生层面	英语水平较高，学习动机较强，自主学习能力较强；有升学、出国需求	英语水平较高，学习动机较强，自主学习能力较强；有升学、出国需求
	建设团队	教师团队：8 名教师 资金支持：暂无 制作团队：8 名教师、电子科技大学计算机软件学院 运营团队：西南学府	教师团队：5 名教师，5 名助教 资金支持：香港伟新教育基金、Google 中国合作项目基金 制作团队：清华大学教育研究院、清华大学外文系 运营团队：学堂在线、清华大学在线教育办公室、助教团队
英语学科特性	语言的情境性	由 8 名教师亲自录制视频，并插入英文原版视频，构建情境	由 5 名教师、5 名助教、50 位各国学生构建真实情境
	语言的交际性	平台学习讨论区功能暂不完善	具有学习讨论区
	语言的跨文化性	与课本配套，视频内容为国外英语原版材料，视频语言为原版英语录音和教师英语原声	由中外教师、学生共同创建，视频内容体现中外跨文化特点，视频语言包括各国学生所讲的各种英语

（二）英语校本 MOOC 的开发流程

清华大学的英语校本 MOOC 的开发流程和电子科技大学的开发流程基本相同，都经历了"成立团队，学习 MOOC—了解需求，定位受众—课程设计，文本写作—完善文本，脚本创作—拍摄视频，调整内容—后期制作，课程宣传—设计习题，正式开课"这一过程。但是，清华大学的开发流程中还具有"学习体验，总结影响因素"这一环节，而电子科技大学没有这一环节。由于清华大学在资金、人员、技术方面对 MOOC 建设的投入和支持力度较大，因此，清华大学在英语校本 MOOC 开发过程中的整体流程更为细致。图 6-2 是清华大学英语校本 MOOC 开发流程。

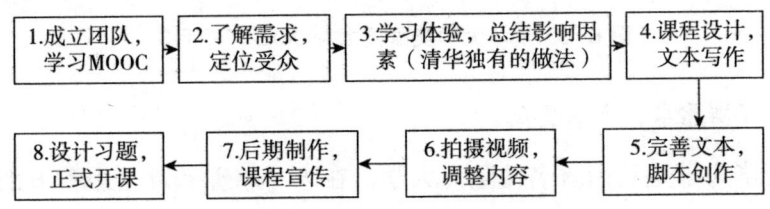

图 6-2 清华大学英语校本 MOOC 开发流程

1. 成立团队，学习 MOOC

清华大学于 2014 年 3 月成立了英语校本 MOOC 开发团队，包括由 5 名教师、5 名助教组成的教师团队（5 名教师中有 2 名是中国教师，另外 3 名是外籍教师）；清华扶贫办和 Google 中国教育合作项目提供的资金支持；清华大学教育研究院和外文系组成的项目制作团队；学堂在线、清华大学在线教育办公室和助教团队组成的项目运营团队，如图 6-3 所示。团队成立之后，教师团队开始了解 MOOC、学习 MOOC 和开发 MOOC 的过程。

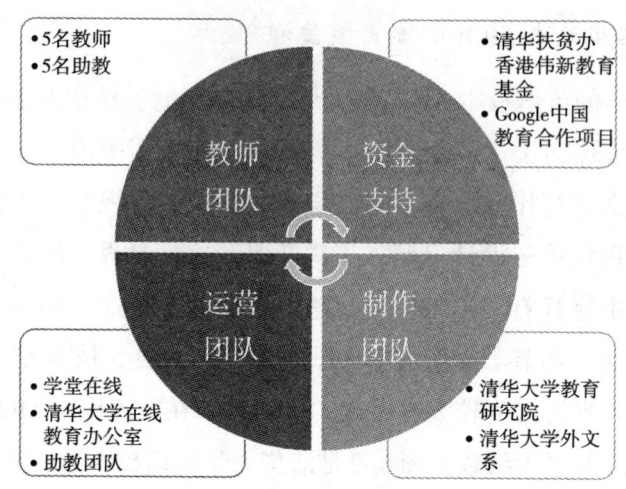

- 5名教师
- 5名助教

- 清华扶贫办香港伟新教育基金
- Google中国教育合作项目

教师团队

资金支持

运营团队

制作团队

- 学堂在线
- 清华大学在线教育办公室
- 助教团队

- 清华大学教育研究院
- 清华大学外文系

图6-3　清华大学英语校本 MOOC 开发团队

2. 了解需求，定位受众

清华大学是我国著名的重点大学，在人才培养和社会服务方面均走在全国的前列。清华大学一方面希望通过对英语校本 MOOC 的开发来满足英语教学和学生学习英语的需求，另一方面希望通过此举来为偏远山区的师生提供低成本和高质量的英语学习内容，从而履行大学在教育培训、智力扶贫方面的责任和义务。因此，在经过多方调研之后，该团队将英语校本 MOOC 定位为满足大学一年级学生基础英语学习需求的量多面广、难易适中，且既保证名校水平又平衡大众需求的课程。

3. 学习体验，总结影响因素

MOOC 是信息技术与课程整合的最新成果，无论是从书本上获得对它的了解还是从专家、教师、同学口中听到对它的介绍，都不如亲自注册 MOOC 账号，通过学习体验来获得对 MOOC 的感性认识。因此，在清华大学英语校本 MOOC 的开发过程中，教师会鼓励助教团队的硕士或博士生注册并学习 MOOC，以此获得第一手的经验。鉴于助教团队对 MOOC 的学习体验总结出来影响因素之后，该团队在开发的过程中将

MOOC 微视频时间大致定在 6 分钟，课程周期为 8 周，提供中英文字幕，建立学习讨论区。

4. 课程设计，文本写作

在课程设计和文本写作方面，"宇宙中心的英语听说课"主要围绕两条主线来进行，从而使得 MOOC "碎而不散"。第一条是以日常生活场景为主线，内容围绕"自我介绍—家人朋友介绍—与家人朋友相处中的方方面面情况"来展开；第二条是以语言的难易程度为主线，围绕"基础问候—简单叙述—情感表达"来展开。

5. 完善文本，脚本创作

这一环节一方面是对文本内容的重新审视，保证课程内容的丰富多样性和简单易学性，另一方面要保证课程内容具有一定的挑战性，也就是既要有一定的难度，又不能太难，要接近学生的"最近发展区"，从而促进学生"最近发展区"的开发。

6. 拍摄视频，调整内容

这一环节工作量非常大，清华大学英语校本 MOOC 由 140 个微视频组成，视频主角是来自各国的 50 名学生，每个微视频的制作都包括拍摄、剪辑、编码、上传等程序，还有比较完整的教学流程和教学内容。

7. 后期制作，课程宣传

这一环节主要包括对 MOOC 平台界面的调整，对课程宣传片的拍摄，对课程任课教师的介绍，对课程大纲、课程开课安排等的发布。

8. 设计习题，正式开课

该团队在设计习题时要注意以下三点：首先，习题的设计要考虑具体的学习目标，以及习题与总体课程目标的关联性、习题与具体单元目标的关联性、习题与学生理解知识的关联性等问题；其次，习题的设计要兼具启发性和趣味性，既能够启发学生的思考，又能够激发学生继续学习的兴趣；最后，习题的设计还要包括自动反馈和评价系统的设置，也就是要利用 MOOC 平台对学生的答案进行自动计分和反馈；还要给予学生多次作答、提交的机会，如清华大学英语校本 MOOC 就给每个作答的学生 2 次提交作业的机会，当学生做完作业提交时，系统会自动显示"你已使用 1 次提交机会"。当习题全部设计好之后，课程就正式开始了。

清华大学英语校本 MOOC 的开发流程共包括 8 个环节，但这些环节并非必须是直线递进的，而是可以交叉进行的。比如，可以让整个团队分工完成第二环节（了解需求，定位受众）和第三环节（学习体验，总结影响因素）。以上是清华大学英语校本 MOOC 的开发流程，在实际操作中，各个大学可根据本校的实际情况进行有选择的借鉴。

从对电子科技大学和清华大学在英语校本 MOOC 的开发注意事项和开发流程的分析中，可以总结出以下三点启示。第一，多方携手，群策群力，实现多赢。大学英语校本 MOOC 的开发需要来自学校、个人等多方面的共同努力，期间涉及的跨学科、跨领域问题，只有通过团队合作、共同协商才能解决，这一点在两个大学中均有体现，但是清华大学体现得更为明显。清华大学"宇宙中心的英语听说课" MOOC 的开发，不仅满足了在校生的学习需求，还满足了社会对著名大学教育资源的学习需求，更为清华大学带来好的名声，可谓一举多得。而电子科技大学"高级英语读写课" MOOC 的开发是以满足校内学生学习需求为主要目的的，在未来的发展上，完全可以借鉴清华大学的做法，完善制作团队，组建运营团队，为西南地区的教师教育和培训提供服务，这样既可以提高资源的利用率，也能够为大学带来好的名声。第二，以人为本，关注学生的学习。以人为本的理念落到实处就是要了解学生所需，进行需求分析和精细化课程设计，及时反馈和评价。第三，常态维护，动态更新，与时俱进。大学英语校本 MOOC 开发并上线之后，要进行常态化维护，通过用户体验调查，对 MOOC 教学内容、呈现形式进行动态更新；在后续

MOOC 资源的开发中，要注意材料的新颖性和趣味性。

二、基于 MOOC 资源的英语混合教学

（一）英语混合教学的原则

但凡教学都要遵循一定的规律和原则，基于 MOOC 资源的英语混合教学也是如此。为了使教学更适应信息化时代人们学习习惯的转变，更符合当前国家发展对人才培养的需求，更体现大学英语教学在"教育性、工具性、人文性"这三方面的统一，基于 MOOC 资源的英语混合教学需要遵循以下四个原则，即遵循认知规律，循序渐进的原则；尊重学习需求，及时反馈的原则；尊重个体差异，以人为本的原则；重视全人发展，知、行、意、情统一的原则。

1.遵循认知规律，循序渐进的原则

美国心理学家布鲁姆在其著作《教育目标分类学》中，将认知的目标分为知识、领会、运用、分析、综合、评价六个类别，并对每个类别的内容进行了论述，但是布鲁姆并没有对这六个类别之间的关系进行阐释。随后，希尔在总结布鲁姆的教育目标分类学观点的基础上，提出了认知目标的层次性和累积性。其中，层次性是指认知目标是一个由低到高的体系，如图 6-4 所示；而累积性是指认知的知识经历不断积累、由少到多的过程，如图 6-5 所示。

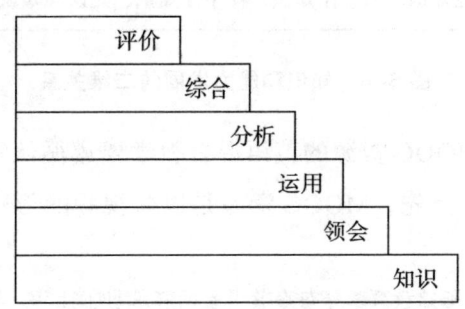

图 6-4 认知目标的层次性

知识：a
领会：a+b
运用：a+b+c
分析：a+b+c+d
综合：a+b+c+d+e
评价：a+b+c+d+e+f

图 6-5　认知目标的累积性

也就是说，知识是最低水平的认知目标，其他的如领会、运用、分析、综合、评价都是在知识的积累之后发展起来的，具有循序渐进性。

我国学者陈玉琨、田爱丽在布鲁姆和希尔的研究基础上，提出了学生的知识和能力发展的二维关系图[①]，如图 6-6 所示，强调了认知目标的层次之间的关系不是绝对层级分明的，知识和能力之间是协同发展的连续体。

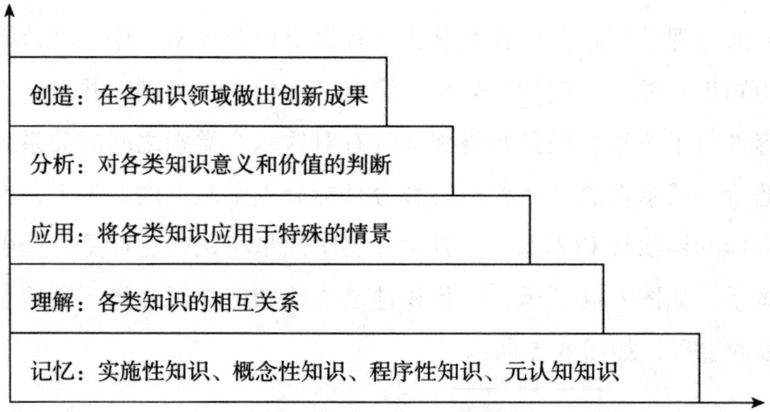

创造：在各知识领域做出创新成果
分析：对各类知识意义和价值的判断
应用：将各类知识应用于特殊的情景
理解：各类知识的相互关系
记忆：实施性知识、概念性知识、程序性知识、元认知知识

图 6-6　知识和能力发展的二维关系

因此，基于 MOOC 资源的英语混合教学要遵循认知发展规律，循序渐进地开展教学。首先，MOOC 资源是以微视频的形式呈现的，每个视

---

① 陈玉琨，田爱丽.基础教育慕课与翻转课堂问答录[M].上海：华东师范大学出版社，2016：78.

频5～15分钟不等，按照大学英语学科知识图谱进行分单元、分章节、分知识点的细化，然后围绕知识点进行视频的制作，每个单元由若干个微视频构成，体现了知识呈现的累积性和层次性。其次，学生先在课下进行大学英语MOOC资源的自主学习，然后到课堂讨论、合作、探究学习，学生可以根据自己对知识的掌握程度自定步骤学习，教师可以通过MOOC平台的进度跟踪模块对学生的学情（答题偏好、错误倾向、学习习惯等）进行分析，然后在学情分析的基础上，结合大学英语课程教学目标和具体课堂教学目标，循序渐进地开展教学。

2.尊重学习需求，及时反馈的原则

由于教师在传统英语课堂上需要花费大量的时间进行知识的讲授，因此学生对知识的接受与否往往难以在课堂上进行验证，对学生的反馈更多的是学生课上的学习需求，对学生在课下学习中遇到的困难和问题却无暇顾及。由于有了技术的支持，基于MOOC资源的英语混合教学将MOOC资源作为英语学习的新的资源形式，在实践中坚持尊重学习需求，及时反馈的原则。第一，MOOC平台的优势能够使及时反馈成为可能。首先，MOOC平台具有自动评分系统，能够对学生的在线作业和小测验进行自动打分，并呈现打分结果和正确答案，能够快速地反馈学生的学习情况，有助于激发学生的学习热情和对自主学习能力的培养；其次，MOOC平台具有学习讨论区，学生可以将自主学习中遇到的问题反馈到学习讨论区，发起讨论，由同时在线的其他同学来帮忙回答或者由教师来进行回答；最后，MOOC平台具有进度跟踪模块，能够记录学生自主学习的行为轨迹，其对学生而言既是一种激励也是一种监督。第二，由于对MOOC资源的自主学习能够解放课堂时间，因此，教师在课堂上能够开展基于任务、基于问题、基于项目的教学，启发学生在合作、探究中学习，并对学生的问题进行及时反馈。

3. 尊重个体差异，以人为本的原则

虽然传统英语课程教学经常强调要尊重个体差异，以人为本，但是在实践中往往受制于班级的规模、授课的任务、课时的安排等而无法实现。例如，当学生请病假或事假之后，对于没有听讲的课时内容往往只能通过自学或其他同学的指导来完成。而基于 MOOC 资源的英语课程教学能够在尊重个体差异、以人为本方面得以贯彻和落实。首先，将大学英语课程内容按照知识模块分类，然后制作成微视频放到 MOOC 平台上，这些视频可以重复播放，也可以下载到电脑和手机上观看。这样有助于学生按照自己的学习情况进行学习，如学生可以从头到尾对每个知识点进行系统学习，也可对某个知识点进行重复学习，这样的学习能够在较大程度上兼顾到个体的学习差异，体现了以人为本的理念。其次，教师可以基于对学生 MOOC 视频学习情况的分析，了解学生的学习水平。在大学英语翻转课堂上，教师可通过开展项目教学来促进学生的合作探究学习。在此过程中，教师不再是高高在上的知识传授者，而成为课堂活动的设计者，学生是课堂活动的主体，学生与学生之间、教师与学生之间的沟通和交流更加密切，大学英语的学习更轻松和具有人情味。

4. 重视全人发展，知、行、意、情统一的原则

教育的目标是要培养"完整的人"，也就是"躯体、心智、情感、精神、心灵力量融会一体"的人，他们既用情感的方式行事，也用认知的方式行事。随后，美国教育家、思想家罗恩·米勒正式提出了"全人教育"的概念。"全人教育"强调人是完整的人，在教学过程中要做到"知、行、意、情"有机统一。基于 MOOC 资源的英语课程教学在实践中要深化学生对英语知识的认知，加强学生语言能力的训练，重视学生人文精神的熏陶，启发学生对跨学科知识的整合和利用，做到学懂会用、学以致用，促进"知、行、意、情"有机统一。

（二）英语混合教学环境的创设

1.offline（课堂环境）+online（网络环境）的 O2O 学习环境的创建

首先，MOOC 资源区别于其他网络资源的地方是它具有能够提供学习交互和进行实时反馈的功能。这种功能能够帮助学生在课下进行自主学习，尤其是当学生遇到学习困难时，能够及时获得反馈和解答，提高了学习的时效性，而且能够帮助学生在建立学习目标、选择学习内容、进行学习交流的过程中树立自信心。

2. 开放的课程与资源环境的产生

MOOC 资源与英语课程教学的整合，促使了开放性的大学英语课程与资源环境（图 6-7）的产生。首先，开放的课程与资源环境意味着更多的优质课程与资源在大学英语教学中得以呈现，它们是开放的，也是存在竞争的，"名校＋名师＋名课"的优势组合使普通大学英语教师的压力很大。数字化学习时代的大学生不再满足于在课堂上接受教师给予的知识，他们更愿意自己动手来寻求自己喜欢的资源。如何把这些优质资源有机整合到英语教学中，是大学英语教师需要考虑的问题。其次，课程与资源环境的开放对学生而言除了意味着有更多的学习资源，还意味着要积极培养和发挥自身的自主学习能力。这种能力一方面表现在学生对自己学习情况、兴趣和爱好的独立思考和判断上，也就是学生要明白自己缺乏什么，想要什么；另一方面表现在学生要明白如何去获取，也就是学会去选择适合自己的学习内容，利用合适的学习方式进行学习。例如，在实践中，教师应鼓励和指导学生建立个人学习文件夹，让学生通过对自身学习情况的评估选择合适的资源，并撰写学习反思报告。因此，资源和课程的开放意味着对教师自主教学能力和学生自主学习能力的要求更高了。

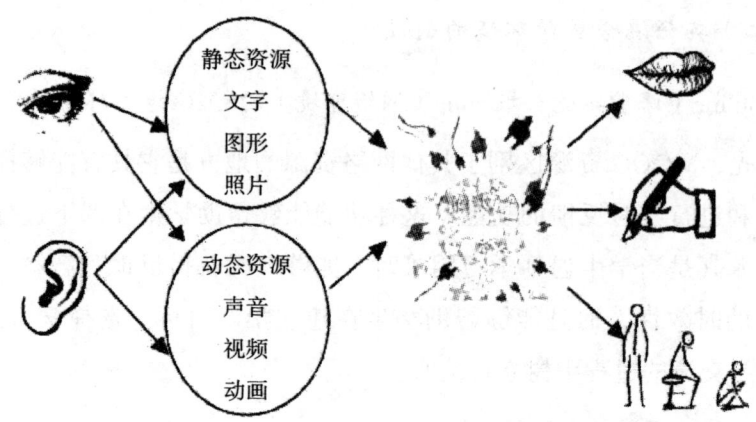

图 6-7　基于 MOOC 资源的英语多媒体、多模态语言学习环境

总之，MOOC 资源与英语课程教学的整合拓展了大学英语教学的时间和空间界限，将虚拟学习环境、个人学习环境、课堂学习环境有机整合，设计富有学习意义的活动，支持在线互动与交流，进行实时反馈与评价，以致力于学生自主学习能力和英语综合应用能力的培养。

（三）英语混合教学实践框架的构建

笔者在前面对"整合"的内容进行了论述，其中 MOOC 资源、英语课程、英语教学这三者整合之后产生的第四种生成性内容是基于 MOOC 资源的英语混合教学（MTC），它强调对 MOOC 资源与英语课程整合之后的混合教学，它有别于传统大学英语只强调课堂上知识点的传授的教学方式，而更重视课前、课中、课后教和学的混合。这种混合教学在内容上主要包括基于 MOOC 资源的学生自主学习和师生翻转课堂教学；在形式上主要包括线上和线下、课上和课下、正式和非正式的学习。基于 MOOC 资源的英语混合教学的成功开展有赖于将学生对 MOOC 资源的自主学习情况和英语翻转课堂教学有机整合，而对于当前的英语教学实践而言，大多数教师都会在课堂上对学生自主学习情况进行了解，而学生是否真的对大学英语相关知识点进行学习并掌握，能否做到学懂会用的问题，是保证翻转课堂有序进行，促进自主学习能力培养较为关键的问题。为此，笔者提出了基于MOOC资源的英语混合教学实践框架（图6-8），从翻转课堂前、翻转课堂中、翻转课堂后三方面进行论述。

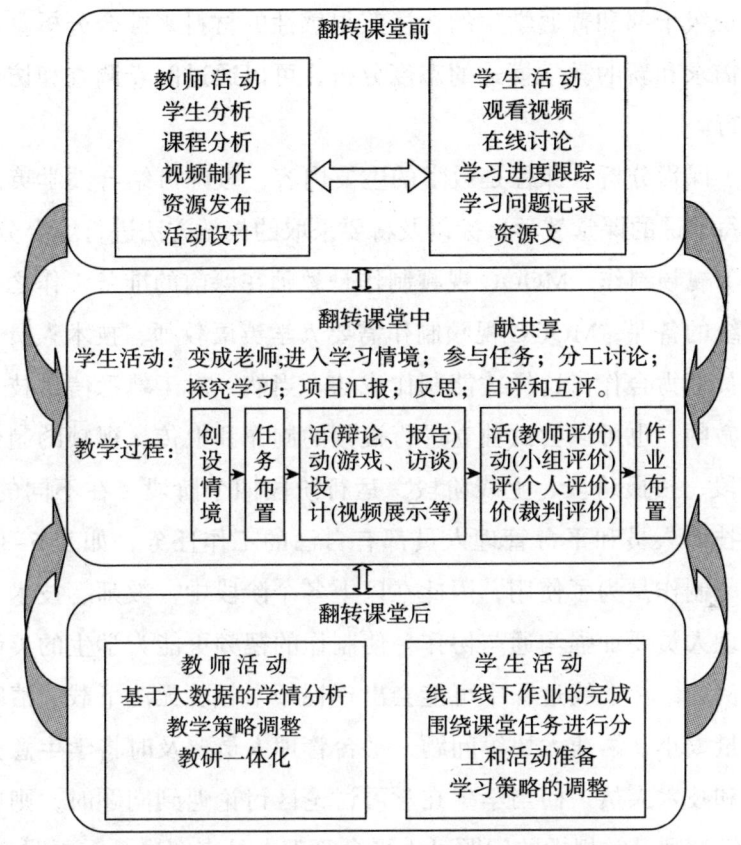

图6-8　基于MOOC资源的英语混合教学实践框架

1.翻转课堂前

在翻转课堂前，教师和学生都要进行相关的准备工作。教师需要进行学生分析、课程分析、视频制作、资源发布、活动设计等方面的准备。

（1）学生分析。学生是教学的对象，也是教学的主体，对学生的分

197

析是指教师要对学生的基本情况（男女比例、专业方向、已有知识及能力水平等）、学习需求以及基于 M0OC 资源的英语课程教学模式的态度进行分析。教师在了解学生基本情况时，既可以通过辅导员获取授课学生的成绩单，以成绩单为依据进行客观的分析，也可以通过对原任课教师以及班级干部和普通学生的访谈获得感性的材料来综合分析。对于学生学习需求和新的教学模式的态度分析，可以通过问卷调查和访谈的方式来进行。

（2）课程分析。课程是教学的主要内容，教师可结合大学英语课程目标、每节课的课堂教学目标以及将要采取的教学方法进行综合分析。

（3）视频制作。MOOC 视频制作是教师在课前的准备工作之一。有别于传统的备课，MOOC 视频制作需要大学英语教师、技术人员、平台管理人员通力合作，这样才能制作成功。当然，对于熟悉信息技术的大学英语教师，也可以尝试独立进行视频的制作和上传。视频的制作分为准备阶段、拍摄阶段、上线阶段、运行阶段四个阶段，在不同的阶段，教师、技术人员和平台管理人员都有自己的工作任务，如表 6-3 所示。因为视频制作是为了使用，因此在以上各个阶段中，教师、技术人员和平台管理人员要加强沟通与协作，使制作的视频更能为学生的英语学习服务。例如，在上线过程中可能会出现视频卡顿、无法下载、清晰度不够、音量太小、语速太快等问题，平台管理人员要及时将学生意见反馈给教师和技术人员，而当学生在学习讨论区讨论遇到问题时，则要将问题反馈给教师，常规性的问题可由平台管理人员来解决。需要明确的是，每个微视频都有完整的教学流程，具有独特的资源呈现方式和功能特征，具有自动打分和同伴测评的功能。

表6-3　视频制作过程中各工作人员工作分工

阶段	工作人员		
	教师	技术人员	平台管理人员
准备阶段	准备课程计划；准备教学材料；设计嵌入式问题；设计作业	与教师沟通，了解课程情况，准备摄影机、照相机、卡纸等工具	接受技术人员的培训；协助教师和技术人员工作
拍摄阶段	考虑视频的呈现形式，围绕知识点确定视频时间；考虑表述的方式和速度	进行视频拍摄；将教师讲解的文本嵌入视频中；帮助教师将文本、问题、作业转换成电子形式上传	与教师沟通视频发布日期
上线阶段	发布课程简介、任课教师信息等，制定课程考核方式；修改讨论题；了解学生对视频的反馈	了解视频的运行情况（清晰度、流畅度）；解决视频存在的技术问题	发布课程管理信息；对常见问题进行答疑
运行阶段	定时参与学习讨论区的讨论；监控并解决学生在作业和测验中遇到的问题；持续与技术人员和平台管理员沟通与协作	对在线互动、视频作业和测验产生的问题进行处理，将教师修改过的视频、练习、讨论题和作业再次编辑成电子格式上传	常态化管理学习讨论区；定期向学生发送课程开课、停课、考试等通知

（4）资源发布。资源的发布不仅包括视频资源的发布，还包括与课本和视频同步的文本、PPT等材料的发布以及与课程相关的拓展材料的发布。这些资源既可以是教师为学生选定的，也可以是学生自行推荐的，还可以是学生提出学习需求后师生共同甄别、搜索和整理的。

（5）活动设计。为了使大学英语翻转课堂能够顺利进行，教师在课前需要根据课程内容进行活动设计。国内学者刘清堂、叶阳梅、朱珂在实践基础上提出了活动理论视角下MOOC学习活动设计框架[①]，如图6-9所示。

---

① 刘清堂，叶阳梅，朱珂.活动理论视角下MOOC学习活动设计研究[J].远程教育杂志，2014，32（4）：99-105.

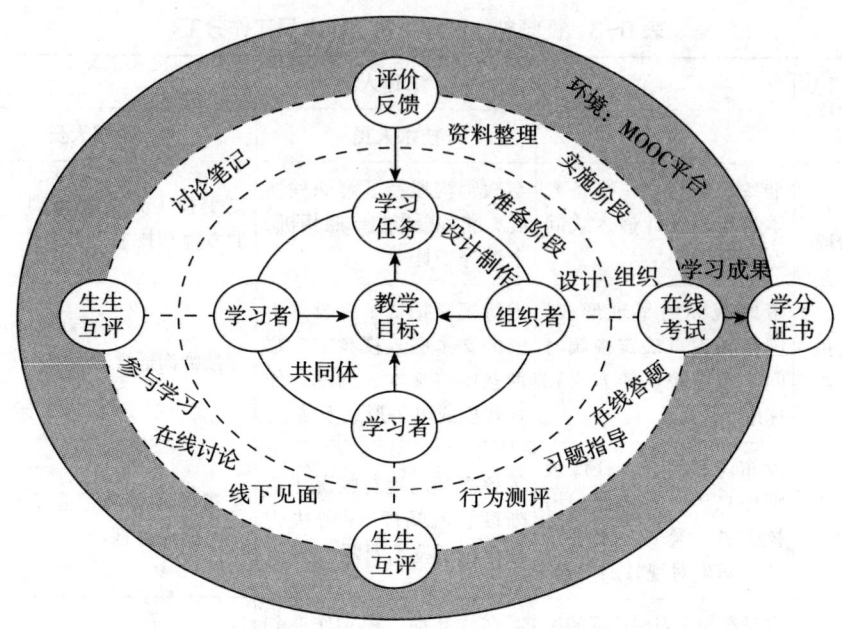

图 6-9　活动理论视角下 MOOC 学习活动设计框架

2. 翻转课堂中

实施"翻转课堂"的关键，在于找到一个好抓手。而设计好"学习任务单"，就是实施"翻转课堂"的好抓手。所谓"学习任务单"，是教师设计的帮助学生在课前明确自主学习的内容、目标和方法，并提供相应的学习资源，以表单形式呈现的学习路径文件包。设计"学习任务单"的好处是能让学生根据个人需要有一个自定进度的学习，即让每个学生按照自己的步骤学习，取得自主学习实效。

（1）"学习任务单"的设计。学习任务单应包含学习指南、学习任务、问题设计、建构性学习资源、学习测试、学习档案和学习反思等内容。学习指南包括学习主题、达成目标、学习方法建议、课堂学习形式公布等。学习任务包括整体把握和具体把握的要求。问题设计是"学习任务单"设计的核心，是把传统的知识点灌输转化为任务驱动、问题导向的自主学习的关键，也是实现"翻转课堂"的根本所在。在此部分，教师可把教学重难点或其他知识点转化为问题提出来，使学生在解决问题的同时把握教学重难点或其他知识点，从而培养学生解决问题和举一反三的能力。优秀的教师应该具备把教学内容转化为问题的能力。建构性学习资源指帮助学生达成学习目标而创设的情境。通过提供情境，帮助学生在必要时通过对情境的探究或处理，达到把握教学重难点或其他知识点的目的。学习测试、学习档案和学习反思可以使学生在自主学习之后能够即时评测学习效果，发现自身存在的问题，不断修正学习方法，学会学习。一个好的学习任务单，以培养创新型人才为根本目标，以任务驱动、问题导向为基本方式，注重发展学生高级思维能力和成功开展"翻转课堂"的有效方式，是发展自主学习能力的有效支架，如图6-10所示。

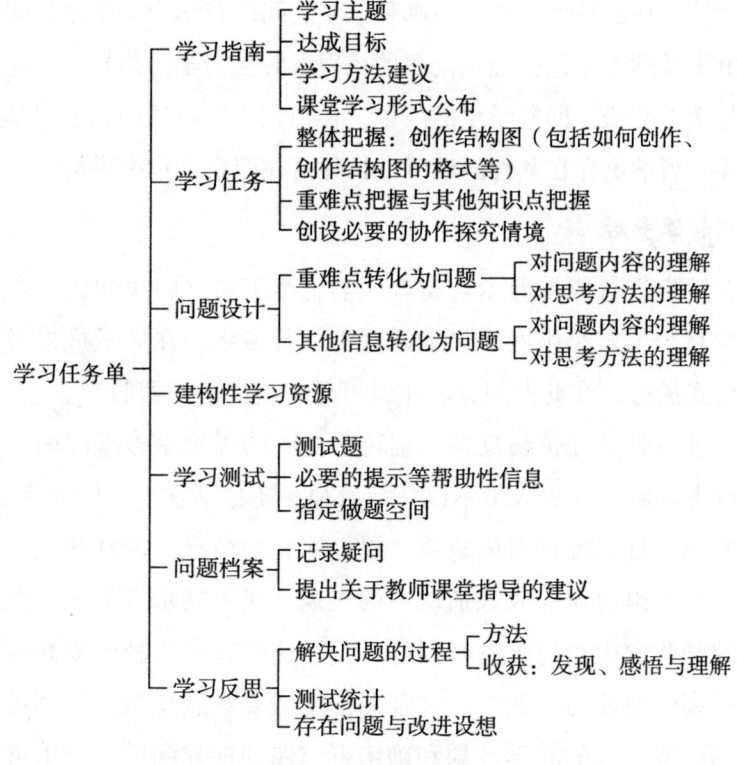

图6-10　学习任务单

（2）学生自主观看视频并自己掌控"课余学习＋课堂练习"。在翻转课堂中，学生能根据自身情况来安排和控制自己的学习。学生可以利用课余时间观看教师的视频讲解，学生观看视频的节奏由自己掌握，懂的快进跳过，没懂的反复观看，也可停下来仔细思考或记笔记，还可以通过聊天软件向教师和同伴寻求帮助。学生的学习有很大的差异，但传统的课堂教学很难让学生得到个性化教育服务。而在翻转课堂中，优等生可以加快学习进度，做该科的"先遣部队"，从而更好地发展这一优势学科。

（3）学生进行问题探究。在翻转课堂教学活动中，教师应让学生根据自己的兴趣自主选择相应的探究题目进行独立解决。学生只有独立地思考探究、解决问题，才能有效地将知识内化，从而系统地构建出自己的知识体系。此外，在翻转课堂中，教师和学生之间以及学生与学生之间的互动增多。由于教师的角色已经从内容的呈现者转变为学习指导者，这让教师有时间与学生交谈，回答学生的问题，参与到小组讨论中，或对学生进行个别指导。当学生存在共性问题时，教师可在课堂上集中讲解。

3. 翻转课堂后

（1）学生进行成果展示与交流。学生经历独立解决问题、合作探究之后，要将个人及小组的成果在课堂上进行展示。在展示成果时，可以演讲等形式进行，在此期间，各小组可分享自己的学习收获。

（2）进行教学评价与反馈。翻转课堂中的评价是多维度的，其主要体现在以下方面：评价成员不仅包括教师，还包括学生、同伴及家长等；评价内容包括针对性练习的成绩、提出问题的情况、课堂独立解决问题的表现、在小组协作探究式活动中的表现、成果展示等方面。在翻转课堂中，教师和学生要积极进行教学评价，这样有利于教师提高教学水平和学生提高学习能力。此外，教师和学生还要注意反馈。教师可根据教学反馈制订下一步的教学计划和确定下节课的探究问题。学生可根据学习反馈决定是否再次学习本课内容，而且错误的记忆和理解得到及时纠正。

翻转课堂不是在线视频的代名词。翻转课堂除了教学视频，还有面对面互动，使学生和教师一起开展有意义的学习活动。翻转课堂不是让视频取代教师，也不是让整个班的学生都盯着电脑屏幕，更不是让学生孤立地学习。翻转课堂作为一种教学手段，增加了学生和教师之间的互动时间，提供了让学生自主学习的环境；在翻转课堂中，教师是学生的"教练"，而不是站在讲台上的"圣人"；翻转课堂的内容可永久保存，以便学生复习或补课；在翻转课堂中，教师因材施教，使不同层次的学生得到发展。

第七章　英语对分课堂教学模式

第一节　对分课堂教学模式的认识

一、对分课堂教学模式的概述

（一）对分课堂教学模式的概念

对分课堂是普林斯顿大学心理学博士、复旦大学心理学系博导张学新教授基于认知心理学原理于 2014 年提出的一种原创性的课堂教学新模式。所谓对分课堂教学模式，指的是将课堂时间分成两部分，其中一半时间让教师进行讲授，另一半时间让学生以讨论的形式进行交互式学习，并且讲授和讨论的时间相错开，让学生有一定的时间可以自主安排学习，进行个性化的内化吸收。因而，对分课堂既具有传统课堂先教后学的教学理念，又具有讨论式课堂生生、师生互动的教学特性，有利于培养学生的自主学习能力。

对分课堂的教学目标是让学生喜欢学习，而不是能力培养。对分课堂理论认为，要激发学生的学习积极性，必须给予学生一定的权利和自由。对分课堂重新定位了师生关系，认为知识应该一半是教师教的，一半是学生学的，师生权责对分。要让学生主动参与，学习过程必须有一部分让学生自我规划、自我掌控。师生"对分"，是对分课堂的另一层含义。

不同于当前流行的讨论式教学，对分课堂每堂课的前一半时间用于讨论上一堂课教师讲授的内容以及课后学习中产生的问题，而后一半时间才用来讲授新的知识。

在本堂课中讨论上堂课的内容，将自主学习的过程置于两堂课之间，这是对分课堂教学模式最核心的特点，即"隔堂讨论"。根据教学的具体情况，对分课堂还有一个简化的模式，称为"当堂对分"，即在一堂课上完成"讲授""吸收""讨论"三个环节。

相较于传统课堂，对分课堂具备诸多优势，其中较为显著的有三点。

第一，教师的角色发生改变，提高了教学效率。不同于传统课堂教学，在对分课堂上，教师只需把握精要，对重难点内容进行讲解即可，讲授时间大为缩短，不仅减轻了教师的备课压力，还降低了学生在上课听讲的注意力要求。同时，"教"与"学"更加均衡，在教学过程中教师从知识传授者转变为学习指导者，强化了学生的自主学习性，提高了教学效率。

第二，增强了学生的学习能动性，提高了学习效率。在对分课堂上，教师更多的是引导，而非大水漫灌式地进行知识输出，学生不再是被动接受知识，而是存在主动探索的空间，激发了学生的学习热情，让学生可以进行自主学习，提高了学习效率。

第三，强化了互动交流，活跃了课堂氛围。传统课堂教学模式只是简单的先教后学，教师讲授后学生独自学习，缺乏交流机会，闭门造车式学习严重影响了学习效率。而对分课堂把互动交流引入课堂，通过分组讨论交流，强化生生互动和师生互动，不仅可以锻炼学生的表达能力，增进同学间和师生间的感情，还可以互相启发、相互促进、深化理解，提高了学习效率。

（二）对分课堂教学模式的教学环节

对分课堂分为三个教学环节：第一个环节是教师讲解（presentation）；第二个环节是学生自学，消化吸收及做作业（assimilation）；第三个环节是学生讨论（discussion）。因而，其可以简称为 PAD 课堂。

在对分课堂的第一个环节，教师只介绍知识的基本框架，讲解基本概念，突出重点、难点，并不穷尽教材内容，而是引导学生自学，使其掌握所学知识。对分课堂不要求学生预习，学生在教师讲解后再自学更能抓住重点，不会先入为主地形成错误的观点，学习更有效率。在对分课堂的第二个环节，学生要在教师讲解的基础上，自己阅读理解内化所学知识，要做"亮考帮"作业，即要总结出学习过程中自己感受最深及最欣赏的内容，这一过程称为"闪亮亮"。对于自己弄懂了、别的同学可能不明白的内容，可以问题的形式拿出来考考别的同学，这一过程叫作"考考你"。对于自己没弄明白的内容，可以寻求别的同学的帮助，这一过程叫作"帮帮我"。在对分课堂的第三个环节，课堂讨论在学生自学及内化的基础上进行，学生有备而来，学生更自信，讨论更有效率。课堂讨论环节分为小组讨论、全班讨论、教师总结等部分。小组讨论通常 4 人一组，时间 5～20 分钟，要求学生围绕作业，特别是"亮考帮"作业，互相切磋学习，共同解决问题。小组讨论解决不了的问题，再通过全班讨论解决。学生讨论环节可以调动学生学习的积极性和主动性，培养学生的语言表达能力、沟通能力、合作能力等核心素养，提高学习效果。教师总结阶段可以突出重点、难点，加深学生印象。

二、对分课堂教学模式的核心要素

（一）教学理念

一般来说，好的教学理念能够充分体现其对课堂教学活动的指导意义并获得最佳的课堂教学效果。对分课堂的教学理念是从中国大学教育现状出发、针对中国师生心理特点开创的全新教学模式。正因如此，它能够在短期内被中国各类型学校、各学科一线教师所认可。

第一，对分课堂全面系统地贯彻了四大学习理论（即行为主义、认知主义、建构主义和人本主义）和三大教学理论（即发展性教学、发现式教学和范例教学）的核心原则。这些核心原则主要源自行为主义、认知主义、建构主义和人本主义心理学，且贯穿对分课堂的方方面面，即它关注学生的各类需求，注重满足学生自我实现的需求，调动学生的内在动机，以激发学生的学习动力。首先，在教学内容方面，它倡导学生主动学习、独立思考并基于学习内容形成自己的认知结构，这一原则体现的是认知主义的思想。其次，在教学过程中，它注重学生的主动性，认为学习是学生基于原有知识实现内化和意义建构的过程，而且这一过程常常通过人际协作实现，这一原则体现的是建构主义的思想。再次，在教学互动中，当学生做出积极主动并准确回答某一问题的行为时，教师可以通过与其类似的行为来评价课堂的教学效果，这一原则体现的是行为主义的思想。最后，以上讲述的这些原则都是围绕"以学生为中心"展开的，这体现的是人本主义的思想。

第二，对分课堂扬长避短，有机融合了传统讲授法和讨论法的优势。其独创的"隔堂对分"理念，把一半时间分给教师讲授，一半时间分给学生讨论，讨论内容则多为前一阶段讲授的教学内容或教师布置的学习任务。这一做法既避免了传统课堂讲授时间过长所带来的沉闷枯燥，也避免了大部分课堂时间用于讨论或空洞形式化的讨论。最重要的是，它给予了学生充分的时间去内化和吸收知识。

第三，对分课堂给学生独立思考和独立学习提供了平台。如果将学生比喻为"一粒种子"，那么对分课堂就是培育"这粒种子的肥沃土壤"。它让学生在思考的过程中形成自己的观点，在讨论中质疑别人，在观点碰撞中修正自己的思想，培养自身的思辨能力。另外，对分课堂不是固定的，是灵活多变的。它对讲授和讨论的时间比例并不做硬性规定。教师可以基于教学内容和教学目标来决定该堂课是"五五对分""四六对分"，还是"二八对分"。

第四，"对分"是课堂形式上的"对分"，它的实质是"分中带合"。对分课堂实现了学生课堂学习和自主学习的统一。

（二）教学目标

对分课堂认为教学目标应当将知识内容与运用知识内容的行为区分开来，认为教学目标也应从心理学的基本原理出发，基于唯能力论的视角来构建新的教学目标（即复制、理解、运用和创造）。复制也可称为模仿，是指将教师讲授、展示和呈现的内容通过原来的形式进行复制或模仿的能力。理解是指基于所学内容重新建立或调整自身认知结构的能力，即在基本概念理解的基础上，达到知识的融会贯通，使知识实现"迁移"，不仅知道"是什么"，还知道"为什么"。运用是指将所学知识或技能运用于新的情境的能力，换言之，是指将所学知识转化成自身的能力。创造则是指学生能打破思维定式和具体情境将所学知识和技能迁移到更多、更新的情境中去。

张学新还指出对分课堂关于教学目标的四层次分类理论强调的是学生通过具体的行为来实现某种结果，因而，它关注的是结果而不是过程。[①]但这并不是否认学习过程或学习策略等其他方面，因为学生某一能力的展示体现的是他/她稳定的行为模式，通过该种模式，人们能够观测到教学目标完成的程度。

由此可见，对分课堂的教学目标注重的是"以行践知"和"学以致用"，只有学生真正理解了新知识并将其运用于新的情境中去，才是真

---

① 张学新.对分课堂：中国教育的新智慧[M].北京：科学出版社，2016：165.

正意义上的学习。

（三）教学方法

对分课堂主要采用"讲授法＋讨论法"相结合的教学方法。对分课堂综合运用不同学习理论、不同教学手段和不同应用方式，是集班级授课制群体学习优势、讨论式实践课堂优势和网络学习个性化为一体的新型教学模式。这一教学模式具有以下特色。

第一，对分课堂中提倡的教学方法不仅吸收了传统教育理念的优点，还创新了传统教育理念。对分课堂通过科学实施讲授法和讨论法实现了"课堂教学"向"课内外一体化"的转变。它既注重教师的讲授和指导，也鼓励学生利用其他学习资源（包括网络资源）开展个性化的自主学习和小组学习。与此同时，它还倡导师生通过课堂进行分享和交流，进一步深化学习。因而，它既体现了教师的指导、引导、启发和监督的作用，也体现了学生独立思考、主动学习和思辨学习的现代教育理念。

第二，对分课堂中提倡的教学方法实现了有效教学策略的融合。一方面，它体现了深度学习的特点，是教师课堂引导式讲授，学生课后独立学习、线上学习与课堂面对面教学的深度融合。具体来说，就是教师通过课堂讲授激发学生兴趣，然后引导学生进行发现式学习并提出自己的问题。随后，教师利用网络进行答疑的同时，针对有价值的共性问题进行课堂讲解。教师还可在课上组织学生开展探究性学习，开展组间和班内的对话与交流，通过合作探究培养学生的思辨能力。

（四）教学程序

传统教学包括教师的课堂讲授和学生的课后学习，且这两个过程是分离的。而对分课堂结合两者的优势形成了特定的、稳固的、高度结构化的和实操化的一套教学程序。对分课堂可以细化为五个环节，分别为讲授、独立学习、独立完成作业、小组讨论和全班交流。在讲授环节，教师仅对课程中的难点进行单向简要的讲授，不做深入讲解，不组织讨论，不覆盖细节，使学生对课程内容有初步了解，随后布置讨论课涉及的讨论内容。讲授环节可为接下来的独立学习和独立完成作业做铺垫，而这两个环节的设置是为了帮助学生更好地内化和吸收在课堂上学习的知识。这两个环节一般安排在讲授后，留给学生准备的时间为一周，按照课程进度安排。另外，教师还能将与课堂教学内容相关的教学资源上传至教学平台，为学生独立学习和独立完成作业提供指导、协助和参考。这两个环节可为接下来的小组讨论和全班交流做铺垫。在讨论环节，经过一周的内化、吸收，学生带着自己的学习成果和疑问进行组内或组间互动交流，寻求答案，对于未解决的问题，进行全班探讨和交流。教师还可让小组以口语汇报、组间辩论、情景对话或角色扮演等形式展示作业成果，最后教师进行答疑、总结及评价。

（五）教学评价标准和方法

传统课堂的教学评价多是基于少数几次考试（如期中或期末考试成绩）来评判，但这样的评价标准和方法难免有所偏颇，因为分数的高低容易受考试内容和临场发挥的影响，而且仅凭几次考试来评估学生的学习情况似乎有些武断。对分课堂与传统课堂不同，其注重形成性评价，基于学生学习全过程的持续观察、记录、反思进行发展性评价。对分课堂弱化了考试的地位，它强调平时作业和课堂表现。平时作业和课堂表现通常通过学生的独立学习、独立完成作业、小组讨论、组间讨论和全班交流等情况来评估。针对部分大学生不愿意完成课后作业的情况，教师可以适当提高平时成绩所占的比重（如占最终成绩的70%～80%）。以英语读写课程为例，教师可以将考核（100分制）分为四部分：第一部分为口语报告，期末考试占20分，每次作业占5分；第二部分为书面作业（如作文、翻译等），期末考试占20分，每次作业占5分；第三部分为小组作业（如阅读报告、辩论等），期末考试占20分，每次作业占

5 分；第四部分为期末笔试，占 25 分。如此，既断了学生考前临时抱佛脚的念头，也让应试教育得到了有效弱化。另外，对分课堂中倡导的评价标准和方法能够让学生从被评价者转变为评价的参与者。这样不仅能够帮助学生调控自己的学习过程，还能通过学生的主动参与提升他们的学习兴趣和自信心。

三、对分课堂教学模式的实践方法

（一）课前准备

课前准备包括课程总体规划、学情分析和教学环境分析三个部分。课程总体规划是指课程计划。这样，学生在正式开课前就能对即将学习的课程有一个总体的把握，在心理上做好准备，降低心理焦虑。学情分析是指对学生的学习情况进行分析。教学环境分析是指对学生接受教育的场所和条件进行分析。在课前准备阶段，教师应主动了解教学对象，了解他们的专业背景、学习基础、学习特点、学习动机以及班级规模和男女比例等信息。通过了解这些信息，教师能够对教授的教学内容深度、布置作业的数量和难易度做到心中有数。同时，教师也应让学生了解教师本人的基本信息。此外，教师还应知悉教学环境（包括软硬件环境）。例如，为保证对分课堂的顺利进行，教师应尽可能地将教学活动安排在可灵活进行布局的教室；为保证教学平台的正常运行，还需保证网络运行的速度和流畅度。

（二）课堂讲授

相较于传统课堂，对分课堂不提倡讲授过于具体、详细，倡导在知识讲解上"留白"。教师可以选择合适的教学方法进行引导式、框架式的讲授。此外，教师还应向学生传达"学什么"和"如何学"。"学什么"主要是让学生知悉学习目标，并基于教师讲授内容的知识结构和逻辑结构帮助学生在课后的独立学习中更好地举一反三、触类旁通。"如何学"主要是教授学生相关的学习策略、学习技巧和学习方法，以帮助学生在课后能够更加有效地开展学习。以《新视野大学英语3：读写教程》为例，该教材每一个单元都围绕一个主题编排教材内容，教师可以提炼、讲解、分析课文的核心知识，然后有计划、有目的地引导学生进行课后的独立学习以及完成布置的作业。《新视野大学英语3：读写教程》中一些学生一看就懂、一想就明白的知识，教师可以让学生在课下通过读记、讨论等方式灵活掌握，提高学生的思考能力和独立解决问题的能力。在完成教学任务的前提下，教师还可以基于教学内容进行拓展延伸，以此拓宽学生的知识面，发散学生的思维。在此，需要强调的是，对分课堂的核心目标是通过讲授激发学生的求知欲，提高其思辨意识和学习兴趣。

（三）课后学习

课后学习是对分课堂中的重要环节，是对分课堂成功进行的关键一环，而作业是其重要组成部分。作业顺利完成的一个前提是，教师应给时间"留白"。对分课堂倡导将传统课堂教学中的教学内容减半。为了合理调节教与学的进度，使教学相长，教师应充分考虑学生学的时间，留出合理的时间给学生支配，以保证学生有充足的时间去内化和吸收所学知识。同时，教师还应尊重学生个体差异，对学习基础较差的学生应注重作业的数量和难易度，对学习基础较好的学生应注重作业的开放性和灵活度。此外，除传统型作业形式外，对分课堂设计了一种全新的作业形式，即"亮考帮"。"亮考帮"环节充分尊重学生的认知心理规律，鼓励学生将自己收获的、学会的、不懂的知识以问题的形式表达出来，在随后的课堂讨论中和其他学生还有教师一起交流和互动。"亮考帮"对不懂如何讨论的学生有良好的指导意义。教师在批改作业时不再按照之前的批改方式批改，而是基于学生的完成度、学习态度来批改。为了减轻教师的负担，学生也可将作业提交给教学平台，让其批改。

（四）课堂讨论

1. 小组讨论

课堂讨论要注重空间"留白"。一方面，要给学生留出足够的交流空间，在学生自由表达自己的观点和思想的同时，为学生在交流过程中产生思维碰撞的火花提供时间和空间上的便利。在学生讨论的过程中，教师倾听学生间的交流能及时了解学生的学习状态，但教师要时刻铭记自己在课堂中的监督角色应当是弱化的。例如，某小组在讨论时遇到问题需要教师的帮助，教师这时候应当做的是指导和引导，而不是过度干涉，因为这样会影响教师对全班讨论状态的监控。另一方面，在组织小组交流和探讨时，要给学生留出足够的想象空间、思考空间和质疑空间。也就是说，在设计课堂讨论活动时，教师应留意活动的开放度，不应过度掌控和机械设计，因为这样会扼杀学生的想象力，让课堂讨论流于形式。同时，教师要留出质疑空间。学生对知识的理解是多角度、多层次的，教师应学会聆听学生的想法和观点，鼓励学生多提问题，培养学生的思辨意识。由于小组讨论是对分课堂中的重要环节，因此，教师在进行分组时要注意搭配，既不能将基础好的学生全部分配在同一小组，也不能将基础差的学生全部分配在同一小组。小组划分完毕后，也不能频繁变动小组成员。如果担心学生会产生倦怠情绪，教师可以通过组织跨组讨论的活动来弥补这一不足。

2. 全班交流

全班交流是为了更加直观地了解小组讨论的情况，在此过程中，教师可针对学生学习过程中的共性疑难问题进行解答，也可对学生学习情况进行总结与评价。为了深入了解学生的讨论成果，教师可以在小组讨论结束后根据教学时间抽出 3 ~ 4 个小组，让学生分享刚刚在组内讨论的成果，并提出尚未解决的问题。对于小组提出的问题，教师可以让其他小组来回答，这样可以促进小组间的互动。如果交流之后还有剩余的时间，教师也可让个别学生或小组提出遗留问题，教师给予解答。对于学生所提问题的质量，教师应不设门槛或规定。最后，教师对所有讨论情况和共性问题进行总结、解答和评价。教师在这一阶段需要注意的是，评价应以鼓励性评价为主，也可对学生学习过程中存在的不足给予中肯的建议。例如，教师可以对学生提问的方式或总结小组学习成果的方式进行指导，引导学生更加简明扼要地表述自己的观点和想法。

第二节　英语教学运用对分课堂的优势

一、传统教学模式与对分课堂教学模式的比较

（一）教学理念

传统教学模式往往受制于应试教育观念，从课堂构成要素来看，主要由教和学构成。一直以来，"教"在课堂中的重要性远高于"学"。教师教得怎么样被视为课堂评价的一个重要指标，而学生的"学"会被忽视。对分课堂则充分考虑了这一问题，充分贯彻了四大学习理论和三大教学理论的核心原则。在对分课堂教学模式下，不同环节的设置和安排都是有依据的。在讲授阶段，教师可以为学生下一阶段的学习做好架构，让学生在独立学习时有明确的学习目标和学习依据。在独立学习和独立完成作业环节中，教师可鼓励学生基于学习内容进行内化和意义建构，形成自己独到的见解。因此，在对分课堂教学模式下，"教"和"学"不再有主次之分，这一教学模式将这两大要素置于同等重要的地位，两者

相辅相成，缺一不可。

（二）教学目标

传统教学模式的教学目标同样侧重于"教"，"教"和"学"是相割裂的。这一现象在大学英语课堂中更加显而易见。虽然某些大学为了解决这一问题采用了分级教学模式，但其实质仍然未变。一方面，分级考试的考试内容通常以课本内容为主，但会背诵的学生并不代表是英语水平高的学生，这样分配到不同班级的不一定都是同一水平的学生。另一方面，学生按照不同水平分班后，不同水平的学生所使用的教材和制定的教学大纲等并无明显区别。在这种情况下，大学英语课堂中"教"是否有助于学生"学"、教学目标是否统一、教学目标是否能充分实现仍有待进一步考证。

对分课堂巧妙地解决了这一难题，因为这一教学模式侧重的是讲授所有学生都能掌握的基本框架和知识点，布置的作业也是具有开放性的，这样可以保证每一位学生都有发挥的空间。另外，教师在讲授后，给学生预留了充足的时间来内化和吸收。比如，以"隔堂对分"为例，教师在第一周的第二课时完成讲授后，会给学生预留一周的时间让学生基于学习内容进一步深入学习，对于独立学习有困难的学生，对分课堂还搭建了教学平台，这样可以帮助英语水平较低的学生在课下及时与教师沟通，如此设计和安排教学可以保证教学目标的系统实现。换言之，对分课堂不仅注重"教"的实现，还注重"学"的实现，是一种教学目标明晰化和实操化的教学模式。

（三）教学方法

就大学英语而言，学生在课堂中的表达和沟通尤为重要，因为学习语言的最终目标是能运用语言于实际生活中。如果一味被动地听（以语法翻译法为例），那么学到的要么是"哑巴英语"，要么是"机械英语"。

如果把课堂大部分时间交给学生，教师不去引导学生进行系统学习，久而久之，学生学到的多是"支离破碎的表达"。因为从对分的角度来看，讲授法过分强调教师的权威，可能会压抑学生的个性，还在一定程度上忽视师生与生生间的互动和交流；而讨论法过度倡导学生的权利，可能会导致课堂秩序的混乱，还忽略了教师在课堂中扮演的"引导者"或"导学者"的角色。对分课堂重新对"教"与"学"的权责进行了分配，它赋予学生应有的权利，让学生承担应尽的责任，体现了对学生的尊重，为课堂营造了民主、对话、开放、自由的氛围，也因此使课堂变得和谐、充满乐趣、生气勃勃。对分课堂综合了中国传统课堂中较为常用的讲授法和讨论法，借用张学新教授的话来说就是对分课堂是低门槛、无上限的教学模式，它实现了讲授法和讨论法的完美融合。教师通过运用讲授法帮助学生对新知识进行系统化的学习，经过内化和吸收，教师再来组织小组讨论和全班交流就保证了讨论的质量和效果。该教学模式对教学方法的设计和安排既能帮助教师减负，又激发了学生的主动性。如此，学习语言的学生既保证了语言基础知识的学习，也保证了课堂上对语言的运用。与此同时，对分课堂也是灵活多变的，它并不是只能容纳讲授法和讨论法的狭隘教学模式。在对分课堂教学模式下，教师可以基于教学需求采用多种教学方法。

（四）教学程序

教学程序是最能体现传统教学模式与对分课堂教学模式差异的环节。在传统教学模式中，常常对教学程序缺乏明确分割。一般来说，一次英语课包括两个课时，但多数时候教师讲授的时间就占了一个半课时，最重要的是，很多教师完全没有意识到这个问题。对于年轻教师而言，由于教学经验不足，讲授时间过长则很难保证讲授的精彩程度。此外，年轻教师往往不能有效把握教学过程，再加上极少与学生沟通，所以很难针对课堂教学中存在的问题进行及时调整和弥补，教学效果难以得到保障。

对分课堂将讲授时间和讨论时间进行了明确分割。对年轻教师而言，有清晰的教学过程作引导，按照流程操作，然后根据实际教学情况予以调整，难度并不大。再者，对于年轻教师而言，保证一节课的精彩讲授远比保证两节课要容易得多，讨论环节更是能够轻松应对，因为教师本身的学识水平要比学生高。另外，通过对分课堂的独立完成作业、小组讨论和全班交流环节，教师也能及时掌握学生的学习情况，从而有针对性地调整自己的教学，以提升自身的教学水平和实际课堂教学效果。

（五）教学评价的标准与方法

传统评价很少考虑学生对自己的评价和同伴评价，也就是说，很多时候，教学评价都是单一、主观的评价，是片面、武断、非公平化的评价。对分课堂倡导的评价标准和方法与传统评价标准和方法是截然不同的。首先，对分课堂对学生的评估并不是基于少数几次固定形式的作业来评估的。对分课堂中的独立学习、独立完成作业、小组讨论和全班交流都是评估学生的途径，而且在评估形式和内容上也是多样化的。其次，要彻底实现对分，必须对以往的期末考核方式予以调整，将平时考核和期末考核的比例进行重新分割。如期末考核只占 30%，平日考核占 70%。当然，这样的设想在现在的教育体制下有一些理想化，但这的确是推进和深化教学改革的必由之路。如若短期内难以改变，也可减少对分次数，或多采用"当堂对分"的形式。最后，对分课堂将学生对自身的评价和同学之间的评价也纳入平时考核中，除此以外，学生还能在"隔堂对分"和"当堂对分"中及时向教师反馈课堂教学情况，让教师能够在第一时间内知晓课堂教学现状，并予以调整。

二、运用对分课堂于英语课堂的优势

（一）英语对分课堂的教学理念先进，教学目标清晰

目前，对我国外语教学影响较大的两大教学法分别是语法翻译法和交际教学法，这两种教学方法在过去的四十年主宰了我国的大学英语教学。其原因主要在于这两种教学方法比较符合我国国情。但人们也发现，这两种教学方法既有优点也有不足。对分课堂结合了语法翻译法中讲授的优势和交际教学法中语言交际能力培养的优势，这样既能帮助学生打下扎实的语言基础，也能提升学生的语言交际能力，是一种有着先进教学理念的教学模式。如此，教师能在科学合理的教学理念指导下制定清晰的教学目标，让课堂内外的"教"与"学"一体化，逐步消除应试教育带来的消极影响。

（二）英语对分课堂教学方法呈多样化

大学英语对分课堂破除了传统教学形式的单一化，教学方法呈多样化。大学英语对分课堂从表面看是讲授法和讨论法相结合的教学模式，但只要是教学实际需要，各类教学方法都能融入其中。例如，高玉垒将BYOD（自带设备）与对分课堂相结合，探讨了高职英语课堂的教学效果，研究表明，这一教学模式能够减轻教师的教学负担，激发学生英语学习的积极性和主动性，提升学生的英语学习兴趣以及培养学生的自主学习能力和英语实际应用能力。[①] 王妍在充分利用"对分易"教学平台的基础上，将"翻转课堂"教学模式与之融合，探讨了两者有机融合的可行性。[②]

[①]　高玉垒.基于 BYOD 的高职英语混合式对分课堂实践与效果研究 [J]. 中国职业技术教育，2019（14）：32-37.

[②]　王妍.基于对分易教学平台的翻转课堂大学英语教学模式研究 [J]. 读与写（教育教学刊），2019，16（2）：4，24.

（三）英语对分课堂教学步骤分明、简单易行

大学英语对分课堂教学步骤分明、简单易行，有利于完善传统课堂教学方法的不足。受各种客观因素的影响，大学英语一直存在班级容量大、课时少、教学任务重等问题。对分课堂给教师实施教学带来了新思路。它有效地平衡了教师的"教"和学生的"学"，做到了传统课堂难以保证的精讲精练。它将教学步骤分为五个环节，每一个环节都有清晰明了的规划，改善了传统课堂机械重复式教学的缺陷，提升了课堂教学质量。与此同时，学生在清晰的教学设计和安排下，对课堂上教师教授的内容和自己学习的目标也有了更加清晰明了的认识，明晰了学生自主学习的内容，促进了学生的主动学习。此外，对分课堂的内化和吸收环节更是赋予学生充足的时间来消化和吸收所学知识。如此不仅能让教师教得轻松，还能让学生学得愉快。

（四）英语对分课堂教学模式激活课堂氛围，促进师生、生生的交流和互动

英语对分课堂教学模式激活了课堂氛围，有效促进了师生、生生的交流和互动。大学英语对分课堂中的小组讨论和全班交流为师生、生生间的沟通与交流搭建了便利的桥梁。学生通过内化和吸收后，带着收获和疑惑回到课堂，在小组讨论环节，学生既可以分享自己的经验，也可以听取他人的建议，还可基于同伴间的思想碰撞获得更多新的收获。这样的讨论是保质保量的讨论，是真正让学生有所收获的讨论。之后，在全班交流中，各小组可分享各自的思想和观点，教师也可在此过程中针对共性问题进行答疑解惑。这样的教学氛围不仅增进了师生、生生间的感情，也促进了师生、生生间的有效交流与互动，为创设和谐融洽、引人入胜的课堂奠定了良好的基础。

（五）英语对分课堂教学模式能够培养学生的团队精神和交际能力

小组讨论是英语对分课堂教学模式的一个重要环节。在小组讨论环节中，教师通过对班级分组，将班级学生进行合理分配。这样做有两点好处：一方面，小组成员能够灵活地开展互帮互助学习；另一方面，小组成员通过长期的集体学习，逐渐形成竞争意识和合作意识。在传统大学英语课堂中，学生之间的交流相对匮乏，多数时候学生坐在教室内只是听教师讲课、记笔记、记单词等，如此学到的是"死"知识。这对于学习语言的学生来说是不利的。因为学习语言是为了运用习得的语言和目标语国家的人进行交流。而在对分课堂中，教师讲授的时间相对减少，学生在课堂内有更多的时间和机会与同学还有教师一起交流，慢慢地，学生的交际能力就会有质的飞跃。

（六）英语对分课堂教学模式能够体现教学评价的公平和有效性

首先，对分课堂对学生的评价并不仅仅基于日常考勤或少数几次考试。该教学模式的评价标准是多元化的。对学生的评价通常落实到多次小作业、日常讨论及全班交流中。与此同时，自我评价和同伴评价也是组成学生平时成绩的重要部分，相较传统评价标准，现有标准更加公平公正。其次，大学英语对分课堂教学模式倡导的评价方式是逐步消除现有应试教育观念的有效途径。将评价标准和方法细化并分散到整个学期的课内课外学习中，这样消除了学生考试前临时抱佛脚的念头，死记硬背也不再是他们通过考试的有效手段，还能慢慢纠正许多大学生"平时不学，考试再学"的错误学习态度。最后，大学英语对分课堂教学模式下的教学环节能够促进学生英语学习的积极性和主动性，教师通过与学生在课堂上的互动和交流也能够及时察觉课堂教学中存在的问题并予以调整，这样教学效果也得到了保障，充分体现了教学评价的意义。

第三节　英语对分课堂操作实践

一、课前准备

（一）学情总览

在新学期开始前，教师应提前制定整个学期的教学日历和教学大纲，将该学期的教学目标、教学内容、教学设计和考核标准等一一罗列并将其在正式开课前上传至教学平台让学生知悉。在制定教学目标时，教师应重点参考教育部颁布的最新指南和《中国英语能力等级量表》，这样教学目标才能有据可依，落到实处。

（二）教材分析

教师应重点分析教材，因为教师对教材的分析不仅会影响大学英语课程的设计、组织与实施，还会影响教学质量的好坏。教师在认识和理解教材的基础上，要依据教学大纲和教材的内容，并结合学生实际，经过提炼加工，科学合理地制定教学目标，确定教学重难点。同时，教师还应留意某些教材有其本身的特色，需对具体教学予以调整。以《新视野大学英语读写教程1（第三版）》为例，这版教材和前两版最大的区别在于，其在课后练习中增加了 Unit Project 的环节，每个单元都根据课文内容和形式，布置了类似的单元任务。比如，第一单元是给父母写一封信，第二、三单元则要求学生基于调查写报告等。因此，教师很有必要将产出导向法融入对分课堂中。

（三）学情分析

在开课前，教师应了解教学班级的专业类别、性别比例、入学英语考试成绩、班级层次等基本信息。鉴于英语学习的特殊性，教师在第一次上课时应对学生做一个学生情况调查，调查内容应包括学生对英语的学习兴趣、学习习惯、性格特征和学习需求等。这些初期的学情了解能够为之后的学生分组提供参考。小组讨论系对分课堂的一大特色，对学生的性格特点、英语水平进行摸底，有利于后期分组的合理化（如内向和外向性格的学生如何分组，英语水平高和英语水平低的学生如何实现分组合理化等）。与此同时，在开课初期，教师也应为学生进一步了解任课教师提供相应的平台，如教师可以通过教学平台与学生进行线上交流，加强师生间的了解和沟通。

（四）教学环境评估

要开展对分教学，首先应考虑选用可移动座位的教室，这样后期开展小组讨论时，小组成员更加方便交流，在全班交流时，所有学生还能与发言者方向一致。其次，可给小组安排固定座位，并在该区域放置组签。最后，教师可将课堂签到、课程资源发布、学生作业提交、作业评比、组间交流和全班交流等活动转移至线上平台，这样不仅丰富了课堂形式，还减轻了教师负担，便利了师生、生生间的交流。因此，在选择教室时，教师应保证该教室所在位置覆盖校园网，以此保障课堂教学活动的顺利开展。

二、课堂讲授

当前，各个大学的英语课程主要包括大学英语基础课（读写课和听说课）以及相应的英语后续课程（供已经通过大学英语四级的学生选修）。不同学校的后续课程设置会基于该校实际情况做出不同的安排，

通常开设的后续课程包括"英语口语""英语写作""高级英语视听说""英语国家社会与文化""英美文学"等。无论是何种类型的课程，教师都要遵循课堂教学需精简讲授这一原则。接下来，笔者以大学英语基础课中的读写课和后续课程中的"高级英语口语"为例进行简要介绍。

（一）读写课的讲授

如果教师采用的是"隔堂对分"，那么在课堂讲授时可以遵循以下思路：与常规教学相比，教师仅对课程中的一些难点内容进行单向、简要讲授，不做深入讲解，不组织讨论，不覆盖细节，使学生对章节内容有初步了解，随后布置讨论课涉及的提问和讨论内容。比如，读写课的第一次课第一学时主要以口语活动的形式引入单元主题，然后介绍 Section A 所涉及的文化背景知识。第二学时主要以教师为主导，分析课文的篇章结构和中心大意，引导学生剖析课文结构和写作手法，讲解文中出现的重点词汇和短语以及教授学生如何分析长难句等。在第三学时结束前给学生提供课后练习或隔堂讨论涉及的讨论内容。作业形式建议学生以"亮考帮"的形式呈现。如果采用的是"当堂对分"，则需进一步简化形式，这时教师讲授的时间应控制在 20 分钟以内。

（二）后续课程"高级英语口语"的讲授

英语口语课程注重学生的口语交际能力，比较适合采用"当堂对分"的形式，教师可以将学生独立学习、独立完成作业的时间予以延长，尤其是小组讨论和全班交流环节，应占到整堂课 50% 的时间。以教授酒店接待英语为例，如果采用"当堂对分"，教师在讲授环节（约 20 分钟）仅需对课程中的一些难点内容（如一些重要的词汇和关键的句型）进行单向、简要讲授，不作深入讲解，使学生对酒店接待英语的内容有初步了解，随后布置讨论课涉及的提问和讨论内容。

无论是基础课，还是后续课程，都是语言类课程。作为语言类课程，教师应当根据课程需要尽量减少课堂讲授的时间（对于英语基础差的学生，教师在设置教学内容和教学大纲时需把握好学生的理解能力和学习能力），给学生预留更多的空间，让学生主动探索英语学习的乐趣，为培养学生的思辨能力和口语交际能力搭建平台。

三、课后学习

课后学习是大学英语对分课堂中的重要一环，也是较为考验教师教学智慧的一环，因为这一环将决定小组讨论的效果。如果作业难度太大，就会导致后续讨论的时间过长。如果作业难度太小，那么学生在讨论环节中将无事可做，讨论环节很有可能沦为聊天环节。因而，教师在布置作业时一定要注意把握难易度，既不能过难，也不能过易。那么，在大学英语教学中该怎么把握这个度呢？接下来，笔者将从听说读写译五个模块来举例说明，第一，在布置深度阅读作业时，对于英语水平较高的学生，教师可要求他们以思维导图或主题概括的形式完成作业，还可要求他们写读后感。对于英语水平较低的学生，教师可以预先准备一些问题，让学生基于问题来阅读文章，再以思维导图的形式来概括文章的主要内容。如果布置的是泛读作业，教师可在文章的篇幅、作业的数量和完成时长上对不同英语水平的学生做出不同的要求。第二，在布置听力作业时，对于英语水平较高的学生，教师可要求他们将音频内容口述出来。对于英语水平较低的学生，教师可以先利用音频准备相关问题，并将一些复杂词汇和句型提炼出来，再让学生基于音频内容来回答问题。第三，在布置翻译作业时，对于英语水平较高的学生，教师可让他们尝试翻译一些原版外文刊物上的文章。对于英语水平较低的学生，教师可以让他们翻译教材上的课文内容。第四，在布置写作作业时，对于英语水平较高的学生，教师应布置思辨性较强的写作话题且写作字数不设上限，与此同时，也需教授学生相关的写作策略（如高级词汇和句型的运用等）。对于英语水平较低的学生，教师应先引导学生列提纲，并教授他们相应的写作策略（如与该写作话题相关的词汇、句型、框架等）。第五，在布置口语作业时，对于英语水平较高的学生，教师可要求他们在展示时全程脱稿。对于英语水平较低的学生，教师既要提供相应的口语作业范例，让学生有例可循，又要在他们呈现时适当降低标准，多以鼓励的方式引导学生展示作业成果。

实际上，无论是哪一种类型的作业，教师都应告诉学生完成作业时重质不重量。要想让学生更好地完成作业，教师要做到以下三点。首先，教师在布置作业时应把握作业的量，如果是本身专业课程繁重的学生，应适当减少布置作业的次数或多采取"当堂对分"的教学模式。其次，教师可采用"亮考帮"这一作业形式。这种作业不同于传统的作业，它的设计理念主要是帮助学生更好地内化和吸收课堂学习的新知识，并基于自身能力水平予以拓展和延伸，不存在对错之分。再次，教师应注意在布置写作或翻译类的作业时预先留给学生相应的评价标准，让学生在完成作业时做到心中有数。最后，教师还可通过教学平台设置发布作业和提交作业的程序，这样无论是什么类型的作业都能通过这一平台进行收发。在某些情况下，教师还能将一些优秀作业发布在平台上供学生学习，学生也可在学习完其他同学的作业成果后发表自己的观点和看法，如此就大大丰富了作业的内容和呈现形式。

四、小组讨论

在讨论开始前，教师应用几分钟的时间回顾上节课的教学内容和作业要求，然后再开始讨论。讨论形式可以根据教学实际情况决定，既可以是小组成员讨论，也可以是组间讨论。在进行小组讨论时，教师要扮演好监督者的角色。所谓监督者，是指教师要时刻监控课堂内各小组的讨论情况，对需要帮助的小组及时给予帮助。但教师也不能过度监督，以免干涉小组成员的讨论进度，对于极少数不愿意参与讨论的学生，也无须强迫。因为对于部分性格内向的学生而言，他们需要时间来适应在公共场合发言。与此同时，教师应留意某些小组是否存在组员搭配不当的情况，如小组成员因过于熟悉而谈论与学习无关的事情。一旦发现这样的情况，教师应及时予以干涉，调整小组成员。同时，教师在调整时也应注意技巧。当组内讨论开展一段时间后，教师也可适时插入跨组讨论，如可以将某一组的两或三名学生与另一组的两或三名学生进行互调，形成新的小组。

五、全班交流

小组讨论后随即进入的是全班交流环节。全班交流环节一方面可以检验小组讨论的效果，另一方面也是教师检验教学效果的一个绝佳途径。教师可根据课堂时间，随机抽取三到四个组，并在这几个小组中随机抽取一名学生站起来分享讨论的成果。教师在抽取发言者时需注意本次抽取的发言者和上一次抽取的发言者应当不一致，最好是依次发言，这样可以保证每位学生在课堂上都有表达自己想法的机会。与此同时，教师在这一环节还可以设置提问环节，学生可以将讨论过程中存在的问题提出来，教师可针对共性问题进行解答。另外，在全班交流结束后，教师还应对对分课堂的整个流程进行总结和点评，尤其针对学生的课堂讨论情况和讨论结果呈现情况等进行点评并给出相应建议。最后，如果时间还有富余，教师可将部分优秀的个人作业和小组作业在全班展示，给其他同学提供优秀示范，但需留意的是，教师应尽量避免提及这些学生的姓名。

六、教师反思

"反思"这一概念最早由约翰·杜威提出。20世纪90年代，反思性教学实践由理查兹、华莱士等人引入外语教学实践。美国教育学家布鲁巴赫等人从时间角度将反思性教学分为三类，即"对实践的反思""实践中的反思""为实践反思"。"对实践的反思"指的是开展教学后，对教学实践进行反思。"实践中的反思"是指在教学实践开展过程中进行反思。而"为实践反思"是指在教学实践开展前进行的预计性反思。需要注意的是，在进行"实践中的反思"时，教师应当从客观的视角来理解自己的教学，这样教师的"对实践的反思"和"为实践反思"才能更加合理地分析教学设计和教学活动，从而完善教学设计，不断指导未来的教学行动。

因此，教师要在日常教学中思考这样一些问题。

（1）我的教学对象是谁？

（2）我该如何评估我的教学情境？

（3）我是如何开展大学英语对分课堂的？

（4）我对大学英语对分课堂的理解到位吗？

（5）学生如何看待我的教学？

（6）我为什么要这样设计我的教学？

（7）我为什么要这样教学？

（8）大学英语对分课堂的教学效果如何？

（9）针对前一次课发现的问题，我需要做出怎样的调整或改变？

教师适时寻求这些问题的答案对于新型教学模式的成长和发展意义重大，因为每一位教师在自己的教学实践中遇到的问题不一定能在理论书籍中找到现成的答案，这需要每一位教师根据具体的问题来分析引发问题的原因，探寻解决问题的方法。当然，要让每一位新手教师加入反思队伍中来有些理想化。究其原因，对于部分教师而言，反思具有一定的难度。殊不知，反思其实是有法可循的。一方面，教师可以针对大学英语对分课堂中的一些重要问题创设反思主题，如"我如何保证不同英语水平的学生都能在大学英语对分课堂中保持学习兴趣？我如何保证大学英语对分课堂的教学效果？我如何评估学生在大学英语对分课堂教学模式下的进步"等。另一方面，确定反思主题后，教师可以借助一些好的反思工具来进行反思，如课堂观察、教学日志、案例分析、教学档案袋等。课堂观察是指教师可以通过观察课堂教学的方式了解自己的教学效果。教学日志是比较便利的反思工具。所谓教学日志，是指教师针对日常教学所进行的日常性教学记录。在教学日志中，教师可以对自己的教学设计、教学过程、教学效果、师生互动、学生反馈等情况进行记录并予以及时分析和反思。教学日志的记录时间可以根据教师的时间来定，可以是一周一次，也可以是一月两次。案例分析是指教师针对教学中存在的某个问题，通过收集与存在问题相关的数据进行分析和反思。教学档案袋是反映教师教学能力和教学水平的文档合集。通常，教学档案袋收集的文档包括教学材料（如教学日历、教学总结、教学大纲和课程介绍等）、听课记录、教学成果和学生成果。教学档案袋能让教师对自己的教学有更加全面客观的认识和判断。

除此以外，创设英语对分课堂教学模式线上实践共同体也不失为一种绝佳的反思途径。国内外语教学专家文秋芳教授指出，学习共同体是教师专业发展的重要手段和有效途径。[①] 在现有国情下，大学英语教师不易获得本领域内专家或学者的指导与帮助，但教师可以充分利用网络社交平台，建立跨区域的大学英语对分教学实践共同体，当所有教师都有一个共同目标——如何更加有效地运用"对分课堂"于大学英语教学时，这一共同愿景促使各成员间形成一种合作、互助的关系，促使他们互相学习、共同反思、共同进步。俗话说，"三个臭皮匠顶个诸葛亮"，只要共同体成员有着相同的学习目标、共同的学习愿景，就能激发教师的学

---

① 文秋芳.大学外语教师专业学习共同体建设的理论框架 [J].外语教学理论与实践，2017（3）：1-9.

习动力。

　　通过借力以上反思工具，教师能够更加系统地反思对分课堂教学实践，进而提升自己对该教学模式的理解，优化现有教学实践。

第八章 英语任务型教学模式

第一节 任务型教学理论概述

一、任务型教学的提出及概念

（一）任务型教学的提出

维果茨基在《思维与语言》一书中首先提出了任务型学习这一概念。他在书中指出，在语言学习过程中，语言学习所具有的社会性、学生同教师和同学之间的互动性等因素能够对语言学习起到促进作用。任务型学习方式较好地体现了语言学习过程中的这一特点，学生能够在较为真实的教学情景中完成互动交流的特定教学目标，促进学生自身语言运用能力的提高。所以，维果茨基认为，语言学习的过程就是通过学生与他人的互动交流逐步形成学生内在认知能力的一个过程。

威多森注重对学习过程的研究，他在功能意念大纲的基础上提出了过程导向大纲的概念，过程导向大纲尤其注重培养学生的学习能力，而不仅仅是为了实现一个特定的学习目标。从威多森的理论观点中可以得出，应当让学生置身于特定的教学情境中去完成特定的任务，把完成任务而不是常规性的技能操练作为教学活动所要达成的教学目标，让学生在完成任务的过程中去解决一系列的具体问题，在完成任务的过程中学会目的语言的恰当运用，从而不断提高交际能力。教学活动中设定的任务应当基于真实的社会文化生活情境，应当与学生的日常生活内容密切相关。

努南的《交际课堂的任务设计》一书被认为是任务型语言教学形成完善的思想体系的标志，其详细阐述了任务型教学的基本观点，提出了任务型教学大纲。

此外，努南、坎德林等诸多学者从不同视角对任务型教学进行了广泛而深入的探讨。20 世纪 90 年代，任务型语言教学从理论研究到实践探索都取得了一定成果，成为影响日益广泛的主流语言教学理论。

（二）任务型教学的概念

任务型教学中的"任务"是整个教学过程中的有机组成部分。任务型教学从学生的基本心理需求出发，认为学习是满足个体内部需要的过程，在教学目标上注重突出教学的情意功能，追求学生在认知、情感和技能目标上的均衡达成。任务各方面的相互作用指向课程的总体目标。任务型教学不仅能够让学生学习英语语言知识，还能够促进学生使用英语，因此任务本身具有教育价值。

任务型教学与传统教学的区别在于，传统教学根据语言结构系统的分析考虑语言项目，而任务型教学从完成任务的角度来考虑选择什么样的语言项目。也就是说，在任务型教学中，应该先确定任务，再根据任务选择语言项目。形式训练的目的在于培养学生完成交际任务的能力。因此，语言项目训练不会停留在练习阶段，而是通过运用这些语言形式来完成任务，提高学生的语言能力。

二、任务型教学的主要观点及理论基础

(一)任务型教学的主要观点

朗和波特首次对任务的概念进行了界定,提出语言教学主要是通过目标任务的设定和完成来培养和发展学生的语言交际能力,任务主要来源于具体的、真实的、与学生密切相关的社会生活,而不是课堂教学中安排的枯燥活动。[①]这就提醒教师在课堂教学中设计教学任务时应当尽可能模拟学生真实的日常生活状态和目的语国家的社会文化特点,虽然这会占用一定的课堂时间,但却是十分必要的。

努南把朗所界定的任务称为目标性任务,是学生学习外语所要达到的长期目标,注重培养学生离开学校走向社会所必备的自主学习能力。在此基础上,努南提出了"教育性任务"这一概念,教育性任务仅仅局限于课堂教学活动,这类任务设定的主要目的是培养学生的语言能力,为其在社会生活环境下自如地运用语言奠定基础。

此外,努南还归纳了任务型教学的五个原则:一是真实性原则,即任务的设计要与学生的实际生活联系起来,要给学生提供真实的语言信息;二是形式与功能原则,学生不仅要学习语言表达的形式,还要通过完成一系列教学任务强化自己的认知结构,培养自身进行逻辑推理的能力,从而更加全面深入地理解和掌握语言的功能,并恰当运用在真实的交际活动中;三是任务依赖原则,设定的教学任务应当由易到难、由浅入深,每一项任务的完成都意味着学生语言能力的进一步提高;四是做中学原则,强调知识的获得不是单纯依靠教师的讲解和灌输,需要学生在具体的交际任务中去体会与内化;五是脚手架原则,在学生完成教学任务的过程中,教师要对学生完成任务的情况给予足够关注,并在学生

---

① LONG M H, PORTER P A .Group work, interlanguage talk, and second language acquisition[J].Tesol quarterly, 1985, 19(2): 207-228.

需要时及时提供指导和帮助，以确保学生能够顺利完成教学任务。

威利斯在《任务型学习原理》一书中全面分析了任务型学习的原则框架、主要特点、任务分类和具体操作等，并对应用语言学家拜恩提出的教学模式做了进一步改进，提出了新的教学模式。

拜恩将其教学模式分为前任务、任务环以及后任务三个阶段。前任务阶段主要是教师向学生引入任务，即向学生介绍讨论话题和布置教学任务；任务环阶段主要是学生通过运用已学的语言知识完成教学任务；后任务阶段主要是教师讲解语言知识点，让学生反思自己的任务完成情况，并在教师指导下进行语言操练。

斯凯恩在《语言学习认知法》一书中阐述了影响任务设定的五个主要因素：一是任务是以意义表达为导向的，学生在完成任务时应注重运用语言规则去表达一定的意义，而不仅仅是关注语言的形式；二是学生不能只是重复他人的话语形式，要内化为自己的认知结构；三是选择的任务内容应当尽可能地反映真实的社会文化生活；四是完成设定的任务应当贯穿学习的全过程，是提高学生语言能力的重要因素；五是要根据任务的结果，评价任务的完成情况和完成质量。

埃利斯提出了语法结构学习中的三种任务：一是产出导向的任务，需要使用目的语来完成交际任务，学生必须借助必要的语法结构才能完成这些任务；二是输入理解的任务，一般情况下输入材料都会含有经过精心设计的语法结构，学生在完成任务的过程中要注意准确理解和认真体会；三是增强语法意识的任务，前面两种任务类型都是以暗示的方法介绍语法结构，而增强语法意识的任务采用明示的方式，要求学生在完成设定的任务时要有意识地使用目的语的语法结构，语法结构本身就是预先设定的任务内容。[①]

---

① ELLIS R.Task-based language learning and teaching[M].Oxford: Oxford University Press, 2003: 159.

综上，任务型教学可以理解为教师在教学活动中围绕特定的交际需要，设计出具体的、可操作的任务，创设真实的社会文化情境，要求学生采用目的语表达，通过各种语言活动形式来提供多样化、多渠道的交际机会。在完成任务的过程中注重语言的意义表达，从而培养学生的语言表达能力、沟通能力和合作意识，调动学生的积极性、主动性和创造性，使学生形成运用目的语进行思维的能力，从而自然地习得语言。

（二）任务型教学的理论基础

1. 交际能力理论

任务型教学的提出是以交际教学的兴起为基础的。20世纪50年代，乔姆斯基对行为主义语言学理论进行了系统批判，提出了语言能力的概念。笔者通过对其概念进行概括，得出语言能力是一套语法规则系统、一种知识体系，是与运用知识的能力相对应的概念。

20世纪70年代，美国社会语言学家海姆斯针对乔姆斯基语言能力概念的局限提出了交际能力的概念。在海姆斯看来，语言是一种社会文化现象，交际能力可以理解为个体在一定的社会文化环境中对语言知识和语言能力的综合运用，运用语法知识只是交际能力的一部分。

海姆斯的交际能力包括语法形式的可能性、话语的可行性、话语的恰当性、话语的实际操作性四个方面。其中，语法形式的可能性与乔姆斯基提出的语言能力的概念是相对应的，而话语的可行性和话语的恰当性是指语言使用者在真实的社会文化环境中实际使用语言的能力，在乔姆斯基语言学理论中属于语言行为范畴的概念。按照海姆斯的这种划分，学习语言的学生不但要识别句子是否合乎语法规则，能按照语法规则的要求生成新的句子，还要能够在恰当的场合、恰当的时间、以恰当的方式使用语言。

海姆斯的交际能力理论在外语教学领域引起了极大的反响，主要有三个方面的启发：一是语言教学的目的不应该仅仅局限在传授语言知识和语法规则，还要重视学生语言交际能力的培养；二是语言学习具有社会文化行为特征，外语教学过程中需要同目的语的社会文化情境相结合，需要同语言使用者的具体环境相结合；三是外语教学内容的安排既要强调教学过程的交际性，又要重视教学内容的真实性。

在海姆斯交际能力理论的基础上，二语习得研究者卡纳尔和斯温纳进一步得出，语法规则与语言运用规则是互为存在的条件和依据，是不可能脱离对方而独立发挥作用的，所以他们重点描述了语法规则和语言运用规则之间的关系与相互作用。

卡纳尔和斯温纳所提出的交际能力包含四个方面的能力。一是语法能力，是学生理解和运用语言知识的能力，语言知识包括语音、词汇、语法、语篇和语用知识，语法能力是理解和表达语言基本含义必备的能力。二是社会语言能力，是在特定的社会文化情境和语言应用环境中准确地理解语言输入材料、恰当地进行语言表达的能力。三是语篇能力，是学生根据写作的题材要求，按照一定的范式和体例，把语言素材和语言形式有机结合起来形成篇章的能力。四是策略能力，是学生为了能够顺利完成交际任务或提高交际能力所使用的各种有效的技能和方法。

2. 言语行为理论

英国分析哲学家奥斯汀在《如何以言行事》一书中提出了言语行为理论。言语行为是基于传统语法结构的单词、语句、短语等语言表达形式并不能与其承载的语言功能形成一一对应的关系。语法结构完全相同的语句在表达的意义上可能引发不同的理解，形成截然不同的语言功能，而语法结构完全不同的语句却可能表示相同的意义，形成完全一致的语言功能。换句话说，一个语句可以表达多种功能，而一个功能也可以用不同的语句来表达。

言语行为理论对于语言教学的启示是应当重视语言功能的学习，认为语言学习的主要目的是把目的语作为交际的工具，强调在语言运用过程中完成语言知识的自主学习和语言能力的逐步提高。而任务型教学基于某种交际需要，通过具体任务的设定来培养学生语言运用能力的思想，与言语行为理论的主要观点较为契合。

3. 认知方法理论

斯凯恩在《语言学习认知法》一书中系统阐述了关于二语习得研究的认知法，即学生在学习语言时建构了两种知识系统：一种是语言知识系统，包括词汇、词组、短语、语块等固定搭配的表达形式，这些语言知识易于学生快速记忆和习得，更注重语言的形式，适合于需要学生进行流畅的语言表达的场合；另一种是语言规则系统，需要学生对语言表达形式抽象概括、对语言输入输出深入分析、对交际策略理解掌握，是以意义交流为核心的，需要学生具备更强的认知能力，适合于需要学生进行精确语言表达的场合。

斯凯恩的认知法把学生语言产出的情况作为重点研究内容，而语言产出的特点可以归纳为三个方面：一是学生能否运用所学的第二语言自如地进行交际，即语言的流利性；二是学生在交际过程中能否恰当地进行表达，即语言的精确性；三是学生对复杂的中介语结构能否熟练掌握和运用，即语言的复杂性。完成不同的任务会形成不同特点的语言产出，对语言的流利性、精确性和复杂性有不同的要求，语言表达的流利性主要与学生对语言知识系统的掌握相关，而语言的精确性、复杂性更多地与学生对语言规则系统的理解相关。

在实际交际中，由于学生语言能力不足，语言表达的流利性、精确性和复杂性往往是不相容的，精确性、复杂性的高标准往往意味着语言输出流利性的丧失，而追求语言输出的流利性往往意味着对语言输出精确性、复杂性的放弃。对此，教师可以在教学中设计一些具有不同特点的任务，每一项任务都侧重于培养学生语言产出的一个方面的能力，这些任务按一定计划与步骤科学地组合起来，从而促进语言表达的流利性、精确性和复杂性的协调发展。

4. 第二语言习得理论

朗提出了交互修正假设，即学生通过对语言输入进行意义协商的方式来促进语言习得能力的提高。[①]学生在交际对话过程中能够意识到自己的语言知识与交际对象和交际目标之间的差距，这时可根据交际对象的反馈信息进一步分析语言输入的意义和结构，进一步完善自己的语言知识结构，通过调整自己的话语方式，使交际对象获得可理解性语言输入，通过这种交互修正促进自身的语言习得能力。而任务的创设为学生的意义协商搭建了有效的平台。

斯温纳则提出了输出假说，即要确保语言习得的效果，仅有大量的可理解性语言输入远远不够，还需要经过反复的语言输出训练，提高学生的语言产出能力。1995 年，斯温纳等人提出了修正后的可理解性输出概念，即可理解性输出有利于学生及时发现自己在使用语言过程中的错误。教师可让学生对自己的语言表达进行有意识的反思，在理解语义的基础上对句法进行深入分析，提高其使用语言的准确和流利程度，有效提高学生的认知能力，进而产生修正后的输出。教师在教学中应当根据交际的需要，尽可能多地设计形式多样的语言输出活动，创设真实的语言环境，以促进学生语言产出能力的培养。

---

① LONG M H, PORTER P A .Group work, interlanguage talk, and second language acquisition[J].Tesol quarterly, 1985, 19（2）: 207-228.

第二节　任务型教学模式与评析

一、威利斯的任务型教学模式

威利斯的任务型教学模式可以分为三个阶段，即前任务、任务环和语言聚焦，如表 8-1 所示。

表 8-1　威利斯的任务型教学模式

教学环节	具体内容
前任务	引出话题和任务
任务环	任务——学生所需要执行的任务 计划——学生计划如何执行任务 汇报——学生汇报任务完成情况
语言聚焦	分析——学生分析任务完成的情况 练习——学生在教师的指导下练习语言要点

在前任务阶段，教师引入话题和任务，激活相关的词汇、短语，让学生了解具体任务并做好执行任务的准备。在任务环阶段，学生通过文本、录音等分析其他组完成任务的情况，在教师的引导下练习语言要点。在语言聚焦阶段，教师要让学生把注意力放在语言形式上，确保语言运用的正确性。

教师在任务型教学中的不同阶段应该充当不同的角色。在前任务阶段，教师应该充当导入者的角色；在任务环阶段，教师应该充当主持人、引导者和语言顾问的角色；在语言聚焦阶段，教师应该充当语言引导者的角色。大学英语教师应该适应不同角色的转换，在各个阶段充分发挥作用。

（一）前任务

1. 预先准备

如果教师只需要完成教材中的任务，那么教师的准备工作就比较简单。因为教材一般都有主题和导入内容，包括执行任务前的准备活动。如果教师自己设计任务，作为对教材内容的补充，那么教师的准备工作就比较复杂。例如，搜索相关资料，制作相应的录音、图片材料和确定激活图式的思路等。

2. 导入主题

教师在做好准备工作后，应导入主题，这样更有利于学生理解任务。

3. 确定主题语言

教师要帮助学生激活、回忆有利于完成任务的相关词汇、短语，还要适当导入一些与主题相关的新词汇和短语。

4. 语言活动

在语言活动中，教师应该考虑到所有学生，让他们都能接触到与任务相关的语言，最重要的是要调动他们执行任务的积极性。

5. 讲解任务指令

教师下达任务指令，让所有学生都了解任务的目标、要求、内容、结果。讲解任务指令的语言应该简洁明了，让学生知道如何去完成任务。通常情况下，任务指令中的词汇应该大部分都是学生认识的，而且句式简单，否则学生就会花费大量精力在分析语言形式上。

（二）任务环

1.任务段

在任务段，学生主要接触与使用语言，即运用语言来做事的阶段。在任务段，学生是语言交际的主体，他们可以同桌或小组形式来获取信息、发表意见。学生在执行任务的过程中，可以自由发言，大胆地进行对话。学生的目标就是完成任务，获得结果。在任务段，学生需要使用语言，但语言只是学生获取信息和表达意见的工具。学生应该关注意义，而不是语言。

在任务段，教师主要发挥引导、提醒的作用。教师应该给予学生足够的空间，放手让学生独立完成任务。

2.计划段

学生在计划段侧重于语言交流的流利性，而不是语言形式的正确性。教师应该精心安排、认真统筹计划段。在计划段，教师应该让学生了解任务的时间、目的、内容、形式等。之后，学生以配对或小组等形式完成任务。在此过程中，学生可进行讨论，如讨论任务完成的情况、解决问题的方式等，这样有助于高效完成任务。

3.报告段

任务环最后的阶段是报告段。在报告段，教师可要求每一组派一名代表向全班汇报自己组的任务完成情况。在听取汇报的过程中，其他学生应该比较不同组别的内容，分析他们如何用不同的语言形式来表达相同的意义。

学生在汇报时可能会有一些词汇、语法等错误，这时教师不要随意批评学生，而要恰当指出错误，并引导学生改正。正面的反馈能够增强学生的自信心。

（三）语言聚焦

1. 语言分析活动

语言分析活动重点是语言形式分析。语言分析活动应该使用任务环中已经使用过的语言形式，而不是孤立地呈现语言项目。换句话说，学生已经熟悉了语言意义，现在需要学习表达语言意义的形式。如果任务环中没有能够反映具体语言特征的句子，教师可以在已经阅读过的文本中选择恰当的句子。

2. 语言练习活动

语言练习活动可以根据语言分析活动中所研究的语言特征来设计，也可以根据已经阅读过的文本中的语言特征来设计。语言练习活动可以是纯口语的，可以是纯书面的，也可以是口语和书面相结合的。语言练习活动可以个人、小组等形式来组织。语言练习活动可以作为课后作业。

二、任务型教学模式的评析

（一）活动结构与情景评析

基于活动理论下的任何活动都包括三个层面，即活动、行动以及操作。活动是回答"为什么做"的问题，行动是回答"做什么"的问题，操作是回答"怎么做"的问题。与这三者相对应的是活动的动机、行动的目标以及操作的条件。

威利斯的任务型教学模式在任务段后加入了计划段和报告段，这是任务型教学模式的成功之处。学生在执行任务的过程中难以判断语言形式是否正确，而计划段为学生提供了重新审视语言的平台，学生在平台中选择和组织恰当的语言。报告段为学生提供了展示自己的机会，也为其他同学提供了体验不同文本的机会。

威利斯的任务型教学模式的任务后阶段是要进行语言聚焦，这是较之前的任务型教学模式比较特别的一点。在以往的任务型教学模式中，教师往往只顾任务的目的而忽略了学习的过程和形式，教学中安排的任务很多，一个接着一个，没有给学生留下思考的机会。为了对任务型教学模式进行补充和完善，威利斯在任务环阶段后提出了语言聚焦这一概念，在语言聚焦阶段，教师从学生的口头或书面文本中寻找新的特征，根据这些特征进行语言练习。

此外，威利斯的任务型教学模式也存在一些不足，如评价方式简单。此模式中评价环节过于简单，在语言学习时也没有起多大作用。而评价能够使学生看到完成任务过程中的不足之处和任务完成的具体情况，从而让学生了解到没有完成任务的原因。由此看出评价对英语的学习至关重要。

（二）语言对话与建构评析

语言学习的过程是学生通过交流进行意义建构的过程。任务是通过语言来完成的，语言是任务完成的媒介。如果说客观世界是物质工具的作用对象，人则是符号工具的作用对象。语言的交流可以使之具有的信息功能、情感功能和人际功能等得到实现，因此对话是任务型教学的主要形式，包括教师和学生的对话，以及学生和学生的对话。在对话过程中，教师给学生提供了接触和使用语言的机会。只有在对话中，学生才能做到输入内化、输出外化。

从威利斯的任务型教学模式来看，对话是任务型教学中的主要内容，可以采取多种方式进行对话。学生通过会话，既学会了用语言来获取和传递信息，用语言做事，又能表达自己的情感，形成积极的交往动机，建立起良好的人际关系。

在教师和学生以及学生和学生的对话中，学生能够接触到某一语言，能够了解到语言在不同情境中的使用情况，并且根据已有的知识来分析和归纳其语言特征，其结果就是新的语言知识伴随着"建构"这一过程产生出来。因此可以说，通过表达、沟通、交涉、询问等多种方式去感知、认识语言，不断地对语言知识进行建构，达到学习语言的目的，这样的过程就是学生获得语言的过程。

第三节　任务型教学模式的实施

一、任务型教学模式的构成及特点

（一）任务型教学模式的构成

1. 目标

学生在每一次英语教学活动中首先应该明确的是此次教学的目标。这种目标指向通常具有两个意义：一是本身已经规定好的、需要达到的非学习目的；二是通过教学活动所要达到的预期的教学目的。例如，对于英语教学中的案件侦破任务，其非学习目的是根据不断增加的线索进行判断推理，直至找出罪犯。而这里所说的目标，是指通过一定情景完成之前就规定好的任务的过程，逐步达到任务教学拟定的目的，也就是在该过程中产生语言交流，并且有所体会，以此来使学生的语言意识得到增强，学生的交际能力得到提高，并在语言交际过程中应用诸如表示假设、因果关系，或"肯定""可能""也许"等目的语表达形式。由此可见，任务型教学被视为一种能够促进学生进行英语学习的方法，在实施任务前，任课教师应该设定好它的教学目的，实施任务的过程中，任课教师应该观察其是否容易完成，任务完成后，任课教师应该总结和反思此次过程是否达到了预期的目的或者有无意外的收获。

2. 内容

任务型教学法中的内容要素可以简单地表述为"做什么"。任何一个任务都需要给予其实质性的内容，即有可能在现实生活中发生。任务型教学法内容在课堂中的具体表现，就是学生需要用语言去实施具体的行为和开展活动。

3. 程序

在任务型教学法中，学生在执行任务的过程中所涉及的操作步骤就是该教学活动的程序，主要包括任务序列中某一任务所处的位置、先后顺序和时间分配等。

4. 输入材料

在任务型教学活动中，学生在执行任务的过程中会使用一些辅助资料，这些辅助资料被称为输入材料。输入材料可以是语言形式的，如新闻报道、旅游指南、产品说明书、天气预报等，也可以是非语言形式的，如表格、照片、漫画、地图等。虽然这些输入材料并不是在每一次课堂任务的完成过程中都会使用，但在任务型英语教学的设计中，如果能准备好此种类型的材料，则可以使教学任务的操作具备更加良好的可行性，同时能够使学习任务与学习行为更好地结合在一起。

5. 教师和学生角色

任务型教学并非都要明确教师和学生在教学任务中所要扮演的角色，但教学任务大多会暗含或反映教师和学生的角色特点。在英语教学任务完成的过程中，教师既可以主动参与，也可以对学生进行监控和指导。在教学任务的设计过程中，设计者需要为教师和学生做出明确的角色定位，以使教学任务能够顺利高效地进行。

6. 情景

在任务型教学中，某一个或者某一组教学任务要想被完成，必须把该教学任务放到一定的环境中去，或者说必须给该教学任务提供一定的条件，这样的环境和条件被称为情景，主要指英语语言的交际语境，也可以指课堂任务的组织形式。在教学任务的设计过程中，教师作为设计者，如果能使教学任务情景比较贴近学生生活实际，那么学生对语言和语境关系的认识程度就会得到相应程度的提高。

（二）任务型教学模式的特点

1. 任务设计要注重个性差异

教师在设计任务时要根据学生的个性特点决定任务的复杂和难易程度。任务难度过小、过于简单容易使学生丧失学习的热情和兴趣，任务难度过大、过于复杂则容易使学生产生畏难情绪，还会挫伤学生的自信心。因此，教师要充分挖掘每个学生的潜能，激发学生的求知欲望，培养学生独立思考的能力，使每个学生都能积极完成任务。教师可以根据不同的教学目标设计不同形式的任务，提供具有不同深度的教学资源，使学生产生更持久的学习热情，并且引导学生不仅要关注语言表达的形式，还要关注语言表达的意义和功能。

教师在设计任务时要做到由浅入深、由易到难，采取的任务类型要多样化，各有侧重，交叉运用。教师在任务设计中还可以根据教学主题的需要，充分考虑学生的原有水平和实际情况，设计由多个具体任务构成的特定的任务链。此外，在学生完成任务的过程中，教师可适度运用脚手架原理，给予学生必要的支持和指导，使学生享受到完成任务所带来的心理愉悦。

2. 任务实施要注意互动合作

任务的实施主要以小组活动为主，小组活动形式多种多样，教师可以针对教学需要采用不同的小组活动形式来完成不同类型的任务，通过小组活动可以增加学生的交际实践机会。教师在任务实施过程中要注意引导学生树立团队意识，注重与他人的交流合作。学生从接受任务、准备任务、执行任务、报告任务到分析任务的各个环节，需要充分发挥主观能动性，通过小组成员的团结协作共同完成任务。

同时，教师要为任务的实施创设真实的教学情境。情境设计要以学生的生活经验和兴趣爱好为出发点，这样容易使学生产生亲切感，能激发学生的好奇心、求知欲，增加学生使用目的语的机会，提高语言的实际运用能力。教师创设的情境要与现实的社会生活紧密联系，使学生在自然、真实的情境中体会和学习语言，这样有利于发挥学生的主观能动性，有利于学生学习积极性的调动和提高，有利于培养学生人际交往、思考、决策和应变能力，有利于激发学生的想象力，有利于培养学生的创新思维能力，有利于促进学生的全面发展。

3. 充分发挥教学主体的作用

有效的语言输入是语言习得的前提和基础，教师不仅要提供大量的、新鲜的语言输入材料，还要考虑语言输入材料的真实性、针对性、知识性和多样性。学生则是通过体验感知、交流讨论和合作探究等学习方式积极主动地开展自主学习，培养听说读写等各项语言技能。

尽管教师在课前拟订了详细的教学计划，但在课堂教学中会产生许多不确定的因素，当学生不知道如何实施任务时，需要教师随时进行指导，教师也应提高学生根据不同类型的任务获取语言资源的能力，推动任务的顺利进行。同时，学生要学会自主管理学习过程、自主控制学习进度、自主选择学习策略、自主检验学习效果，提高自主学习能力。

任务型教学倡导参与式教学方式，教学过程、教学方法是开放式的、持续的、动态的，每个学生会根据自己的学习体验形成不同的结论，而教师给出的结论也不是唯一的，往往有多种解决问题的方案，教师往往需要和学生共同学习。同时，任务的完成需要学生充分表达自己的看法和观点，就自己感兴趣的问题进行深入讨论。

4.教学评价方式多元化

任务型教学把学生的任务完成情况作为评价的目标,教师可以在课堂教学过程中随时监测学生每一项任务完成的进度和结果,以此来评估学生对教学内容的掌握程度和学习效果。在评价方式上,不仅有教师评价,还有学生自评和同伴评价,评价方式和评价者多元化。

二、任务型教学模式的设计原则

(一)真实性

教师在英语课堂教学中设计教学任务时,首先需要考虑其真实性,要尽可能地选择贴近学生生活实际的教学任务,并考虑其会在什么情景下发生。这里的真实性是指,教师在设计任务时,需要将其置于真实的情景中,因为语言都是在真实情景中使用的,假如使用虚拟的、不存在的情景,语言就失去了交际意义,即使学生学习到了语言知识,他们也很难将其迁移到真实的生活中。因此,英语教师要采用真实情景,让学生在实施任务时能做到身临其境,将已有的语言知识积极地调动起来,以解决此次情景中的问题。绝对真实的任务情景在教学中是基本不可能设计到的,因此真实性原则可以理解为尽可能地贴近生活。

(二)互动性

互动性是指语言交际是双方或多方共同进行的,像讨论、辩论等。日常生活中的交际一般都是双向的,较少出现单向交际,如自言自语等。交际双方在互动时会进行意义协商,这不仅能增加学生的学习机会,还有利于语言知识的建构和语言概念的形成。因此,教师在设计教学任务时应该注重互动,开展问答、讨论等活动。

(三)能力培养

学习英语是为了能灵活自如地应用到现实生活中,这不仅要求学生掌握语法技能等专业知识，还要求学生可以用它实际交流。为满足当今社会对人才的需求，教师在设计任务型教学时应注意培养学生的综合能力，综合能力除了包括自主能力，还包括探究、交际、创新、分析问题和解决问题等能力。

（四）重视做事过程

在任务型教学中，所谓做事的过程，就是运用语言去完成相应任务的过程。学生在完成任务的过程中，以参与交流、合作等学习方式，充分发挥自身的能动性、创造力，通过"做事"来进行语言学习。因此，教师在设计任务型教学时要重视做事过程，这样有利于学生语言能力的提升。

（五）难易适当

英语是一门语言学科，学生语言获得能力方面的差异会导致每个学生英语学习的获得程度不一致，教师在设计任务型教学时，应该充分考虑到每个学生的不同之处，设计的任务难度要符合学生的能力水平，这样才能深化学生对任务的理解，从而完成任务。假如教学中的任务难度过高，学生就会感到茫然，容易打消学生学习的积极性，在课堂上可能会出现冷场。反之，如果任务难度过低，学生就不会重视，不利于培养学生的语言能力。因此，教师应该在任务设计之前充分了解学生，确定学生的最近发展区，并以此作为任务设计的依据。

（六）趣味性

在英语教学中，教师应该调动学生的学习兴趣，带着兴趣去学习不但有助于学生集中注意力，而且能调动学生参与任务的积极性。因此，教师在设计教学任务时要与现实生活相联系，找出学生的兴趣点，结合课程要求，设计出有趣味性的任务，让学生在相互合作中完成任务，体验到学习的乐趣。

（七）结合教材

在任务型教学中，教师应该结合教材内容设计教学活动，包括复习以往的语言点和操练新的语言点。一个教学活动是为了所学习的某一课而设计的。这一点很容易被教师忽略。教学活动是任务设计时应该考虑的一个方面，也是评价课堂质量的标准之一。教师应该分析教材，把握教材中的重点和难点，帮助学生找到新旧知识的连接点，这样有利于建构新知识。

（八）可操作性

教师设计的教学任务应该具有可操作性。如果完成任务需要利用很多道具，必然会给师生带来负担，因此不能成为常规的教学任务。同时，教学任务的完成时间不宜过长。教师可以为了简化任务而去借助直观的教具、现代多媒体等辅助工具。此外，教师设计的教学任务应该简洁明了，使得该任务可以重复利用，以此减轻教师负担。

三、任务型教学模式的操作步骤及启示

（一）任务型教学模式的操作步骤

以《暴风雨》为例，说明任务型教学的操作步骤。

1. 前任务阶段

在课堂教学开始阶段，教师可简要介绍暴风雨，并通过声音、图片、故事、个人经历等形式进行导入，此时可以插入提高语言知觉的活动。例如，让学生回忆见过的暴风雨或从电视、电影中看过的暴风雨等，并写出五个与暴风雨相关的词汇或短语，之后，教师将学生的答案写在黑板上。

以同桌为一组，对这些词汇和短语进行归类，如根据名词、形容词、天气、情感等来划分。在此过程中，将完成任务可能用到的词汇和短语

重点标出。教师明确告知学生本节课的任务是谈论对暴风雨的感受，任务目的是找出不同人对暴风雨的不同感受。之后，教师安排学生听录音片段，内容是英语使用者谈论暴风雨。

在前任务阶段，学生已经有了一定的语言词汇和句式的积累，掌握了一定的用法，对在什么场合使用什么语言有了大致的了解，为进入任务环阶段做好准备。

2. 任务环阶段

（1）任务。以配对或小组等形式开展交际任务，共同分享暴风雨经历，谈论对暴风雨的感受，用英语畅所欲言，不必过分关注语言的正确性，重点是完成任务。教师应该鼓励学生多说，并提供词汇和语法上的帮助，允许出现语言形式上的错误。在这一阶段结束时，每一位学生都应该表达过自己的感受。

（2）计划。在完成任务的过程中，小组成员可以分工合作，这样不仅可以提高学生的参与积极性，还能让每位学生都有事可做。在此过程中，小组负责人要给每位成员分好任务，如有人撰写、有人总结等。

（3）汇报。每组派一位代表向全班汇报任务结果，其他成员可作适当补充。学生应该将自己的总结与其他学生的总结进行比较，发现其中的异同之处，以此提高自己的总结能力。

3. 语言聚焦阶段

（1）分析。教师再次播放录音，这一次的目的是要让学生带着学习目标去感受语言，去体会用英语语言完成交际任务的方式，接着让学生查看听力的原文材料，对比自己在此次任务完成过程中的得失并很快做出总结和经验判断，以备下一次改进。之后，学生在学习小组中共同分析语言。最后，教师请学生汇报分析结果，其他学生进行比较、补充和评论等。

（2）练习。语言练习阶段可以采取多种形式，如再听部分录音材料、边朗读句子边进行分析或安排学生对相关的材料进行限时阅读等。在本堂课中体现出来的实际上是关于"观点差"的任务。作为任务型教学中常用的任务类型之一，观点差提出不同的人会对相同的问题产生不同的看法的观点，这一观点的来源是不同的人有一定的个体差异。比如，交际中的各方并不能把自己对暴风雨的感受强加于别人的身上，因为别人有着自己的感受。对于各个问题的看法，肯定会因人而异，然而，正是这种不可预测性推动了交流，确保有目的、有意义的交际的发生。

（二）任务型教学模式的启示与不足

英语课堂教学的具体内容和环境设置应当与目的语的社会文化情境、学生的日常学习生活内容和交际活动的实际需要结合起来。由于学生在日常生活和人际交往中使用目的语的场合和机会很少，教师在任务实施过程中尤其应当注重创设模拟真实社会生活的教学情境，为他们提供学习和交流的环境和条件，鼓励学生交流互动和合作学习。

采取任务型教学模式使得语言教学从注重语言结构功能的学习转向注重语言实际运用的实践，有利于提高学生的语言运用能力。但是，课堂教学如果只是以完成设定的任务为主要目的，缺少系统规范和大量有效的语言输入，学生的语言能力并不会产生根本性的提高，学生的语言运用只能在低层次上循环。

任务型教学充分体现了以学生为中心的教学理念。教学过程不再只是围绕教师这个中心来展开，教师不再只是语言知识的讲授者，逐渐成为教学过程的组织者和指导者，而学生成为教学过程的中心，开始由语言知识的被动接受者转变为教学过程的参与者和实践者，成为语言知识的主动建构者。教师角色的转变有利于促进教师自身素质和能力不断提高。

参考文献

[1] 房玉靖，姚颖．跨文化交际实训：第 3 版 [M].北京：对外经济贸易大学出版社，2020.

[2] 任晓霏，刘锋，余红艳，等．跨文化交际与国际中文教育 [M].南京：东南大学出版社，2019.

[3] 刘戈．当代跨文化交际发展研究 [M].长春：吉林大学出版社，2020.

[4] 史艳云．大学英语中的跨文化交际 [M].长春：吉林人民出版社，2020.

[5] 阮国艳．跨文化交际英语教学与研究 [M].北京：中国纺织出版社，2020.

[6] 许丽云，刘枫，肖利明．大学英语教学的跨文化交际视角研究与创新发展 [M].北京：中国商务出版社，2020.

[7] 舒婧娟，王丽，武建萍．跨文化交际时代英语教学的发展倾向：英语阅读与英语写作研究 [M].长春：吉林出版集团股份有限公司，2020.

[8] 张鑫，张波，胡小燕．跨文化交际视阈下大学英语教学理论构建与创新路径 [M].长春：吉林大学出版社，2020.

[9] 翟麦生. 汉语交际得体性研究 [M]. 北京：中央编译出版社，2020.

[10] 祁岩. 商务英语与跨文化翻译研究 [M]. 长春：吉林人民出版社，2020.

[11] 李培隆，潘廷将，唐霄. 高校教师跨文化能力培养研究 [M]. 长春：吉林大学出版社，2020.

[12] 杨芊. 跨文化视野下的英汉比较与翻译研究 [M]. 长春：吉林人民出版社，2020.

[13] 周保群. 大学英语教学模式与课程建设研究 [M]. 重庆：重庆大学出版社，2020.

[14] 潘英慧. 基于微课的大学英语教学模式分析与研究 [M]. 长春：吉林科学技术出版社，2020.

[15] 赵爽. 英语口语课堂的动态教学模式研究 [M]. 长春：吉林大学出版社，2020.

[16] 张金焕. 高校英语教学设计优化与模式改革研究 [M]. 长春：吉林人民出版社，2020.

[17] 孙琳. 大学英语教学设计与有效教学 [M]. 长春：吉林大学出版社，2020.

[18] 周奋. 大学英语课堂教学研究 [M]. 长春：吉林人民出版社，2020.

[19] 赵常花. 媒体融合视角下的大学英语教学理论与实践研究 [M]. 北京：企业管理出版社，2020.

[20] 安小可. 跨文化交际 [M]. 重庆：重庆大学出版社，2019.

[21] 朱建新，刘玉君. 跨文化交际与礼仪 [M]. 南京：东南大学出版社，2019.

[22] 杨惠英. 跨文化交际：第 2 版 [M]. 西安：西北工业大学出版社，2019.

[23] 余卫华，谌莉.跨文化交际教程 [M].杭州：浙江大学出版社，2019.

[24] 曾利娟.文化差异与跨文化交际 [M].北京：中国铁道出版社有限公司，2019.

[25] 杨雪静.高校英语教学模式创新研究 [M].长春：吉林人民出版社，2019.

[26] 朱婧，焦玉彦，唐菁蔚.大学英语多元互动教学模式研究 [M].长春:吉林大学出版社，2019.

[27] 杨洋，倪兆学，徐岩.英语课堂设计与微课教学模式 [M].长春：吉林人民出版社，2019.

[28] 柴海彬，刘硕，徐育新.大学英语模块化教学模式构建 [M].长春：吉林大学出版社，2019.

[29] 张莉，陈韵.大学英语口语教学模式研究 [M].成都：西南交通大学出版社，2019.

[30] 汤海丽.高校英语信息化教学改革与微课教学模式探究 [M].北京:冶金工业出版社，2018.

[31] 姚永红.新媒体时代英语多模态教学模式架构 [M].长春：东北师范大学出版社，2018.

[32] 李晓朋."互联网 +"时代英语自主学习与课堂教学的整合模式探究 [M].成都：电子科技大学出版社，2018.

[33] 黄燕鹏."互联网 +"背景下大学英语教学体系的反思与重建 [M].成都：电子科技大学出版社，2018.

[34] 王华.大学英语教学中互动式教学法应用研究 [M].成都：西南交通大学出版社，2018.

[35] 谭竹修.多元文化教育视域下大学英语教学理论探索 [M].天津：天津科学技术出版社，2018.